绿色贸易融资

孙 瑾 著

中国金融出版社

责任编辑：肖　炜　方　蔚
责任校对：潘　洁
责任印制：丁淮宾

图书在版编目（CIP）数据

绿色贸易融资/孙瑾著．—北京：中国金融出版社，2023.9
ISBN 978－7－5220－2127－0

Ⅰ．①绿…　Ⅱ．①孙…　Ⅲ．①绿色贸易—融资　Ⅳ．①F710

中国国家版本馆 CIP 数据核字（2023）第 146929 号

绿色贸易融资
LÜSE MAOYI RONGZI
出版
发行　中国金融出版社
社址　北京市丰台区益泽路 2 号
市场开发部　（010）66024766，63805472，63439533（传真）
网上书店　www.cfph.cn
（010）66024766，63372837（传真）
读者服务部　（010）66070833，62568380
邮编　100071
经销　新华书店
印刷　保利达印务有限公司
尺寸　169 毫米×239 毫米
印张　19.5
字数　260 千
版次　2023 年 9 月第 1 版
印次　2023 年 9 月第 1 次印刷
定价　78.00 元
ISBN 978－7－5220－2127－0

序　一

顾学明
（商务部国际贸易经济合作研究院院长）

我国在第75届联合国大会上作出力争实现2030年前碳达峰、2060年前碳中和的承诺，向世界表明了中国坚持绿色发展的决心。中国主动作出减碳承诺体现了大国担当，既有利于促进国内制造业加速绿色化转型，又很好地提升了我国的国际形象，展现中国风度。《国务院关于加快建立健全绿色低碳循环发展经济体系的指导意见》提出坚定不移贯彻新发展理念，全方位、全过程推行绿色规划、绿色设计、绿色投资、绿色建设、绿色生产、绿色流通、绿色生活、绿色消费，使发展建立在高效利用资源、严格保护生态环境、有效控制温室气体排放的基础上，统筹推进高质量发展和高水平保护，建立健全绿色低碳循环发展的经济体系，确保实现碳达峰、碳中和目标，推动我国绿色发展迈上新台阶。那么在“双碳”目标背景下，如何更好地建立绿色贸易体系、实现绿色经济发展目标？《绿色贸易融资》一书给出了全新的、实用的答案。绿色贸易融资可以促进社会与经济朝着更加健康以及更加符合绿色发展方式的方向发展，同时有助于实现国家在低碳减排方面作出的承诺。

《国务院关于印发2030年前碳达峰行动方案的通知》提出要

“建立健全绿色金融标准体系。大力发展绿色贷款、绿色股权、绿色债券、绿色保险、绿色基金等金融工具，设立碳减排支持工具，引导金融机构为绿色低碳项目提供长期限、低成本资金，鼓励开发性政策性金融机构按照市场化法治化原则为碳达峰行动提供长期稳定融资支持。拓展绿色债券市场的深度和广度，支持符合条件的绿色企业上市融资、挂牌融资和再融资。研究设立国家低碳转型基金，支持传统产业和资源富集地区绿色转型。鼓励社会资本以市场化方式设立绿色低碳产业投资基金”。可见金融在这方面发挥着重要作用。随着绿色金融逐步兴起，将传统贸易融资手段与绿色金融新思维新方法结合，通过绿色贸易融资引导绿色贸易发展从而最终实现经济领域绿色发展目标已成为未来趋势和业界关注的焦点。《绿色贸易融资》一书把绿色发展、绿色贸易和绿色金融三者的联系和交叉应用进行了清晰的梳理，对这一全新概念进行了科学的界定，对实际操作及业务流程进行了创新的研究，对风险识别和政策监管进行了全面的阐释，为绿色贸易融资这个新型交叉领域的发展打下夯实的基础。

《中华人民共和国国民经济和社会发展第十四个五年规划和2035年远景目标纲要》提出要“推动经济社会发展全面绿色转型，建设美丽中国”“构建市场导向的绿色技术创新体系，实施绿色技术创新攻关行动”。在当前技术发展形势下，利用技术创新发展绿色贸易融资已经具备一些优势，金融科技（FinTech）的新技术发展，正在可持续供应链的转型中发挥重要作用，可以利用区块链和企业信用评级实现可持续性采购信息的交换，从而改善贸易融资条件。国际组织、国内外银行以及研究学者一直没有停止对绿色贸易融资从理论到实践的探索，而《绿色贸易融资》一书把最前沿、最新的探索进行了系统梳理，这将推动我国绿色贸易融资发展再上一个新的台阶。

绿色贸易融资作为新兴领域，发展尚处于初期，但也取得了一些突破性进展。事实上，我国绿色贸易融资发展的前景是非常广阔的，在这个新兴领域，除了欧洲，中国也是走在世界前列的国家之一。对绿色贸易融资进行更系统深入的研究，大力促进绿色贸易融资的重要性不言而喻。“雄关漫道真如铁，而今迈步从头越”，该书作为较早研究绿色贸易融资领域的书籍，将助推政策制定者、研究学者以及广大相关从业人员未来在该领域长期耕耘与建设，助力实现2030年前碳达峰、2060年前碳中和的“双碳”目标，促进世界贸易第一大国全力实现经济、环境、社会可持续发展。

序　二

王　遥
（中央财经大学绿色金融国际研究院院长）

习近平总书记在《中国式现代化是强国建设、民族复兴的康庄大道》一文中指出，尊重自然、顺应自然、保护自然，促进人与自然和谐共生，是中国式现代化的鲜明特点。要牢固树立和践行绿水青山就是金山银山的理念，以高品质的生态环境支撑高质量发展。对外贸易是联通国内国际两个市场、面向世界优化资源配置的有效途径。开展绿色贸易，推进对外贸易高质量发展，加快建设贸易强国是全面建设社会主义现代化国家的题中应有之义。

当前，中国作为全球贸易量排名第一的国家，具有巨大市场的同时又是世界工厂，通过绿色贸易融资的金融手段促进绿色贸易长期发展势在必行。《国务院关于印发2030年前碳达峰行动方案的通知》中提出“开展绿色经贸、技术与金融合作。优化贸易结构，大力发展高质量、高技术、高附加值绿色产品贸易”。绿色贸易作为连接国际生产和国际消费的重要环节，它使得人类活动所带来的环境影响和贸易活动紧密联系。而绿色贸易融资促进绿色贸易发展有助于实现中国可持续发展战略和对外开放战略的有机组合，可以促进社会与经济朝着更加健康以及更加符合绿色发展方式的方向发展，同时有助于实现国家在低碳减排方面作出的承诺。

绿色贸易、绿色金融是近年来备受关注的热点话题。但作为绿色贸易、绿色金融交叉学科的绿色贸易融资的相关研究却尚未形成体系，长期以来，关于绿色贸易融资的界定、标准与模型，绿色贸易融资的风险、机构、相关政策和监管体系等概念没有厘清。中央财经大学绿色金融国际研究院副院长、绿色贸易融资实验室负责人孙瑾教授基于长期对绿色发展、贸易融资、绿色金融等多个领域的交叉应用的深入研究和探索，结合与剑桥大学可持续领导力研究院等全球知名高校、联合国开发计划署等国际组织的研究合作成果，以及赴企业、银行以及政府部门进行实地调研考察和挂职交流的一手资料，撰写国内第一本以绿色贸易为服务对象、以绿色金融为结合手段、以绿色发展为最终目的的《绿色贸易融资》，相信能够给政府有关部门、贸易企业、科研机构等带来一点启发。

本书从可持续（绿色）理念的兴起与发展出发，对绿色贸易、绿色金融进行了详细介绍。在书中更是对绿色贸易融资的定义、驱动因素、技术标准等重要概念进行了界定，基于此，对绿色贸易融资发展现状、存在问题和发展前景做了介绍。书中还对绿色贸易融资的基本工具、多元化的绿色金融工具与绿色贸易融资的交叉运用、绿色贸易融资业务拓展、绿色贸易融资风险等进行了梳理。与此同时，建立了绿色贸易融资相关模型，对融资过程中的环境和社会风险的识别、提示和评估、监测展开探索。

本书设置了专栏和案例，通过对国内外相关金融机构、企业、商会、行业协会、智库等在绿色贸易融资政策、产品创新、前沿研究及业务实践的梳理和分析，以期用更加生动的方式，全景式地向读者展示绿色贸易融资的发展沿革。可以说，本书兼具国际、国内，覆盖理论与实践，既关注业务拓展与创新、也关注业务风险与监管，无论是对绿色贸易融资毫无概念的初学者，还是相关领域的研究者、金融机构从业人员、企业负责人来说，都具有较高的实用价值，应当能够为广大读者开辟一个学习全新领域、前沿知识、交叉学科、热点问题的新天地。

看似寻常最奇崛，成如容易却艰辛。我期待孙瑾教授能够带领中财大绿金院研究团队，在现有研究的基础上持续深化，积极创新，进一步搭建绿色贸易融资研究体系，为在更高水平更深层次开放中，促进经济建设与生态文明协调发展，推进对外贸易绿色高质量发展贡献智慧和力量。

前　　言

什么是绿色贸易融资？为什么要发展绿色贸易融资？当前绿色发展理念日益深入人心，绿色贸易是一国对外展现绿色发展成果的良好桥梁，全球80%的国际贸易均适用了贸易融资手段，绿色贸易融资对绿色贸易发展至关重要。随着绿色贸易、供应链融资、绿色金融等概念层出不穷，相关领域也越来越交叉与前沿，通过金融手段助力绿色贸易发展的重要性日益凸显。绿色贸易融资就属于交叉学科的前沿研究领域，是一个全新的概念，即以绿色贸易为服务对象、以绿色发展为根本目的，结合绿色金融工具创新的贸易融资手段。绿色贸易融资既拓展了绿色金融工具的应用向国际贸易领域纵深发展，也促进了绿色金融工具的创新发展。作为引导绿色贸易的重要实践，能推动全球供应链、产业链以及价值链的绿色化转型，是可持续发展的助推剂，关联整个供应链企业。

各国间的贸易是世界经济发展的重要动力，而世界各国的贸易产业结构不同，规模不同，也面临着不同的问题。当今世界产能较为丰富，贸易在社会经济运行中不仅能完成地域之间商品交换的任务，还能够起到促进和引导商品生产的作用。由于贸易能够对商品生产产生较大影响，通过施加影响贸易的手段能够有效调整商品的生产。由于在生产过程中对环境开发强度过大和生产过程中的不规范，全球许多地区的环境遭到污染，严重影响了当地居民的生活质量，危害了居民的身体健康，这种以环境被破坏为代价的生产是不可持续的。现今国际贸易商品结构中，绿色产品所占的比重越来越高，绿色贸易方面的融资需求随之上升，绿色贸易融资应运而生。2013年中国就已成为全球货物贸易第一大国，过去十年，中国货物贸易进出口量连续创新高，位居全球之首。在我国，绿色贸易融资发展体现了可持续发展战略与对外开放战略的有机结合，通过畅通贸易融资链条促进绿色贸易项目的达成和绿色贸易企业的发展，有利于我国贸易高质量发展和创造绿色经济增长点。

推进贸易高质量发展是当前党中央面对国际国内形势深刻变化作出的重大决策部署，也是奋力推进新时代中国特色社会主义事业的必然要求。2019年11月19日中共中央、国务院发布《关于推进贸易高质量发展的指导意见》（以下简称《意见》），其中第四章“促进均衡协调，推动贸易可持续发展”中第十三条规定：“推进贸易与环境协调发展。发展绿色贸易，严格控制高污染、高耗能产品进出口。鼓励企业进行绿色设计和制造，构建绿色技术支撑体系和供应链，并采用国际先进环保标准，获得节能、低碳等绿色产品认证，实现可持续发展。”《意见》还指出，到2022年，贸易结构更加优化，贸易效益显著提升，贸易实力进一步增强，建立贸易高质量发展的指标、政策、统计、绩效评价体系。在《意见》中，“促进均衡协调，推动贸易可持续发展”作为第三条意见被重点提及，其中，推动贸易与双向投资有效互动是推动贸易可持续发展的重要举措之一。由此可见，大力推进中国可持续贸易的发展是培育贸易竞争新优势和促进贸易高质量发展的必经之路，具有重要的理论和现实意义。2020 年 6 月 9 日，银保监会发布《关于绿色融资统计制度有关工作的通知》（以下简称《通知》），将国内绿色融资的统计由生产、建设与经营端完善至贸易与消费端，并首次在监管层面提出“绿色贸易融资”的概念。《通知》中，以融资合同、贸易背景合同作为认定依据，也将开立绿色票据和绿色信用证纳入绿色融资的统计范畴，对于绿色统计制度有了较大的补充[①]。

如何更好地实现贸易可持续发展？绿色贸易融资将传统贸易融资手段与绿色金融方法相结合，最终可以实现推动经济领域可持续发展的目标。绿色贸易融资区别于传统贸易融资的最大特点在于其带有绿色属性，即强调对绿色发展、绿色企业、绿色项目的支持，鉴于贸易处于生产和消费的中间环节，绿色贸易融资一方面可以引导企业进行绿色生产、低碳生产，另一方面鼓励消费行为的绿色化、低碳化。整体来说，绿色贸易融资可以促进社会与经济朝着更加健康以及更加符合绿色发展方式的方向发展，同时有助于实现国家在低碳减排方面作出的承诺[②]。绿色贸易融资作为一国绿色发展理念在贸易融资领域的践行，很好地向国内外体现了其对环境保护的重视，对人与自然和谐相处的重视，也是

① 绿色贸易融资中的票据贴现、信用证项下福费廷、保理等表内业务融资额统计已纳入绿色贷款的统计范畴。

② 参见《中共中央　国务院关于完整准确全面贯彻新发展理念做好碳达峰碳中和工作的意见》，中华人民共和国中央人民政府官网：http：//www. gov. cn/zhengce/2021 - 10/24/content_5644613. htm。

一国对外交流的名片，是对外阐明其发展理念的强有力载体。对我国来说，主动作出减碳承诺，不断对自我加压，体现了大国担当，既有利于促进国内制造业加速绿色化转型，又很好地提升了我国的国际形象，展现中国风度。

绿色贸易融资作为一个较新的概念，在我国暂没有广为应用的标准框架。本书将绿色贸易融资界定为，为了鼓励环境产品的国际贸易，引导产业进行绿色生产，针对绿色贸易采用的贸易融资手段。其具有以绿色贸易为服务对象，以绿色金融为结合手段，以绿色发展为最终目的三大特征。第一，以绿色贸易为服务对象，融资项目必须符合绿色贸易特征；第二，以绿色金融为结合手段，是传统贸易融资手段与绿色金融方法的结合；第三，以绿色发展为最终目的，最终目的在于推动经济领域实现绿色发展①。绿色贸易融资可以促进社会与经济向更加健康、绿色的方向发展，缓解国家在低碳减排承诺方面的压力。随着国家"一带一路"倡议践行绿色发展新理念、《绿色信贷指引》《中国对外投资环境风险管理倡议》等关注绿色发展、绿色金融和绿色贸易投资的信号发出，中国企业响应号召、积极参与。

目前，我国在绿色贸易与投资领域建立了很多工作机制和有效工具，比如绿色供应链②、绿色价值链、绿色产业链、环境标

---

① 孙瑾，丁冉，李传仁．我国绿色贸易融资的发展［J］．新理财（政府理财），2019（6）．

② 绿色供应链，又称环境意识供应链（Environmentally Conscious Supply Chain，ECSC）或环境供应链（Environmentally Supply Chain，ESC）是一种在整个供应链中综合考虑环境影响和资源效率的现代管理模式，它以绿色制造理论和供应链管理技术为基础，涉及供应商、生产厂、销售商和用户，其目的是使得产品从物料获取、加工、包装、仓储、运输、使用到报废处理的整个过程中，对环境的影响（负作用）最小，资源效率最高。

志产品和节能产品认证制度，以及绿色金融、可持续金融、气候金融等。但总体而言，绿色贸易与投资工作的发展进程缓慢，落后于当前全球热议的绿色金融等议题，在绿色金融领域，除了欧洲，中国也是走在世界前列的国家之一。而绿色贸易融资发展尚处于初期阶段，我国作为全球贸易大国，绿色贸易融资发展的前景是非常广阔的，对绿色贸易融资进行更系统深入的研究，大力促进绿色贸易融资发展的重要性不言而喻。当前，在绿色债券市场、绿色基金市场、绿色租赁市场、碳排放交易、碳金融市场及绿色票据市场等都体现出了绿色贸易融资发展的基础与潜力[①]。

本书将尽可能对绿色贸易融资进行系统全面的介绍，但鉴于该概念较新，发展也尚处于初期，仍可能存在未顾及之处。为了帮助读者更好地理解绿色贸易融资的概念内涵及最新发展，我们在本书中添加了较多的专栏、案例作为知识补充。

本书主要按以下结构展开介绍：

首先，本书对绿色贸易融资的概念起源作了介绍，由于绿色贸易融资是绿色发展、贸易与金融的交叉结合，本书对可持续（绿色）发展理念、绿色贸易与绿色金融的兴起与发展均作了概述，在此基础上，提出绿色贸易融资的概念内涵，探究其驱动因素，并对其包含的技术标准作了系统梳理（详见第1章绿色贸易融资理论基础和第2章绿色贸易融资的界定）。

其次，对绿色贸易融资的发展现状、存在的问题进行了归纳总结，明确绿色贸易融资发展的意义，展望绿色贸易融资的广阔

① 吴笛，程锋．绿色贸易融资发展趋势与建议［J］．中国金融，2020（16）．

前景（详见第3章绿色贸易融资发展现状）。

再次，具体介绍了绿色贸易融资的基本工具，并对多元绿色金融工具与绿色贸易融资的交叉应用、绿色贸易融资业务拓展作了探究，不仅包括已实践于绿色贸易融资的绿色金融工具，也对尚未实践于绿色贸易融资但有着较强应用潜力的工具作了分析（详见第4章绿色贸易融资工具的应用、第5章多元绿色金融工具与绿色贸易融资的交叉运用和第6章绿色贸易融资业务拓展）。

此外，为满足感兴趣的读者后续开展更深入的学术研究的需要，本书对绿色贸易融资的相关模型和数据指标也作了相关介绍和研究探索（详见第7章绿色贸易融资的相关模型和指标）。

最后，本书探究了绿色贸易融资风险，包括传统国际贸易融资一般风险与绿色贸易融资中环境和社会风险，梳理介绍了绿色贸易融资主要参与机构及监管体系、国内外相关政策（详见第8章绿色贸易融资风险、第9章绿色贸易融资机构与监管体系和第10章绿色贸易融资相关政策）。

目　　录

第 1 章　绿色贸易融资理论基础

1.1　可持续（绿色）理念的兴起与发展

1987 年，以布伦特兰夫人①为首的世界环境与发展委员会发表了报告——《我们共同的未来》，正式提出了"可持续发展"的概念，将其定义为在满足当代人需要的同时，不对后代满足其需要的能力构成危害的一种发展方式。该报告号召全球各国重视环境危机、资源危机和发展危机，联合起来共同应对未来发展的挑战。时至今日，可持续发展已经逐步成为在解决环境、经济和社会三方相关问题上的全球共识。

绿色发展理念是在绿色经济和绿色增长的基础上提出的带有时代特征的概念。"绿色经济"的概念，是 1989 年英国环境经济学家戴维·皮尔斯等在《绿色经济的蓝图》中首次提出的，并由 2007 年联合国环境规划署首次定义为"重视人与自然、能创造体面高薪工作的经济"，而后 2008 年修正为"提高人类福祉、改善社会平等、降低环境风险、改善生态稀缺的经济发展方式"。而"绿色增长"的概念则最初是在 2005 年联合国亚太经社会环境与发展部长会议上提出的，最初被定义为"为推动低碳、惠及社会所有成员的发展而采取的环境可持续的经济过程"，2011 年，OECD② 进一步将其修订为"在确保自然资产持续提高人类社会所依

---

① 格罗·哈莱姆·布伦特兰（Gro Harlem Brundtland，1939—），挪威政治家、外交家、物理学家，挪威前首相及世界卫生组织前总干事，现为联合国基金会董事会副会长。她被视为国际上可持续发展及公共卫生的专家。

② 经济合作与发展组织（Organisation for Economic Co－operation and Development），简称经合组织，前身是欧洲经济合作组织（OEEC），是由全球 30 个市场经济国家组成的政府间国际经济合作组织，总部设在巴黎。

赖的资源和环境服务的同时，促进经济增长和发展”。“绿色发展”是2002年联合国开发计划署在《2002中国人类发展报告：绿色发展必选之路》中首次提出的，其作为可持续发展理念的升级和补充，更加强调发展而非简单的资源节约与环境保护，更突出在可持续性基础上的“发展”；绿色发展更加强调行动而非理念，更加注重在解决不可持续问题上的能力和办法；绿色发展也更加强调整体协调性，而非局部改善，是一个全面统筹经济社会价值，兼顾各方利益，促进发展整体协调性的过程。

绿色发展具有强调经济、社会与环境资源的协调发展，依靠制度和技术创新，追求由传统增长模式到绿色增长模式的转型，关注人类福祉和社会公平等特征①。在国内，中国共产党十八届五中全会首次明确提出了绿色发展理念，绿色发展成为具有中国特色社会主义生态文明发展道路的绿色政治表达。党的十九大再次强调要推进绿色发展，2019年政府工作报告中指出“绿色发展是构建现代化经济体系的必然要求，是解决污染问题的根本之策”。因此，绿色发展是国内外一致认可并推行的发展方式，在其指引下的经济增长方式创新必将对人类发展具有不可忽视的重要意义。

在绿色发展的理念下，衍生出很多相关研究学科。经济领域中衍生出了包括循环经济、绿色经济、气候经济、低碳经济等众多理论分支，并且已经延伸到贸易等应用经济学领域，在众多国际组织及经济学家的共同推动下，兴起了对可持续贸易的相关探讨和研究②。

专栏1-1　绿色经济增长

绿色增长是全球未来经济增长的方向，中国应该从战略的角度采取相应的政策措施指导经济逐步实现绿色增长，在制定有关开放和产业政

① 赵峥，袁祥飞，于晓龙．绿色发展与绿色金融——理论、政策与案例［M］．北京：经济管理出版社，2017.

② 孙瑾，丁冉，王杰镭．关于可持续贸易的研究进展［J］．经济学动态，2020（8）.

策时要有差异性，实现最优的政策组合。首先，中国在逐步扩大开放程度的过程中，通过对外贸易拉动经济增长、通过投资引进先进的生产技术、组织理念，提高生产率，要考虑环境成本和资源的破坏，并且要注意地区间的差异，建立限制外部环境成本转移的政策。因此，一方面要限制国外污染产业向国内转移，另一方面要限制东部地区污染产业向中西部地区转移，维护生态环境。其次，产业结构升级是确保我国绿色经济增长的基本保障和整体趋势，面对大部分地区雾霾天气的影响，我国应该发展现代服务业和高端制造业，在生产要素有限的情况下，大力发展以生态农业、循环工业、持续服务产业为特征的绿色经济。①

1.2　绿色贸易的兴起与发展

在全球变暖、海平面上升、生态系统恶化等地球气候变化问题逐渐突出的今天，作为世界贸易大国，中国大量的能源需求及其所带来环境污染问题备受全球关注。然而，减少对国内能源资源的过度消耗和环境污染，很大程度上会以牺牲出口贸易量所带来的经济减速为代价。根据中央政府出台的“两高一资”② 产品限制出口的贸易政策可知，国家政策层面已经认识到，为了保护国内资源和环境，必须牺牲短期内经济贸易利益，未来通过渐进的贸易转型实现经济和贸易的可持续发展，这形成了发展“绿色贸易”的必然需求。

商务部国际贸易经济合作研究院绿色贸易研究中心发布的首部介绍我国绿色贸易的专题报告《2017年中国绿色贸易发展报告》③ 提出，绿

---

① 孙瑾，刘文革，周钰迪．中国对外开放、产业结构与绿色经济增长——基于省际面板数据的实证检验［J］．管理世界，2014（6）．

② “两高一资”，指高耗能、高污染和资源性。

③ 商务部研究院绿色贸易发展研究中心．中国绿色贸易发展报告［M］．北京：中国商务出版社，2017．

色贸易是环境友好产品和服务于保护、改善、提升环境质量和功能的产品和服务的贸易。而“绿色”与“非绿色”是一对相对的概念，针对不同的社会发展阶段、不同技术进步程度和不同的国家或地区而异。具体来讲，绿色贸易是一种新型价值观，其强调在产品设计、生产、包装、物流、营销、消费、服务等全过程中，实现人类行为与自然生态环境的协调共生，目的在于保护环境、节约资源、促进人类和动植物生命健康与安全[①]。同时，绿色贸易也可以促进环境产品与服务的交易、创造经济机遇、创造就业岗位、促进国际环境保护合作及提高资源利用率。目前，联合国环境规划署正在逐步推广绿色贸易，其所做工作主要有以下三点：第一，开展相关研究，帮助各国寻找绿色贸易机会；第二，与各种非政府组织、企业与联合国机构等联手推动实行绿色贸易；第三，为推动绿色贸易的各国提供政策建议与技术合作。

当下，尽管大多学者将“绿色贸易”与“可持续贸易”混为一谈，但是基于绿色发展与可持续发展的区别，本书将二者做如下区分，一则便于学术上将“绿色金融”“绿色发展”“绿色贸易”等概念统一结合，互融互通；二则突出时代特色，响应新时代下国家“绿色发展”的号召，并突出绿色发展中“发展”的重要性。在国外研究中，可持续贸易和绿色贸易的出现有先后之别，而且大多研究以可持续贸易为主[②]。相较于绿色贸易，可持续贸易是一个偏广义的概念，它在关注环境问题的同时更注重全方位的永续发展，如公平、人权、贫困等议题，而绿色贸易更关注环境友好。总的来说，和绿色贸易相比，可持续贸易的内涵更广泛，一般以可持续方式进行的贸易都是可持续贸易，其贸易品的生产供应链是可持续的、环境友好的、注重公平的等。而绿色贸易的界定偏狭义，强调人类行为与自然生态环境的协调共生与提高资源利用率。

① 李怀政．绿色贸易［M］．北京：中国环境出版社，2017.

② 孙瑾，丁冉，王杰镭．关于可持续贸易的研究进展［J］．经济学动态，2020（8）.

此外，有必要强调绿色贸易和绿色贸易壁垒二者的区别，以避免概念上的混淆，从而更好地促进绿色贸易服务于经济绿色化转型。随着绿色、可持续发展理念向国际贸易领域渗透，绿色贸易壁垒开始出现。绿色贸易壁垒是指一国出于保护环境的目的而直接或间接地采取限制甚至禁止贸易的措施。从其本意来看，绿色贸易壁垒的目的在于限制非绿色生产消费活动，以实现经济社会的可持续发展。但在实际应用过程中，不少国家开始假借保护生态环境之名，肆意对他国设置一系列苛刻的高于国际公认或绝大多数国家难以接受的环保法规和标准，以实现限制他国进口商品的目的。绿色贸易壁垒开始逐渐偏离其本意，演变成贸易限制的工具，成为贸易保护主义①的一个新变种。② 从贸易条件的角度来看，绿色贸易和绿色贸易壁垒二者存在显著区别，国际上现行的绿色贸易规范条件主要有：全球性和区域性环境公约与环境条款；在国际贸易中加强环境技术管理，如制定产品的环境标准，颁发产品的环境标志以及进行环境审计等。而国际贸易协议中的环境条款、ISO14000③、国际环境公约、环境标志制度等绿色贸易规范条件本身并不是绿色贸易壁垒，利用这些规范条件派生出不合理的环境标准及以此为据设置的贸易障碍才构成绿色贸易壁垒④。

专栏1-2 绿色贸易的发展趋势

1. 疫情下发展新趋势

绿色经济概念已经融入大多数世界公民的生活方式中，新冠疫情仅是加速蜕变的外因之一。为了保护环境，越来越多的国家对绿色产品实

---

① 贸易保护主义，是指在对外贸易中实行限制进口以保护本国商品在国内市场免受外国商品竞争，并向本国商品提供各种优惠以增强其国际竞争力的主张和政策。

② 孙亚楠．绿色壁垒对我国农产品贸易的影响及对策研究——评《基于绿色贸易壁垒视角的中国农产品出口贸易研究》［J］．生态经济，2022（6）．

③ ISO14000环境管理系列标准，是国际标准化组织（ISO）继ISO9000标准之后推出的又一个管理标准。

④ 李慧明，卜欣欣．绿色国际贸易与绿色国际贸易壁垒［J］．南开学报，2000（4）．

行价格支持政策，有些绿色产品售价比普通产品高出50%～200%，不少发达国家通过产品标准、环境标志、绿色包装、贸易制裁等政策措施，构筑形形色色的绿色贸易壁垒。欧盟市场针对茶叶制定了相当严苛的进口标准，仅农残就有470多个检测项目，国内企业很难达标。新冠疫情可能永久性地改变了消费者行为，埃森哲2020年4月初对五大洲15个国家的3000多名消费者的调查显示，50%的消费者在购物时更注重健康，45%的消费者会作出更可持续的选择；在此后2021年，埃森哲对于疫情下的中国消费者又作了进一步调查，数据显示，83%的受访者认同“整个社会，包括组织和个人，都应该向着可持续方向发展”，98%的受访者认可“环保和可持续发展的价值，并会对自我行为和产品选择产生影响”，43%的受访者表示愿意为环保产品支付溢价。[①] 全球范围内92%的“千禧一代”会选择没有伦理争议的品牌，56%的企业会因为不履行可持续战略而被排除在外，而75%的消费者愿意为可持续产品花更多的钱[②]，这无疑对全球绿色贸易的发展起到更大的推动作用。[③]

2. 中国绿色贸易政策演变趋势

20世纪70年代到21世纪初，中国绿色贸易政策尚未起步，主要是对国际环境与贸易议题和政策进行跟踪并开展探索性研究。

2000年到“十二五”时期是中国绿色贸易政策起步阶段，该阶段的绿色贸易政策主要以防御性应对中国加入世界贸易组织（WTO）后的绿色贸易壁垒为主。

“十二五”时期末到“十三五”时期初是中国绿色贸易政策发展阶段，此阶段绿色贸易政策开始寻求环境与贸易关系的协调融合。2015

---

① 埃森哲.2022中国消费者洞察报告［R］. https：//www. accenture. com/content/dam/accenture/final/a－com－migration/r3－3/pdf/pdf－174/accenture－fy22－2022－chinese－consumer－insights. pdf#zoom＝50.

② 周以君．全球消费者行为，正在被疫情加速变“绿”［EB/OL］．（2020－07－21）．荷兰在线中文网：https：//www. 163. com/dy/article/FI33FIQI05148686.

③ 杨东胜．低碳视角下中国绿色贸易路径选择［J］．中国商论，2022（2）.

年，国务院批准《国务院关于印发中国（天津）自由贸易试验区总体方案的通知》（国发〔2015〕19号），明确提出“鼓励开展绿色贸易”。此后，商务部发布的《商务部关于支持自由贸易试验区创新发展的意见》（商资发〔2015〕313号）再次强调“支持天津市……鼓励开展绿色贸易”，对于探索开展绿色贸易指明了方向。

“十三五”时期末至“十四五”时期初是中国绿色贸易政策深化阶段，绿色贸易政策的覆盖面越来越广泛，要求也越来越具体，中国已成为全球环境治理的贡献者和引领者。2019年，《中共中央　国务院关于推进贸易高质量发展的指导意见》对发展绿色贸易已不仅仅是原则性表述，而是提出了一系列具体要求，包括“严格控制高污染、高耗能产品进出口。鼓励企业进行绿色设计和制造，构建绿色技术支撑体系和供应链，并采用国际先进环保标准，获得节能、低碳等绿色产品认证，实现可持续发展”，体现出绿色贸易是推动贸易高质量发展的重要手段。[①]

“十四五”时期是中国绿色贸易政策的优化阶段，通过进一步完善绿色贸易政策对于绿色产品的定义，推动国内国际绿色贸易规则的建立，构建更加完善的绿色贸易体系。2021年，国务院批复同意并发布了《“十四五”对外贸易高质量发展规划》（以下简称《规划》），《规划》以建立绿色低碳贸易标准和认证体系为基础，营造绿色贸易发展良好政策环境，在政策的导向下，打造绿色贸易发展平台，通过与多边贸易伙伴和共建“一带一路”国家等的进一步交流，扎实开展绿色低碳贸易合作，使绿色贸易为我国构建国际贸易新格局贡献创新力量。

1.3　绿色金融的兴起与发展

当前，为适应绿色发展的要求，绿色金融正在逐步兴起，以支持绿

① 李丽平，张莉，张彬，赵嘉．中国绿色贸易政策发展进程、特点及展望［J］．环境与可持续发展，2021（4）．

色经济的发展。2016 年，中国将绿色发展理念融入 G20 议题，倡导成立 G20 绿色金融研究小组，由中国人民银行和英格兰银行共同主持。在杭州峰会上，各国领导人就发展绿色金融达成重要共识，并对《G20 绿色金融综合报告》表示欢迎。该报告成为全球绿色金融领域的引领性文件，对推动绿色金融主流化发挥了重要作用，并提出了国际上较为权威的“绿色金融”定义：“绿色金融是指能够产生环境效益以支持可持续发展的投融资结构。这些环境效益包括减少空气、水和土壤污染，降低温室气体排放，提高资源使用效率，减缓和适应气候变化并体现其协同效应等。发展绿色贸易融资要求将环境外部性内部化，并强化金融机构对环境风险的认识，以提升环境友好型的投资和抑制污染型的投资。”而中国官方对于绿色金融的定义，来源于 2016 年 8 月中国人民银行等七部门联合发布的《关于构建绿色金融体系的指导意见》（以下简称《意见》），其指出：“绿色金融是指为支持环境改善、应对气候变化和资源节约高效利用的经济活动，即对环保、节能、清洁能源、绿色交通、绿色建筑等领域的项目投融资、项目运营、风险管理等所提供的金融服务。”并提出要通过再贷款①、贴息、专业化担保机制等措施支持发展绿色信贷和绿色债券市场，设立各类绿色发展基金，在环境高风险领域实行强制性的环境责任保险制度，建立上市公司和发债企业强制性环境信息披露制度，支持金融机构展开环境压力测试，建立碳金融市场，建立绿色评级制度②，推动对外投资绿色化等三十五条具体措施③。《意见》也标志着我国正式成为全球第一个具有明确政府政策支持的、

---

① 再贷款，是指中央银行为实现货币政策目标而对金融机构发放的贷款。

② 银行绿色评级制度，是由绿色信贷基础政策、绿色信贷统计体系、绿色信贷绩效评价指标体系、公众参与机制等共同构成的一个有机整体。主要是为了遏制高耗能高污染产业的盲目扩张，重塑银行防范环境与社会风险的责任。

③ 中国人民银行、财政部、国家发展改革委、环境保护部、银监会、证监会、保监会《关于构建绿色金融体系的指导意见》，中国人民银行官网，2016 年 8 月 31 日，http://www.pbc.gov.cn/goutongjiaoliu/113456/113469/3131687/index.html。

全面构建绿色金融体系的国家。

可以说2016年是绿色金融元年。这一年G20峰会公报中明确提出了要扩大全球的绿色投融资。在各国机构的共同推动下，当前全球已经形成强劲的、共同推动绿色金融发展的势头。

专栏1-3 绿色金融的兴起与发展

绿色金融也被称为环境金融、可持续性金融或碳金融。西方国家对绿色金融的研究开展得较早。

Salazar 指出，绿色金融是连接环境和金融这两大产业的桥梁，绿色金融旨在依靠金融创新来实现环境保护的目的。① Cowan 认为绿色金融是横跨绿色经济发展理论和金融学理论的交叉学科。② Labatt 和 White 指出，绿色金融是有效融合了金融创新与环境保护的产物，有助于企业和金融机构有效管理环境风险。③ Scholtens 则重点分析了金融与可持续发展之间的传导机制，指出绿色金融可以通过金融工具的最优组合解决资源环境问题。④

从宏观经济发展的角度来看，绿色金融有助于推动低碳经济发展。⑤ 而从微观角度来看，发展绿色金融是金融业本身实现可持续发展的客观要求。⑥ 银行等金融机构大力推进绿色金融业务，提高投融资活动中绿色金融所占比例，有助于金融机构提高声誉以及有效推进风险管理。⑦

---

① Salazar J., Environmental Finance: Linking Two World. *Presented at a Workshop on Financial Innovations for Biodiversity Bratislava*, 1998.

② Cowan E., Topical Issues in Environmental Finance. *Research Paper was Commissioned by the Asia Branch of the Canadian International Development Agency (CIDA)*, 1999.

③ Labatt S., White R. R., *Environmental Finance: A guide to environmental risk assessment and Financial Products*. John Wiley&Sons, 2003.

④ Scholtens B., Finance as a driver of corporate social responsibility. *Journal of Business Ethics*, 2006.

⑤ Wara M., Is the Global Carbon Market Working. *Nature*, 2007.

⑥ J eucken, M., *Sustainable Finance and Banking*. USA: The Earthscan Publication, 2006.

⑦ Chami, R., Cosimano, T. F., Fullenkamp, C., Managing Ethical Risk: How Investing in Ethics Adds Value. *Journal of Banking and Finance*, 2002.

第2章　绿色贸易融资的界定

2.1　绿色贸易融资定义

根据被称为银行业“基本法”的《巴塞尔协议Ⅲ》第244条的规定，贸易融资是指在商品交易中，银行运用结构性短期融资工具，基于商品交易（如原油、金属、谷物等）中的存货、预付款①、应收账款等资产的融资。贸易融资具备短期性、重复性、周转快、流动性强等鲜明的业务特点，向来被银行业认为是一项高收益、低风险的业务，同时它有效地解决了企业从事进出口贸易活动所面临的资金短缺问题，增强了在谈判中的优势，使之有可能在更大范围和更大规模上发展国际贸易。国内商业银行目前开展的国际贸易融资业务以传统的贸易融资业务为主打产品，主要包括进口开证②、进出口信用证押汇③、打包贷款④、提货担保⑤、保函⑥、备用信用

---

① 预付款，是买方在交易合同签订后即向卖方支付一定金额的预付款。此方式不利于买方，一般在交易货物供不应求时采用。买方要负担商业风险、积压资金，实际上是向卖方提供信贷；而卖方在发货前就收到货款，有利于资金周转，减少了商业风险。

② 进口开证，指银行应进口商指示向出口商开出的信用证。

③ 出口押汇，是指企业（信用证受益人）在向银行提交信用证项下单据议付时，银行（议付行）根据企业的申请，凭企业提交的全套单证相符的单据作为质押进行审核，审核无误后，参照票面金额将款项垫付给企业，然后向开证行寄单索汇，并向企业收取押汇利息和银行费用并保留追索权的一种短期出口融资业务。

④ 打包贷款，是指出口地银行为支持出口商按期履行合同、出运交货，向收到合格信用证的出口商提供的用于采购、生产和装运信用证项下货物的专项贷款。打包贷款是一种装船前短期融资，使出口商在自有资金不足的情况下仍然可以办理采购、备料、加工，顺利开展贸易。

⑤ 提货担保，指提货担保信用证项下进口货物先于单据到达目的地，银行应进口商申请，为其向船运公司承运人或其代理人出具的提货担保书以提取货物的一种授信业务。

⑥ 保函（Letter of Guarantee，L/G）又称保证书，是指银行、保险公司、担保公司或个人应申请人的请求，向第三方开立的一种书面信用担保凭证。

证[①]等。近年来，一些在国际市场上比较成熟的产品如福费廷[②]、应收账款融资[③]、进出口保理[④]等开始出现在国内商业银行的产品目录上。而随着国际贸易融资领域的创新行为不断增加，在改变观念、革新技术和提升传统产品增值服务三个方面必将出现新趋势[⑤]。另外，国际贸易融资也是国家贸易政策的组成部分，是鼓励出口的积极手段之一，不仅可以调节进出口结构，而且对一国参与国际经济可以起到促进作用。从我国国内情况来看，国际贸易融资创新具备必要性和紧迫性，一则我国对外贸易的高速增长需要有新的融资方式为之服务，二则银行业参与国际竞争需要大力开发融资的新品种[⑥]。

目前，国际上一致认为工业化国家长期高污染、高消耗、低效率的生产方式是导致全球能源资源锐减和环境污染问题加剧的根本原因。我国作为世界贸易第一大国，对贸易发展过程中可能产生的上述问题应当给予高度重视。由于全球 80% 的贸易均使用了融资手段，贸易融资在国际贸易领域有较为成熟的规则和管理，因此基于绿色贸易、绿色金融等相关概念以及可持续发展、绿色发展等相关理念，本书提出了“绿色贸易融资”的概念，并将其定义为：为了鼓励环境保护产品的国际

---

① 备用信用证（standby letters of credit，SBLC），又称担保信用证，是指不以清偿商品交易的价款为目的，而以贷款融资，或担保债务偿还为目的所开立的信用证。

② 福费廷，是指出口商将自己未来应收的远期票据转让给买断行，以换取现金。票据买断后，若发生票据到期而无法兑现，则买断行无权向出口商追索。其实质是出口商将因远期收汇而可能发生的风险全部转嫁给买断行，同时获得买断行的即期款。

③ 应收账款融资，是指企业以自己的应收账款转让给银行并申请贷款，银行的贷款额一般为应收账款面值的 50% ~90%，企业将应收账款转让给银行后，应向买方发出转让通知，并要求其付款至融资银行。

④ 进口保理，指进口保理商根据出口保理商的申请，在出口商以赊销方式向进口商销售货物或提供服务后，接受出口保理商转让的应收账款，为进口商提供信用担保及其他账务管理服务的业务。出口保理，通常是指出口商以延期付款的方式出售商品，在货物装运后立即将发票、汇票、提单等有关单据卖断给保理商（银行），收进全部或一部分货款，从而取得资金融通的业务。

⑤ 黄海宁．国际贸易融资业务的创新趋势［J］．新金融，2006（11）．

⑥ 林治海，姜学军．国际贸易融资创新——商业银行面临的新课题［J］．财经问题研究，2004（11）．

贸易，引导产业进行绿色生产，而针对绿色贸易采用的贸易融资手段。其具有以下三个特征：（1）以绿色贸易为服务对象：融资项目必须符合绿色贸易特征；（2）以绿色金融为结合手段：是传统贸易融资手段与绿色金融新思维新方法的结合；（3）以绿色发展为最终目的：最终目的在于推动经济领域实现绿色发展。绿色贸易融资通过各银行金融机构积极配合执行环保政策，对符合绿色贸易方式的项目给予信贷支持，增加授信额度，以加大对该领域的资金投入；对于不符合绿色贸易方式的项目，不得提供授信支持或者从严审批贷款，以此引导资金和贷款流入促进国家绿色贸易发展的企业和机构，并从破坏、污染环境的企业和项目中适当抽离资金和贷款，从而实现资金的“绿色化配置”。

第一，绿色贸易融资与传统贸易融资的区别如表2－1所示。

表2－1　　　　绿色贸易融资与传统贸易融资比较

	传统贸易融资	绿色贸易融资
经营目标	利润最大化。以商业银行为例，其经营原则为安全性、流动性和盈利性，在该原则下，对进口商或出口商提供与进出口贸易结算相关的短期融资或信用便利	除盈利以外，主要目标是管理环境风险与机遇，保护和改善自然环境，服务于贸易的绿色发展
政策支持	政府颁布政策予以监管，对政策性贸易融资①给予支持。侧重于对特定领域或符合特定条件的贸易融资给予政策上的支持，不一定是绿色领域，未必出于绿色发展目的	环境污染问题是市场失灵的表现，绿色贸易融资的发展需要政策加以引导。绿色贸易融资强调对绿色贸易领域给予政策支持，并且更强调政策的引导作用，绿色性更加突出
融资产品	进口押汇、限额内透支、进口代付、假远期信用证、出口托收押汇、出口保理押汇、进口托收押汇等	基本产品与传统绿色贸易融资产品相同，但是加入了是否符合绿色发展方式这一要求

① 政策性贸易融资，是由各国官方或半官方出口信贷机构提供出口信贷担保，由商业银行利用其自有资金向另一国银行、进口商、政府提供的贷款。该贷款通常被限定用于购买贷款国的资本货物，以促进贷款国的出口。

第二，绿色贸易融资与绿色金融的区别在于，前者要针对贸易融资的特点，解决该领域的发展问题，由于环境、资源等因素的公共品属性，使得传统的评价方法难以对贸易活动的外部性进行评估，进而缺乏对绿色贸易行为定价的合理依据，因此，绿色贸易融资产品开发的前提是有包括绿色评级在内的配套工具和制度的有效支持。而目前，国际上的绿色第三方机构至少包括以下几类：（1）绿色评级机构，以标普、穆迪为代表，对企业及其发行的绿色产品进行评级和认证；（2）绿色指数机构，以 MSCI（Morgan Stanley Capital International，全球最大指数公司明晟）为代表，编制并发布绿色指数，为投资者提供投资标的；（3）数据服务商，以 Bloomberg、CDP 为代表，收集、加工并对外提供绿色信息，促进全球环境信息披露；（4）环境咨询公司，如 Trucost 全球环境咨询机构等。国内要探索建立绿色贸易融资相关的法律制度和执法体系，对采用绿色贸易方式进行的融资活动采取激励性措施，令约束性法律责任与激励性经济措施一起形成市场导向机制，同时引导公众参与，使相关机构有压力和动力去实施绿色贸易融资。①

第三，绿色贸易融资与绿色供应链融资的区别在于，两者的视角不同，对所属业务领域的识别切入点存在显著差异。供应链融资的本质是基于对核心企业稳定的供应链和信用实力的掌握，为其上下游企业提供各种融资服务，从而有效激活整条产业链的运转，扩大生产和销售，提高核心企业市场竞争能力。② 绿色供应链融资业务是金融机构通过考察整个循环经济体的整体运行环境绩效，根据循环经济产业链上下游买卖关系，为链上企业提供金融支持。③ 因此，供应链是绿色贸易融资的核心关注点，除了对绿色要素的考量，也注重考察企业与供应链链条、与整体的关系。而绿色贸易融资以绿色贸易为服务对象，是否为绿色贸易企业

---

① 孙瑾，丁冉，李传仁. 我国绿色贸易融资的发展［J］. 新理财（政府理财），2019（6）.
② 如何拓展核心企业供应链融资［N］. 上海金融报，2013.
③ 王筱萍，刘文华. 农业循环经济分层绿色贸易融资模式研究［J］. 经济问题，2020（2）.

或者是否涉及绿色贸易，是考虑是否对其提供绿色贸易融资的重要前提。

从微观角度看，鉴于贸易处于生产和消费的中间环节，促进绿色贸易融资，一方面可以引导企业进行“绿色生产”，即在生产过程中“充分体现人文关怀与自然关怀并有效组织生产过程以取得最佳（社会、环境与经济）效益，实现人与人和人与自然和谐统一”。其中，作为自然关怀的体现，在实施过程中必须充分保护生态环境，如工艺上充分关注环境的承载能力，以实现人与自然的和谐；作为人文关怀的实现形式，在组织过程中必须做到文明生产，如为劳动者提供足够的劳动保护，以实现人与人之间的和谐；而作为经济活动的核心内容，绿色生产必须是有效率的，且必须在效率上胜过以石化能源为代表的灰色生产方式①。另一方面，从消费的角度看，通过引导供给侧进行绿色生产，促进相关行业贸易的发展，有利于推动消费行为的绿色化转型。由于人是社会、生态与物质的有机统一体，当消费者选择符合生态文明要求的绿色产品时，三种消费都得到均衡满足。

从宏观角度看，绿色贸易融资可以促进社会与经济朝着更加健康以及更加符合绿色发展方式的方向发展，同时有助于实现国家在低碳减排方面作出的承诺。绿色贸易融资作为一国绿色发展理念在贸易融资领域的践行，很好地对国内外体现了其对环境保护的重视，对人与自然和谐相处的重视，也是一国对外交流的名片，是对外阐明其发展理念的强有力载体。对我国来说，主动作出减碳承诺，不断对自我加压，体现了我国的大国担当，既有利于促进国内制造业加速绿色化转型，又很好地提升了我国的国际形象，展现中国风度。

2.2 绿色贸易融资驱动因素

联合国《2017 年世界人口勘查报告》显示，2017 年全球人口约 76

① 杨文进．绿色生产［M］．北京：中国环境出版社，2015.

亿，预计2050年将会达到98亿。以目前的世界粮食产量，虽然理论上可以喂饱76亿人，但世界人口迅速增长，再加上惯行农法造成的环境污染以至水土流失，可耕作的土地有限，未来有可能爆发全球性的粮食危机。以上说明环保与经济并非无法相容，只要善用科技，建立良好的体系制度，则既能做好环境保育，也可获得更大的经济效益，并让世世代代都能享有自耕自食的权利，免受粮食短缺的威胁。

除了以上途径之外，全球大宗粮油生产的气候变化应对问题也可以从经济学的角度考虑。大宗粮油贸易作为全球贸易的重要组成部分，如果能从贸易端进行一定约束，同样能达到环保与经济效益兼得的结果。而融资作为全球贸易进行的重要推动和组成部分，具有极其重要的作用。

目前，存在一系列不同的驱动因素助推了贸易融资的“绿色化”转型。这些驱动因素大体上可以分为以下几类：政策、法规和战略，产品创新，以及技术。

2.2.1　政策、法规和战略

中国已经制定了多项政策，构建中国的绿色金融体系，包括“一带一路”倡议和银保监会发布的《绿色信贷指引》。

在2017年5月举行的“一带一路”国际合作高峰论坛上，习近平主席在开幕式演讲中指出，“我们要践行绿色发展的新理念，倡导绿色、低碳、循环、可持续的生产生活方式”。[①] 绿色发展新理念正在被付诸实践，例如，绿色信贷统计制度在进一步研究修订，绿色产品制造、绿色贸易融资和个人绿色消费信贷等指标也正在被考虑纳入统计监测范围。

---

① 《绿色融资——中国报告》，https://gallery.mailchimp.com/9eb511f3cc6a29ad3d3075cb1/files/b07ebcf6-408e-43b0-b9f7-cce45363d4c3/Green_Finance_October_2017_FINAL_resize.pdf，2017年10月12日。

2017年6月，国务院召开常务会议，决定建设五大绿色金融改革创新试验区。这些试验区的目标是帮助中国实现产业结构的升级，履行在巴黎气候协定框架下作出的承诺。这些试验区位于广东、贵州、江西、浙江和新疆5省（自治区）。会议指出："发展绿色金融的核心是处理好环境效益和经济效益两者间关系，使绿色经济能够得到有效的金融支持，实现可持续健康发展。"根据该决定，中国人民银行发布支持建设五大试验区的各项措施，以促进绿色金融的发展，特别是利率折扣和中央与地方政府的税收优惠。这些激励措施包括通过优惠贷款和来自绿色发展基金的低成本资金支持试验区。[①] 其中，广东和浙江两大绿色金融改革创新试验区是中国最重要的毁林敏感型软商品[②]进口地。

此外，2017年9月5日，绿色金融国际研讨会上发布的《中国对外投资环境风险管理倡议》（ERMICOI）（以下简称《倡议》）[③] 是实现转变的另一个信号，表明中国将更多关注"绿色"金融。该倡议由中国金融学会绿色金融专业委员会（CSFB）[④] 发布，其中写道："金融机构应推动贸易融资和供应链融资[⑤]绿色化"。[⑥]《倡议》鼓励金融机构考虑并管理对外投资的各类环境风险，并在其中具体提及了"绿色"贸易融资。签署《倡议》的各家机构承诺在"绿色"贸易融资领域提供更多建设服务。

---

① 《试验区将促进绿色金融的发展》，中国日报网，http：//www.chinadaily.com.cn/business/2017-06/17/content_29781436.htm，2017年6月17日。

② 软商品，主要为非物质生产资料，包含金融商品技术商品、信息商品、劳务商品等，与其相对的为硬商品，主要是物质生产资料。

③ 《倡议》由中国投资协会、中国银行业协会、中国证券投资基金业协会、中国保险资产管理业协会、中国信托业协会、环境保护部环境保护对外合作中心等单位共同发起。

④ 中国金融学会绿色金融专业委员会是由中国金融行业机构组成的广泛联盟，是中国人民银行下属的机构。

⑤ 供应链融资，是把供应链上的核心企业及其相关的上下游配套企业作为一个整体，根据供应链中企业的交易关系和行业特点制定基于货权及现金流控制的整体金融解决方案的一种融资模式。

⑥ 《中国对外投资环境风险管理倡议》，中国金融学会绿色金融专业委员会，第十一条第4页。

2018 年 8 月 15 日，上海证券交易所在资产证券化业务申报系统中发布了《上海证券交易所资产支持证券化业务问答（一）、（二）》（以下简称《业务问答》）。《业务问答》旨在规范计划管理人在业务申报过程中的相关流程；同时，也出台了绿色资产支持证券的相关内容及相应的操作流程。并且，《业务问答》规定了哪些项目可以认定为符合要求的绿色资产，如果项目符合“基础资产属于绿色产业领域”“转让基础资产所取得的资金用于绿色产业领域”“原始权益人主营业务属于绿色产业领域”中的任意一项，就可以被认定为绿色资产支持证券。因此，计划管理人应对资产支持证券[①]是否符合上述认定条件进行核查并出具核查意见。

2018 年 9 月，由中国人民银行编制的《中国绿色金融发展报告（2017）》正式发布。该报告指出：一是坚持市场导向，着力提升绿色金融可持续发展能力。二是制定统一标准，开展绿色金融标准化体系研究。三是聚焦核心任务，继续发挥金融支持经济绿色转型作用。四是深化区域试点，先行探索绿色金融改革创新模式和有益经验。五是加强国际合作，引领参与绿色金融国际规则制定。此外，该报告对 2017 年中国绿色金融的发展情况进行了全面梳理和总结，内容包括：绿色金融发展的新机遇、政策体系、绿色金融发展的基石、组织体系、市场体系、区域性改革试点、国际合作、支持实体经济、风险管理、发展展望等方面。

2.2.2　产品创新

产品创新有助于实现和激励“绿色”贸易融资。此类产品的一个

① 资产支持证券（Asset－Backed Security，ABS），是一种债券性质的金融工具，其向投资者支付的本息来自基础资产池产生的现金流或剩余权益。与股票和一般债券不同，资产支持证券不是对某一经营实体的利益要求权，而是对基础资产池所产生的现金流和剩余权益的要求权，是一种以资产信用为支持的证券。

实例是可持续货物信用证。可持续货物信用证由银行业环境倡议（BEI）开发，旨在实现并激励可持续生产的农产品贸易。它聚焦信用证这一金融工具及棕榈油这种农产品，也可将该理念扩展到其他贸易融资产品和其他商品。

可持续货物信用证使可持续性信息在银行处理的信用证文件中得以体现、注明。以大宗产品棕榈油为例，其已经采用可持续棕榈油圆桌倡议（RSPO）的标准，并通过对提单文件进行盖章来获取 RSPO 信息。在该理念中，银行的作用仅仅是检查文件是否已经应买家要求盖章，而不是核实可持续性信息。目前，可持续货物信用证本身并不提供激励机制，但是它可以为新兴市场国家的国际金融公司提供增级信用担保。该担保为棕榈油贸易的可持续生产提供了优惠条件。

目前我国市场上的绿色产品包括绿色融资、绿色租赁、绿色信托、绿色债券、绿色基金等，形成了绿色金融全产品链，并有特许经营权质押、碳资产①抵质押融资、排污权抵质押融资、合同能源管理融资②等权益类产品。同时，我国与世界各国政府及相关机构也在大力推广绿色金融产品。绿色金融产品的创新将为绿色贸易融资工具的创新提供强有力的支持。

2.2.3 技术

金融科技是促进科技开发、成果转化和高新技术产业发展的一系列金融工具、金融制度、金融政策与金融服务的系统性、创新性安排，是由向科学与技术创新活动提供融资资源的政府、企业、市场、社会中介机构等各种主体及其在科技创新融资过程中的行为活动共同组成的一个

---

① 碳资产，是指在强制碳排放权交易机制或者自愿碳排放权交易机制下，产生的可直接或间接影响组织温室气体排放的配额排放权、减排信用额及相关活动。

② 合同能源管理融资业务，是指申请人采用合同能源管理形式，以未来分享的节能效益作为主要还款来源，向本行申请用于项目建设与运营并获得融资的业务。

体系，是国家科技创新体系和金融体系的重要组成部分。

金融科技的应用领域十分广泛。从征信①的角度来看，利用大数据和人工智能技术，我们完全可以实现智能征信和审批。通过多渠道获取多维度的数据，包括通话记录、短信信息、购买历史、电商数据，以及社交网络上的留存信息等，我们可以提取出上百种变量，进入大数据模型，对个人信用进行评估。对于缺少抵押和担保的中小企业，我们也可以通过大数据征信解决它们的融资困难问题。同时，也可以通过这一途径了解企业的绿色程度，作为发行绿色债券的衡量标准之一。

金融科技技术同样影响到金融业的核心——货币。以比特币为代表的数字货币为在大容量服务器分布式网络上的计算机编码，颠覆了我们对传统货币的定义，具有替代传统货币的潜在能力。而隐藏在比特币背后的区块链（Blockchain）技术则是一种全新创新技术。

区块链技术有利于降低中间成本。区块链（Blockchain）是一种将传统加密技术和互联网分布式技术相结合形成的一种全新的网络应用技术。未来，银行与银行之间可以不再通过第三方，而是通过区块链技术打造点对点的支付方式，省去第三方金融机构的中间环节。不但可以全天候支付、实时到账、提现简便及没有隐形成本，也有助于降低跨境电商资金风险及满足跨境电商对支付清算服务的及时性、便捷性需求。

区块链技术可以减少欺诈，降低法律合规成本。通过对各个设定的区块的成员身份验证，对他们资产和交易的确认，以及对不同区块之间成员的资产交易进行跨区块连续不断的认证和记录，由此形成区块之间相互勾连的区块链，确保交易真实性和记录完整性，严防人为的干预和弄虚作假。区块链的信息透明，解决了金融业重要的信用问题，这使金融交易活动更加高效。在产业金融方面，版权认证问题、交易问题都会

① 征信，就是专业化的、独立的第三方机构为个人或企业建立信用档案，依法采集、客观记录其信用信息，并依法对外提供信用信息服务的一种活动，它为专业化的授信机构提供了信用信息共享的平台。

产生天翻地覆的变化，其影响相当于旧时代一个工厂人力的解放、机器的引进及大规模的生产。

区块链技术让交易流程更加公开、透明、有效率。在一般的证券发行中，公司与证券发行中介机构签订委托募集合同，完成繁琐的申请流程后，才能寻求投资者认购。证券交易日和交割日之间存在3天的时间间隔。而通过共享的网络系统参与证券交易，使得原本高度依赖中介的传统交易模式变为分散的平面网络交易模式。同时，可追踪的电子记录系统减少了“暗箱”操作、内幕交易的可能性，有利于证券发行者和监管部门维护市场。另外，区块链技术使得证券交易日和交割日时间间隔从1~3天缩短至10分钟，减少了交易的风险，提高了交易的效率和可控性。

目前，国际金融巨头纷纷布局区块链。2016年，金融区块链合作联盟（深圳）正式成立，联盟集结腾讯、华为、金汇金融等在内的31家企业，旨在整合及协调金融区块链技术研究资源，探索、研发、实现适用于金融机构的金融联盟区块链，以及在此基础之上的应用场景。

包括金融技术和金融科技（FinTech）在内的新技术的发展，正在可持续供应链的转型中发挥重要作用。尤其是在贸易融资方面，FinTech在增强供应链的可追溯性方面有提供低成本解决方案的潜力，包括可持续性信息基于金融科技的供应链理念，利用区块链和企业信用评级实现可持续性采购信息的交换，从而改善融资条件。

案例2-1　大豆进口融资的绿色战略

中国大豆主要进口自美国和巴西，其中自美国进口大豆约占中国大豆总进口量的34%。早在2008年11月至12月，巴西有1922平方公里的森林被砍伐而改建为农耕用地，且多数用于牧草和大豆种植。故中国的进口企业是否差别化进口通过可持续生产方式生产的大豆产品将对资源环境带来重要影响。因此了解中国大豆进口企业的信息有助于为这些企业提供针对性的绿色融资政策与手段，从而降低外部经济环境变化对大豆生产的影响和可能带来的资源环境的破坏。

大豆区域链交易兴起

2018 年 1 月 23 日，运往中国的一船美国大豆成为首批使用区块链进行交易的农产品。这使得中国成为全球首例使用区块链平台完成农产品交易的国家。这是继 2017 年底中国中化集团完成第一单区块链原油进口交易试点之后，在 2018 年开拓的第一例大宗商品区块链交易试点。如今区块链技术在全球范围内已被广泛运用到金融、能源市场、大宗商品交易、供应链认证和知识产权管理等领域。

本次大豆贸易结算通过 Easy Trading connect（ETC）区块链平台进行，该平台旨在实现商品交易的数字化和标准化。这种新型的 ETC 平台适合农产品部门复杂而严格的文件链流程，不仅涵盖融资方面，还包括与交易有关的全套相关文件。由于农产品市场的文件要比能源市场复杂得多，效率的提升也是能源市场的数倍。与传统的贸易流程处理从信用证到产品质量文件等大量纸质文件和繁琐的行政程序不同，平台的每笔交易都会对常规文书进行数字化处理，避免人工重复性工作，使得交易速度只用了从前的 1/5，对于交易者来说，效率大大提高。

中国积极使用区块链技术进行大豆贸易结算，表明中国已经意识到像区块链这样的创新技术的发展，在可持续供应链的转型中能够发挥重要作用，可以追踪供应商的资质，确保其贸易产品符合国际可持续生产标准。大宗商品的供应商可以利用区块链平台提供符合本国规定的可持续标准认证文件和质量证明等文件。通过将贸易融资渠道与可认证的可持续性生产要求和透明的供应链联系起来，除了能提高贸易双方的交易效率、减少腐败、降低诈骗风险之外，更为重要的是还可以应用这种金融科技创新推动全球的绿色贸易发展，构建绿色贸易融资体系。

因为大宗商品生产其自身对环境污染、毁林和碳排放影响巨大，且涉及的贸易文件较多，未来区块链技术在大宗商品贸易领域的应用将获得较大收益，可以将效率与生态功能相结合，实现金融科技创新下的贸易融资的数字化与绿色化。中国作为积极的参与者和推广者，在绿色金融领域所达成的政策承诺和实践引领已处于全球领先地位。

大豆农产品进口企业的贸易流

根据中国海关数据库2016 年的数据，中国进口巴西大豆共计约155 亿美元，合计金额前 80% 的企业共计 40 个，占比 80.12% 。通过进一步研究，逐一查询每一个公司的资本信息发现：40 个公司中有35 个公司为集团公司、子公司或控股公司，分别隶属于18 个集团。这些集团分别为中粮集团、益海嘉里集团、九三粮油工业集团有限公司、山东渤海实业股份有限公司、嘉吉、中国中纺集团公司、中国储备粮管理总公司、浙江和润集团、福建省世创集团有限公司、邦吉、三河汇福粮油集团有限公司、香驰控股有限公司、路易达孚集团、广州东凌粮油股份有限公司、河南阳光油脂集团、辽宁日林实业集团有限公司、金光集团、上海润华投资有限公司。

在前 80% 的企业中，中国进口大豆的省份共计 13 个，其中前三个省份分别为江苏（19.63%）、山东（16.66%）、北京（12.48%），三者之和占比近一半（48.77%），与剩余 10 个省份进口金额大致持平。总结来看，近年来江苏超过山东和广西成为进口巴西大豆的主要省份，而江苏属于经济和金融发达省份，自身的金融发展与融资条件成熟，可以较好地利用贸易融资政策对企业进口进行指导。除此之外，北京和上海在 2015 年和 2016 年以后也进入了排名前五的进口省份之中，同样具备发展优势，这为利用绿色贸易融资带动绿色贸易发展带来了先决条件。其他进口的省份中，广东和浙江这两个进口大豆的省份已被列为绿色金融改革创新试验区，可以较好践行绿色贸易融资发展。

近年来，大豆进口企业中国有企业进口占比逐年升高，总进口金额前 80% 的大豆进口企业中，2014 年共计企业 41 家，国有企业 8 家，进口金额约23.95亿元，占该41家企业的18.1%；2015年共计企业42家，国有企业5家，合计进口金额26.60元，占比20.6%；2016年共计40家企业，国有企业8家，合计进口金额约42.95亿元，占比34.5%；民营企业2014年24家，合计进口金额约76.81亿元，占比57.90%；2015年19家，合计进口金额下降到约51.85亿元，占比40.20%；2016年，民营企业18家，合计进口金额约42.64亿元，占比34.20%，与国有企业比重相同；2014年，共计9家外资企业，合计进口金额约为31.85亿元，占比24%；2015年，外资企业18家，合计进口金额约50.57亿元，占比39.2%；2016年，外资企业14家，合计进口金额约38.97亿元，占比31.3%。

绿色化贸易融资政策建议

大豆进口企业进口中，国有企业占比有较为显著的提升，针对国有企业的贸易融资渠道提出绿色化政策建议，有利于我国大宗商品贸易的绿色化发展。对于大豆进口的民营企业来说，由于传统融资途径中贷款利率相对较高，民间融资成本也很大，针对其贸易融资中降低融资成本的政策是非常有效的措施。除了考虑异质性企业的战略，还要把大宗商品进口融资绿色化设计为长期战略，这也是一个主流趋势。

2.3　绿色贸易融资技术标准

绿色贸易融资作为一个侧重于实际应用的全新的概念体系，其兴起之初必然会吸引众多相关金融机构等投资者的关注，但是由于存在分析能力的不足和信息的不对称，投资者难以识别和量化该项目中存在的风险和收益，对进一步的资本流入往往持观望态度。因此，其实践活动的推广和展开需要设计一套具有可操作性的绿色贸易融资技术标准和业务准则，目前在全球绿色发展进程中，一些国际机构和组织已经在具体事件中制定了相关的标准、原则和政策，对此可进行借鉴。

2.3.1 赤道原则

2002 年 10 月，国际金融公司（IFC）和荷兰银行等 9 家机构在伦敦召开会议讨论项目融资中的环境和社会问题，会后由荷兰银行、巴莱克银行、西德意志州立银行和花旗银行在 IFC 环境和社会政策基础上共同起草了一套针对项目融资中有关环境与社会风险的指南，即赤道原则（Equator Principles，EPs）。2003 年 6 月，包括 4 家发起银行在内的 10 家大型银行宣布接受赤道原则。2006 年 7 月，根据 IFC 修订后的绩效标准对赤道原则进行了修正并重新发布赤道原则Ⅱ。2011 年 7 月赤道原则再次修订，并于 2013 年 6 月发布赤道原则Ⅲ。赤道原则最新版本（EP4）于 2019 年 11 月 18 日发布，并于 2020 年 10 月 1 日正式生效。相比于之前的版本，赤道原则第四版（EP4）高度重视气候变化，并强调生物多样性保护问题。

赤道原则作为一套国际先进的项目融资环境与社会风险管理工具和行业基准，旨在提供一套通用的基础和框架，以便各采纳赤道原则的金融机构自行实施与项目融资活动相关的社会和经济政策、程序和标准，是金融可持续发展的原则之一，也是国际金融机构践行企业社会责任的具体行动之一。赤道原则对于融资项目适用的原则，审查分类、环境和社会评估、投诉机制、承诺性条款等都设有相关规定，其完善了相关管理流程，加强了信息披露和第三方监管，使得融资活动具有较强的可操作性和可复制性。赤道原则适用于全球各行各业。在支持一个新融资项目时，赤道原则适用于下述四种金融产品：

①项目资金总成本达到或超过 1000 万美元的项目融资咨询服务（Project Finance Advisory Services）。

②项目资金总成本达到或超过 1000 万美元的项目融资（Project Finance）。

③符合下述四项标准的用于项目的公司贷款（Project - Related Corperate Loans)：大部分贷款与客户拥有实际经营控制权（直接或间接）的单一项目有关；贷款总额为至少1亿美元；采用赤道原则的金融机构EPFI单独贷款承诺（银团贷款或顺销前）为至少5000万美元；贷款期限为至少2年。

④过桥贷款（Bridge Loans)，贷款期限少于两年，且计划借由预期符合上述相应标准的项目融资或一种用于项目的公司贷款进行再融资。[①]

现今，采纳可持续金融领域黄金标准——赤道原则的金融机构逐渐增多。截至2022年4月21日，全球已有来自38个国家的130家金融机构宣布采纳赤道原则，其中含有花旗银行、渣打银行等国际银行，也包括兴业银行、江苏银行、湖州银行、贵州银行、重庆农商行、重庆银行、福建海峡银行、绵阳市商业银行和威海市商业银行共九家中国银行。[②]

专栏2-1 赤道原则

对于赤道原则，国内外学者关注重点都在赤道原则的实践效果，但各自的研究方式和结果却不同。

Weber在2010年指出，虽然把赤道原则中环境风险评估融入银行信贷风险评估机制中会增加银行的评估成本，但是它会大幅增加商业银行的信贷风险评估质量。Weber等证明了，如果传统的信贷风险预测机制中加入赤道原则中的环境风险评估，会使信贷违约预测的准确率上升

① 以上内容来自赤道原则Ⅲ，其中用于项目的公司贷款不包括出口融资中的卖方信贷形式（客户无实际经营控制权）。此外，用于项目的公司贷款不包括为基础项目提供资金的其他金融工具，例如用于维持公司运营的资产融资、并购融资、对冲基金、租赁、信用证、一般性公司性贷款和一般营运资金支出贷款。

② 赤道原则成员报告［R/OL］.（2022-04-21）. Equator Principles官网，http：//equator-principles. com/indes. php/members-reporting.

7.7%。所以，把标准化的环境风险评估程序融入信贷风险评估中不仅是一种信贷违约的预防措施，也是对自然环境和金融风险负责任的行为。

Cowton 和 Thompson 在 2011 年指出，由于消费者对环境问题和污染企业的态度变化会导致借款的污染企业的收入和资产的流动性发生变化，因此银行信贷业务的环境风险增加。①

McKenzie 在 2014 年指出，银行如果违反赤道原则，对污染企业提供信贷业务会对银行的商誉产生很大的负面影响，这是商业银行最主要的环境信用风险来源。②

Luisa Montes 对传统意义上的银行与新兴市场的产物——“赤道银行”进行研究，发现“赤道银行”与传统银行机构之间在经营方式、贷款品种等方面存在区别，“赤道银行”面向节能减排产业，发展循环经济，致力于支持可持续发展项目。在贷款申请过程中，重点关注贷款项目的环保资质，并进行贷后跟踪调查，保证贷款用途。③

Larmmertjan James 在文章中对“赤道银行”和非“赤道银行”的信用风险进行了比较分析，最终得出“赤道银行”的信用风险普遍低于非“赤道银行”，并且随着“赤道原则”落地项目的增多，“赤道银行”的信用风险在一定范围内逐步降低。④

2.3.2 可持续性框架

《可持续性框架》（The Sustainability Framework）阐述了国际金融公

① Eric Cowan, Topical Issues in Environmental Finance. Asia Branch of the Canadian International Development Agency (CIDA).

② Stijn Claassen, Luc Laeven. What Drives Bank Competition? Some International Evidence, *Journal of Money, Credit and Banking*, 2014.

③ Equator Principles, Fortis adopts environmental and social criteria for project financing, 2006.

④ Thompson P., Bank Lending and the Environment: Politics and Opportunities. *International Journal of Bank Marketing*, 2016, pp. 243 – 252.

司（IFC）对可持续发展的战略承诺，该框架帮助 IFC 客户以可持续的方式开展业务，推动健全环境和社会实践，鼓励透明度和问责制，并对积极发展影响作出贡献。可持续性框架包括四部分内容：

（1）环境和社会可持续性政策（The Policy on Environmental and Social Sustainability），定义了 IFC 对环境和社会可持续性的承诺，明确表达了其坚持社会和环境的可持续性战略，并将可持续性作为一种重要的风险管理办法。

（2）绩效标准（Performance Standards），定义了 IFC 客户管理的环境和社会风险的责任。

（3）信息使用政策（The Acess to Information Policy），阐明了 IFC 致力于运营透明度和良治的承诺，并概述了公司有关其投资和顾问服务的机构性披露任务。

（4）环境和社会分类（Environmental and Social Categorization）。

其中，《环境和社会可持续性绩效标准》描述 IFC 有关环境和社会可持续性的承诺、作用和责任，以八项绩效标准共同确定了客户在 IFC 投资的整个项目周期内需达到的标准。

绩效标准 1：环境和社会风险与影响的评估和管理；

绩效标准 2：劳工和工作条件；

绩效标准 3：资源效率和污染防治；

绩效标准 4：社会健康、安全和治安；

绩效标准 5：土地征用和非自愿迁移；

绩效标准 6：生物多样性保护和生物自然资源的可持续管理；

绩效标准 7：土著居民；

绩效标准 8：文化遗产。

《环境、健康与安全指南》（Environmental、Health and Safety Guidelines）（以下简称《EHS 指南》）是技术参考文件，其中包括优质国际工业实践（GHP）所采用的一般及具体行业的范例。如果一个项目有世界银行集团的一个或者多个成员国参与，则按照成员国政策和标准的要求适用《EHS 指南》，分为《通用 EHS 指南》和《行业部门 EHS 指南》，二者一般共同适用，后者针对具体行业部门的 EHS 问题。如果遇到复杂的项目，可能需要适用针对多个行业的指南。《EHS 指南》所规定的指标和措施是通常认为在新设施中采用成本合理的现有技术就能实现的指标和措施。在对现有设施应用《EHS 指南》时，可能需要制定具体针对该场所的目标，并需规定适当的达标时间表。在应用《EHS 指南》时，应根据每个项目确定的风险灵活处理，其依据应当是环境评估的结果，并应考虑到该场所的具体变量（如东道国具体情况）以及项目的其他因素。具体技术建议是否适用应根据拥有资格和经验的人员提出的专业意见来决定。[①]

2.3.3 绿色投资原则

英国绿色投资银行所制定的《绿色投资手册》就如何在日常工作中评估、监测和报告投资项目的绿色影响力提供了一套有效的方法。《绿色投资手册》介绍了一系列的指南文件、清单和表格模板，内容从尽职调查指南和风险评估到报告框架和绿色影响力的计算方法。英国绿色投资银行希望借此鼓励投资者进一步考虑如何降低相关投资风险，并将更多的投资导向绿色低碳经济转型。具体来说，绿色投资原则是 GIB[②] 基于其内部的 6 项“绿色投资原则”制定的，适用于其在英国开展的所有类型的投资项目的一系列政策要求。其应用范围贯穿整个投资周期，以确保所有投资潜在的绿色影响都能得到适当的评估、监控和报告。

---

① 中国人民大学重阳金融研究院，中国人民大学生态金融研究中心．绿色金融与“一带一路”［M］．北京：中国金融出版社，2017.

② GIB（环球投资数字银行），是集数字资产存储、数字资产支付结算、数字资产交易、数字资产金融、通证商城、游戏、社交等于一体的数字资产财富综合管理平台，也是全球首个基于区块链共识的数字资产“银行”化平台，并以“GIB”为代码在 OTC 上市。

原则 1：对公认的绿色目标作出积极贡献

GIB 的贷款或者投资围绕：温室气体减排、提高自然资源利用效率、保护和改善自然环境、保护生物多样性、提升环境可持续性这五个绿色目标展开。GIB 要求每一笔贷款和投资都必须能够产生绿色影响，即能够为实现以上绿色目标（一个或多个）作出贡献。在开展具体的贷款或投资行为之前，GIB 也将对其可能产生的绿色影响进行科学、系统的评估，并对外发布绿色影响报告。

原则 2：减少全球温室气体排放

GIB 要求所有的贷款和投资，都应当能够减少英国乃至全球的温室气体排放。对于特定的贷款或者投资项目，GIB 将首先分析其是否能够满足这一原则，如果不能，GIB 将拒绝参与贷款或投资。同时，GIB 每年会对全年所有贷款与投资活动的减排总效应进行评估，以确定其经营活动能够在多大程度上实现减排目标。

原则 3：长久的绿色影响

GIB 将基于财务文件和负责人投资的原则，进行风险管理和资本配置，为其长久地创造绿色影响提供坚实的资本基础。GIB 的目标是成为一个能够长久地创造绿色影响的专业机构，以积极应对日益增长的自然资源需求向人类发展提出的严峻挑战。但是，要实现这一目标，需要同时满足“长久”和“绿色”两方面的要求，既要坚持负责任的投资原则，也要注重财务运营的稳健性。因此，GIB 要将投资的重点放在那些能够既带来绿色影响，又能够提供安全、有吸引力的投资回报的项目上，从而通过对盈利性和可持续性的平衡来向市场中的其他投资者证明——为可持续发展提供投资能够同时实现投资者的社会价值和市场价值，吸引其与 GIB 一同为绿色基础设施和项目建设提供资金，促进英国经济的绿色转型。

原则 4：明确而坚定的投资标准

GIB 的投资决策依据的是一系列明确的绿色投资标准。具体包括两个部分：

强制性法律要求：作为投资的前提条件，GIB 要确保投资所支持的业务、基础设施或项目符合所有重大环境法律法规，以及相关的可持续发展要求；绿色影响评价标准：GIB 还要明确投资所支持的业务、基础设施或项目能够对原则 1 中包含的 5 项绿色目标产生积极的，并且使当下可行的、可量化的影响。

如果一个特定项目能够满足法律规定的要求和标准，那么这个项目本身就具有投资的可能性。在此基础上，GIB 的投资决策倾向于那些绿色影响更为积极、更容易满足 GIB 制定的绿色评价标准、与 GIB 的投资原则更为相符的项目。

原则 5：健全的绿色影响评估

GIB 将根据一套健全、透明的评估方法和流程，对所有潜在投资可能对绿色环保产生的影响作出合理的考虑和专业的判断，并将其作为贷款和投资的尽职调查的必要环节。

原则 6：有效的契约、监督和参与

为了实现对贷款和投资绿色影响的有效控制、监测与报告，GIB 根据每一项投资的行业、规模等特征，在贷款或投资项目中加入了相应的约束性条款，如未能履行约定，GIB 将协助贷款或投资项目额具体实施者提升其履约水平。如在约定的宽限期内，相关融资方仍不能满足合同的要求，GIB 将保留单方面制定和采取补救措施的权利。

一旦完成投资工作，GIB 将对投资绩效予以监测，具体检测内容包括融资方履约的情况，以及在整个投资周期内，项目的环境和社会风险，GIB 会将每笔贷款和投资预期应当实现绿色影响以文件的形式记录下来，以便为全流程的绿色影响监测提供参照标准。

原则 7：透明的报告

GIB 将确保至少以年度为单位，对外发布绿色投资实施情况报告。报告围绕三项内容展开：通过 GIB 的投资组合实现的温室气体减排量；

其他主要的绿色影响评价指标；对其他绿色影响的定性描述。GIB将结合此前融资方编制的环境合规报告，根据融资文件中的具体要求，对每笔投资的合理预期和实际表现数据进行整理，并将相关结果应用在绿色投资实施情况报告的编写过程中。

专栏2-2 绿色投融资理论及发展

一些投资者与企业家于1981年组成“社会投资论坛”（Social Investment Forum，SIF），并创立了苏利文准则（Sullivan Principles），将有军火、烟酒、赌博和不良环境记录的企业排除在贸易和投资活动之外。

在国外，学术界对绿色投资理论的研究主要从企业社会责任的角度出发，将绿色投资称为“社会责任投资”（Socially Responsible Investment，SRI）。Elkington（1994）提出了SRI的经济绩效、环境绩效、社会绩效“三重底线”（Triple Bottom Line），也被称为三重盈余标准①。

此后，SRI理论的发展均建立在一个共识之上，即同时追求财务与可持续发展②。

在此基础上，Eyraud等的研究认为，理论上，绿色投资的概念应参照欧盟统计局的广义定义：一切用于获得技术、物品与服务，且主要用来限制环境破坏、自然资源消耗的资本性环境支出③。

专注于绿色低碳金融领域重要金融中介与机构研究的工作组San Giorgio Group（SSG）2012年指出，在向低碳生产系统转型的过程中，

① Elkington J.，Enter the triple bottom line. *The triple bottom line*：*Does it all add up*，2004，pp. 1－16.

② Capelle－Blancard G，MONJON S. Trends in the literature on socially responsible investment：looking for the keys under the lamppost. *Business Ethics*：*A European Review*，2012，pp. 239－250.

③ Eyraud L，Clements B，Wane A. Green investment：Trends and determinants. *Energy Policy*，2013，60：852－865.

有必要通过多种途径传递有效的公共政策。这样，公共政策就能够为私人资本提供补偿，支付它们无法承受的风险溢价和额外成本，鼓励它们进入可再生技术等绿色行业中①。

现有绿色投融资的政策指导工具包括国际绿色投融资倡议（如《联合国全球契约》）、国际机构的环境安全保障政策体系（如世界银行、亚洲开发银行的环境和社会安全保障政策体系）、国际商业银行的赤道原则以及国家制定的绿色投融资政策（如我国《关于构建绿色项目识别和筛选技术色金融体系的指导意见》等、世界银行的《绿色债券发行程序实施指南》、国际金融公司的《IFC 气候相关活动定义与测量》、欧洲复兴开发银行《绿色债券发行与绿色项目投资组合筛选程序》、亚洲开发银行（ADB）《绿色债券框架》等）。

除此之外，绿色投资机构也相继建立。以英国为例，为解决私人领域资金不足以满足减排要求的问题，英国于 2012 年设立了绿色投资银行。绿色投资银行是英国政府全资拥有的政策性银行，独立于政府运营。它的作用是解决英国绿色基础设施项目融资中的市场失灵问题，以政府投资带动私人投资。它能够跨资本结构自行组建股票、债券、担保等一系列产品，根据风控稳健性、调动私人部门资金的杠杆效应、绿色影响三个准则在能效、离岸风力发电、废弃物回收再利用、废弃物发电等领域进行投资。

仅在成立第一年，绿色投资银行就有不俗的成绩。根据《英国绿色投资银行年报》，它在 4 个领域通过自身的 7.66 亿英镑投资带动了 24 亿英镑的私人领域投资，形成了 3 倍杠杆，总投资额达 32 亿英镑，全部运行项目合计减排 330 万吨二氧化碳。政府作为投资项目的启动

---

① CORFEE ~ MORLO T, MARCHAL V, DAHOU K. Towards a Green Investment Policy Framework: The case of low – carbon, climate – resilient infrastructure, Organization for Economic Cooperation and Development, OECD Staff consultation draft, 18 June 2012. http://www.oecd.org/environment/climatechange/Towards%20a%20Green%20Investment%20Policy%20Framework_consultation%20draft%2018-06-2012.pdf.

者，对私人资本提供了某种程度的隐性担保，提高了私人投资者的预期回报或降低了预期风险；同时，政府提供了项目的前期评估和准备，降低了私人投资者的投资成本。

此外，根据《气候变化法》的规定，英国还成立了气候变化委员会，负责向政府提供独立的专家建议和咨询，负责编制碳预算和英国未来减排目标。①

相较于国外在该领域已经有所成就的发展，绿色贸易融资在我国暂没有广为应用的标准框架。

2021年建设银行在业界率先推出《绿色贸易融投资指引》（以下简称《指引》），这是我国首次对于绿色贸易融资这一较新的概念推出相对正式的文件，明确贸易融资和跨境投资绿色筛选原则，赋能中国外贸创新型竞争优势绿色产业，推进绿色"一带一路"倡议，助力国际贸易实现绿色高质量发展，进一步强调了我国着力支持绿色贸易体系建设的行动。

《指引》依托国家发展改革委、人民银行、银保监会绿色金融政策体系，结合我国进出口贸易特点，对标国际标准，构建递进式筛选原则，建立商品类别、资金用途、客户服务多维画像和标准体系。丰富金融支持绿色贸易内涵，助力监管建立，促进绿色贸易，发展金融政策体系，加快培育绿色贸易新优势；《指引》强调加大对服务环境改善、应对气候变化和资源节约高效利用的进出口贸易、跨境投资、对外承包工程等企业经济活动的支持力度，聚焦国内国际绿色产业，细化绿色贸易重点行业，创新绿色国际合作模式，积极搭建绿色企业、绿色供应链企业、可持续企业和转型企业服务生态，提升可持续发展能力和长期价值②。

---

① 郑竟，陈明，柴伊琳，等．"一带一路"绿色投融资机制构建探讨［J］．环境保护，2017（19）．

② 人民资讯：建设银行首推《绿色贸易融投资指引》，https：//baijiahao. baidu. com/s？ id = 1719111502899933663&wfr = baike。

2.3.4 自愿性可持续标准

自愿性可持续标准（Voluntary Sustainable Standards，VSS），是一种市场驱动工具，用于控制供应链中与可持续性相关的风险，自20世纪60年代首次被引入以来就一直流行。近些年，受消费者日益增强的可持续性意识的驱动，衡量可持续性和追究供应商责任的新方法层出不穷，而消费者的这种意识也正在全球迅速蔓延。早期，VSS主要覆盖农产品和有机生产。如今，这些系统涵盖了一系列可持续发展问题：从公平和道德贸易到气候变化适应，从纺织品和旅游业到林业和采矿业。

可持续标准数量的日益增长反映着全球可持续议程的发展。1992年在里约热内卢举行的联合国环境与发展会议以及1997年各国通过的关于减少温室气体排放的京都议定书，有效地推动了VSS的建立，为应对气候变化和可持续发展问题，其他世界论坛和国际组织也至此建立起来。

VSS标准的数量增长还有其他五个原因：

- 关于生产过程对环境和社会影响的关注日益增长；
- 贸易全球化下，产品来自世界各地，对降低风险和可追溯性的需求；
- 食品行业的集中化：随着加工商和零售商拥有更多的市场力量，它们对所采购的产品提出了更多的技术要求，包括产品质量和生产过程的可持续性；
- 消费者对可持续生产产品的需求增加；
- 竞争加剧，促使企业实施更严格的采购要求，包括可持续性标准。

目前，符合VSS的生产量也随之上升。例如，“优质棉花倡议”所认证的棉绒产量从2010年的3.5万吨增至2015年的208.6万吨，而土地面积从2010年的6.5万公顷增至2015年的221.7万公顷。公平贸易组织认证的土地面积从2011年的140万公顷增至2015年的250万公顷，增长179%。尽管增长迅速，但认证产品的市场仍然很小，不到全球农业领域的1%。

虽然VSS最早出现在发达国家，但发展中国家正在制订自己的计划。国际贸易中心（ITC）和欧洲大学研究所（EUI）的研究显示，作为发展中国家的巴西、南非、印度和肯尼亚拥有的VSS数量最多。

VSS在发展中国家扎根有以下三个原因：

- 对可持续性的关注，当地生产商制定了自己的标准；
- 地方性体系的成本效益，包括评估相符性的地方保证机制；
- 可持续发展议程的掌握权，包括转化国际方案以适应当地情况。

中国也在制定国家VSS，中国社会责任管理体系CSC9000T是公平劳动协会FLA、国际社会责任SAI和道德贸易倡议ETI在国家层面的体现。虽然目前发达国家对VSS认证产品的需求仍然高得多，因为发达国家的消费者意识更强，对可持续制造的产品的需求也更大，但是，发展中国家消费者的意识正在增强。尼尔森①公司在2014年进行的一项调查显示，拉丁美洲63%的受访者愿意支付更高的价格购买对社会和环境有积极影响的公司的产品和服务，这一数字高于2011年的13%。在亚太地区，这一数字在2014年为64%，比2011年上升了9%。

通过使用VSS机制，越来越多的政府将其可持续性承诺纳入立法中，私营企业将其承诺纳入企业战略中。例如，联合利华②制定了自己的可持续农业准则（Unilever SAC），以确保其供应商符合联合利华设定的最低可持续性要求。如2020年，联合利华推出了新的跨商品的“人与自然政策”，以取代其个别商品政策，明确了对供应商的要求和

① 尼尔森是全球著名的市场监测和数据分析公司，1923年由现代市场研究行业的奠基人之一的阿瑟·查尔斯·尼尔森先生创立，总部位于英国牛津。

② 联合利华集团，是由人造奶油公司和英国Lever Brothers于1929年合并而成。

期望：实现零毁林的供应链，并尊重和促进人权。玛氏①则依赖于诸如雨林联盟、公平贸易和可持续棕榈油圆桌会议（RSPO）等外部标准来获取产品成分。该公司的目标是，到 2020 年，所有的可可都要从经过认证的来源处采购。各国政府越来越认识到 VSS 机制作为实现其可持续性承诺的价值。根据不同的规定，政府可能不会明确提到具体的 VSS，但在采购指南中，它们会参考 VSS 的基本标准或创建符合这些标准的 VSS 清单。

目前，公司和制定标准的组织正在合作，共同努力促进供应链中的可持续生产。它们一起制定通用准则和 IT 解决方案，以便评估供应商，并对供应商符合可持续性标准或框架的相关供应链信息进行管理。例如，雀巢、联合利华和达能在 2002 年就建立了可持续农业倡议（SAI）平台，用于在竞争前的阶段分享发展和实施可持续农业实践的知识和最佳实践。如今，平台成员数量已超过 90 个。由平台成员、供应商、农民和外部利益相关者开发的农场可持续性评估准则（FSA）是领先的食品和饮料公司的共同框架，这些公司使用 SAI 平台采购可持续生产的农材料。②

但是，自愿性可持续标准数量的迅速增多也存在众多弊端。首先，如果一个供应商供应多个买方并必须符合多个标准，且供应商承担认证费用时，其生产成本则会大大增加，对于缺乏足够资金来支付认证费用的中小企业和小农来说，矛盾尤为突出。其次，多重标准也会导致消费者的困惑，使其无法区分可持续性标签，也无法理解产品声明和可持续性影响，结果是消费者的信任被削弱。

目前，国际贸易中心（International Trade Centre，ITC）发起了贸易

---

① 玛氏公司，是一家由私人家族弗兰克·马斯（弗瑞斯特·玛氏）于 1911 年创立的跨国公司，主要业务涉及零食类（糖果巧克力）、宠物类、主食和电子产品的制造和营销。

② 国际商会银行委员会 .2018 年度全球贸易金融调查报告——全球贸易：保障未来增长［R］. 2018.

促进可持续发展（Trade for Sustainable Development，T4SD）的计划，旨在通过更好地理解可持续发展倡议的前景，帮助企业（无论其在价值链中的地位如何）规划更可持续的贸易之路，并与商业伙伴建立联系。T4SD的新平台“可持续发展地图”（Sustainability Map）将标准地图（Standards Map）和可持续发展交换（Sustainability Exchange）等已经成熟的工具集成到新的互联模块“网络”和“趋势”中。该方案得到了瑞士联邦经济事务部（SECO）和德国联邦经济合作与发展部（BMZ）的支持。在该网站中①，用户能够分析与可持续性标准相关的数据，并自我评估其与可持续性相关的表现，该网站目前涵盖了适用于80多个行业和180多个国家的220多个标准倡议，详细说明了适用于特定大宗商品的自动认证方案，标准地图施加的要求，以及认证主体所在的国家。②

以大豆为例，目前，全球共有75种VSS对其作出认证，而对于目标市场是中国的大豆来说，共有39种VSS，并可以根据以下6个方面筛选细分条件，网站对于每一个标准均给出了详细的包括设立情况、发展数据、联系方式、认证流程在内的介绍，并且该网站提供各VSS在环境、社会、管理、质量和道德方面的对比。

表2-2　　大宗产品自愿性可持续标准检索细分条件

细分条件	选项
关注点（focus）	公共（public）、私人（private）、多边标准（multilateral standards）
环境方面	生物多样性、碳和气候变化、森林管理、有机生产、可再生能源、土地管理、废弃物管理、水资源管理
社会方面	童工、员工雇用、性别问题、工作中健康和安全问题、ILO（国际劳工组织）8项规定、当地社区、劳工权利

① 网址：http://www.intracen.org/t4sd/。
② 国际贸易中心“标准地图”：http://www.standardsmap.org/identify。

续表

细分条件	选项
管理方面	经济发展、投融资、生产率
质量方面	食品安全、产品质量、生产过程
道德方面	反腐败、反行贿、政治贡献、慈善贡献、赞助、赠与（gifts）、好客（hospitality）、商业关系、尽职调查任务

本书选择以下几种标准作出对比（见表2－3）。

表2－3　　自愿性可持续标准实例

编号	名称	简介
1	美国黄豆永续确保规范（U. S. Soybean Sustainability Assurance Protocol）	美国黄豆出口协会（U. S. Soybean Export Council，USSEC）设立的“美国黄豆永续确保规范”第三方永续生产认证，要求黄豆农夫必须符合精准农业、生能多样性、环境保育等耕作条件
2	GMP＋	GMP＋由荷兰饲料工业协会（PDV）建立，GMP＋作为全球范围内饲料产业链中企业的认证标准，旨在应对各种涉及饲料原料污染的事件。
3	中国良好农业规范（ChinaGAP）	GAP是良好农业规范（Good Agricultural Practice）的简称，是主要针对初级农产品生产的种植业和养殖业的一种操作规范，关注动物福利、环境保护、工人的健康、安全和福利，保证初级农产品生产者生产出安全健康的产品。
4	EcoVadis	EcoVadis是一个合作式平台，按照ISO26000社会责任指南评估供应商的表现。通过该合作式平台，一些大的企业可以评价他们的供货商的环境和社会责任水平。
5	核证减排标准（Verified Carbon Standard，VCS）	核证减排标准（Verified Carbon Standard，VCS）是气候组织（CG）、国际排放交易协会（IETA）及世界经济论坛（WEF）联合于2005年开发的，目的是为自愿碳减排交易项目提供一个全球性的质量保证标准。

目前，整理的全球范围内的自愿性可持续标准相关平台（International & National Platform on VSS）如表2－4所示。

表2-4　　自愿性可持续标准相关平台

国家/机构	平台名称	主管机构	建立时间	更多信息
联合国（瑞士）	联合国可持续标准论坛 United Nations Forum on Sustainability Standards	UNFSS （Secretariat：UNCTAD）	2013年	联合国可持续标准论坛简介 Introduction of UNFSS https：//unfss. org/
中国	自愿性可持续标准中国国家平台 Chinese National Platform on Voluntary Sustainability Standards	中国国家标准化管理委员会（秘书处：中国标准化协会） Standardization Administration of China（SAC）Secretariat：China Association for Standardization（CAS）	2017年	www. sac. gov. cn/ www. china - cas. org
印度	印度私营可持续标准国家平台 India PSS Platform	印度质量理事会 Quality Council of India（QCI）	2016年	印度平台简介 Introduction of Indian National Platform www. qcin. org
巴西	巴西自愿性可持续标准国家平台 Brazil National Platform on VSS	巴西国家计量、质量和技术研究院 Brazil National Institute of Metrology，Quality and Technology（INMETRO）	2017年	巴西平台简介 Introduction of Brazilian National Platform www. inmetro. gov. br
墨西哥	墨西哥自愿性可持续标准国家平台 Mexican National Platform on VSS	墨西哥标准局 General Bureau of Standards（DGN）	2018年	墨西哥平台简介 Introduction of Mexican National Platform https：//www. gob. mx/

2017年6月27日，自愿性可持续标准中国国家平台在青岛正式启动。自愿性可持续标准聚焦人身健康、环境保护、社会责任等问题，从可持续发展的角度，对供应链中的产品和服务，特别是对生产过程提出

比一般技术标准更高的要求。国家平台旨在提升自愿性可持续标准的公众认知程度，促进自愿性可持续标准的健康发展，推动联合国可持续发展目标的实现。2020 年3 月至4 月起，中国标准化协会开始承担自愿性可持续标准中国国家平台秘书处工作。为推动自愿性可持续标准发展，该协会决定牵头起草《自愿性可持续标准编制指南》团体标准，现向社会各界公开征集参与上述标准项目的起草单位及起草人，并推动相关工作。

目前，全球范围内签订的不同行业层面自愿性可持续标准详见表2 –5。

表2 –5　　平台可查自愿性可持续标准简介（节选）

序号	制定组织	所属领域	自愿性可持续标准（VSS）
1	森林管理委员会 Forest Stewardship Council（FSC）	森林	FSC Standard
2	瑞士良好棉花发展协会 Better Cotton Initiative（BCI）	棉花	BCI – production – principles – and – criteria
3	全球有机纺织标准（GOTS） Global Organic Textile Standard（GOTS）	纺织	Global Organic Textile Standard
4	咖啡保障服务 Coffee Assurance Services	咖啡	4C Code of Conduct
5	全球咖啡平台 Global Coffee Platform	咖啡	GCP – baseline Common Code v2. 1
6	国际可持续标准联盟 ISEAL Alliance	全部	ISEAL Standard Setting Code
7	可持续棕榈油圆桌倡议组织（RSPO） Roundtable on Sustainable Palm Oil	农业	RSPO 原则与标准

续表

序号	制定组织	所属领域	自愿性可持续标准（VSS）
8	公平贸易 Fairtrade International	贸易	Fairtrade Standard
9	水资源管理联盟 Alliance for Water Stewardship	水	The AWS International Water Stewardship Standard
10	amfori 全球贸易协会	贸易	Business Social Compliance Initiative Code of Conduct – BSCI
11	全球社会合规项目（GSCP） Global Social Compliance Programme (GSCP)	社会	GSCP Equivalence Process
12	PEP 生态护照 PEP ecopassport	电子电路	PEP – General Instructions
13	中国纺织工业联合会 China National Textile and Apparel Council	纺织	CSC9000T Corporate Sustainability Compact for Textile and Apparel Industry 纺织服装企业社会责任管理体系 2018
14	全球食品安全标准 BRC BRC Global Standard for Food Safety	食品	BRC 全球食品安全标准
15	碳基金	环境	Carbon Trust Product Footprint Certification
16	生态环境保护部—中国环境标志 China – MEE	环境	环境标志产品技术要求
17	中国国家认证认可监督管理委员会—中国有机产品 Certification and Accreditation Administration of China (CNCA)	农业	中国有机产品
18	中国国家认证认可监督管理委员会—良好农业规范 Certification and Accreditation Administration of China (CNCA)	农业	良好农业规范

登录自愿性可持续标准中国国家平台，可查询包括表 2－5 中 18 个自愿性可持续标准在内的多达 122 个全球范围内的自愿性可持续标准，并可以查询具体 VSS 文件及认证企业等详细信息。

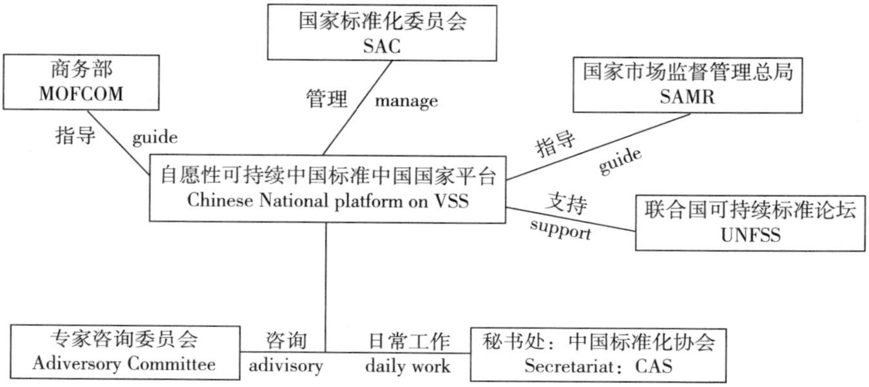

图 2－1　自愿性可持续标准中国国家平台组织架构

2.3.5　责任投资原则和社会责任投资者

2006 年责任投资原则（Principles for Responsible Investment，PRI）由联合国前秘书长科菲·安南先生于纽约证券交易所提出，并由联合国环境规划署金融行动机构和联合国全球契约组织（UNCC）共同管理。责任投资原则号召投资者将“社会责任”引入投资决策，强调以一种保护环境（E）、维护社会正义（S）和强化公司治理（G）的方式，即遵循 ESG 框架进行投资，追求长期收益。从目标的范畴看，责任投资原则涵盖可持续发展的全部内容，并且拓展至企业经营与治理领域，如注重供应链劳工标准、提倡人权、反贪腐、完善信息披露等；从行为主体的范畴看，签署责任投资原则的机构，即社会责任投资者（SRI），均为投资基金。对于绿色贸易融资建设来说，可以参考 PRI 中对于投资原则的相关规定。[①]

PRI责任投资六项原则是一套自愿的投资原则，为PRI签署机构将ESG问题纳入投资实践提供了切实可参考的行动指南。

原则一：将ESG议题纳入投资分析和决策过程

具体措施包括：在投资政策声明中提及ESG议题；支持开发ESG议题相关的工具、指标和分析方法；要求投资服务供应商（如金融分析师、顾问、经纪人、研究机构或评级机构）将ESG因素纳入研究和分析中；鼓励为开展各项学术和其他研究发起面向投资专业人士的ESG培训。

原则二：将ESG议题整合至所有权政策与实践

具体措施包括：制定和披露与PRI原则相符的主动所有权政策；行使投票权或监督投票政策的合规情况（如果外包[②]）；发展参与能力（直接或通过外包）；参与政策、法规和标准的制定（如促进和保护股东权利）；提交符合长期ESG考量的股东决议；就ESG议题与企业进行交流；参与协作参与计划；要求投资经理负责实施与ESG议题相关的项目并汇报情况。

原则三：要求投资机构适当披露ESG信息

具体措施包括：要求提供有关ESG议题的标准化报告（使用全球报告倡议等工具）；要求将ESG议题纳入年度财务报告；要求公司提供有关采用/遵守相关规范、标准、行为准则或国际倡议的信息（如联合国全球契约[③]）；支持促进ESG披露的股东倡议和决议。

---

① 赵峥，袁祥飞，于晓龙．绿色发展与绿色金融——理论、政策与案例［M］．北京：经济管理出版社，2017.

② 外包，是指企业动态地配置自身和其他企业的功能和服务，并利用企业外部的资源为企业内部的生产和经营服务。

③ “全球契约”，要求各企业在各自的影响范围内遵守、支持以及实施一套在人权、劳工标准、环境及反贪污方面的十项基本原则。主要涉及四个方面，分别是人权方面、劳工标准方面、环境方面和反贪污方面。

原则四：促进在投资行业接受并实施 PRI 原则

具体措施包括：将与 PRI 原则相关的要求纳入请求建议书（RFPs requests for proposals）；统一投资授权、监控程序、业绩指标和相应的激励机制（例如，在适当情况下确保投资管理程序反映长期情况）；向投资服务供应商传达 ESG 方面的预期；重新审视与未能满足 ESG 预期的服务供应商的关系；支持 ESG 整合[①]工作基准设定工具的开发；持续推动 PRI 原则实施的监管政策的制定。

原则五：建立合作机制，提升 PRI 原则实施的效能

具体措施包括：支持/参与网络和信息平台，共享工具、汇集资源，并利用投资者报告作为学习资源；共同解决新出现的相关问题；制定或支持正确的协作倡议。

原则六：各参与方应分别报告执行“原则”的活动和进展情况

具体措施包括：披露如何将 ESG 议题融入投资实践；积极披露所有权活动（投票、参与和政策对话）；披露对服务供应商提出的与 PRI 原则相关的要求；就 ESG 议题与利益相关方进行沟通交流；报告有关 PRI 原则实施的进展和成果；确定 PRI 原则的影响；借助报告引起更多利益相关者对于 ESG 的关注。[②]

2. 3. 6　新加坡绿色贸易融资标准

新加坡金融机构在审核绿色贸易融资申请时都各有要求，现在政府与金融界联手推出一套业界标准，协助金融机构以统一准则进行评估。

由新加坡金融管理局发起的绿色金融业工作小组（Green Finance Industry Taskforce，GFIT），通过制定分类方法、加强金融机构的环境风

---

① ESG 整合，指将 ESG 因子纳入财务分析：在对特定公司或整体投资组合结构做出投资决策时，实质性 ESG 因子可以连同传统财务因子一并识别和评估，以降低风险或提高收益。

② 赵峥，袁祥飞，于晓龙．绿色发展与绿色金融——理论、政策与案例［M］．北京：经济管理出版社，2017.

险管理做法、改善信息披露过程和提出绿色金融解决方案，来加快绿色金融发展。GFIT 成员包括金融机构、私人企业、非政府组织和金融业协会的代表。

2021 年 5 月，GFIT 公布三项新指导原则，其中一项是绿色贸易融资与营运资金框架。这个框架列明银行在审核绿色贸易融资交易时该采用的基本原则，同时也建议这些活动应获取的业界标准认证，以证明达标。企业要获得融资，必须提出详细的可持续策略并提供资金用途的文件证明，也须提交相关业务与贸易交易有利于可持续发展的记录。这些文件包括业界证书、政府执照，以及受承认的第三方对绿色活动或产品做出的评估报告。

由于绿色贸易融资服务属于新型金融产品，因此本地尚未有相关的业界审核标准。有了 GFIT 推出的框架，金融机构就能依照框架的基本原则更好地制定审核条件。汇丰银行（HSBC）和大华银行（UOB）按照这个框架率先推出再生能源、再循环、农业和务农活动的绿色贸易融资交易。这两家银行至今各为两家企业提供此类贷款。大华银行认为，新加坡处理的贸易总额超过 1 万亿新加坡元，其中 900 亿新加坡元达到绿色和可持续的要求。这让其获得许多机会为企业提供绿色贸易融资，并通过其区域业务支持这些企业的贸易交易。

GFIT 也同时推出关于披露气候环保信息的指南，内容符合全球金融稳定委员会（Financial Stability Board）工作小组提出的建议，为银行、保险和资产管理领域列出特定的信息披露最佳做法。GFIT 推出改善披露环保信息过程并提升绿色能力的计划，能让金融机构有效制定绿色解决方案，并协助推动亚洲转型为低碳经济。

此外，为了在房地产、基础设施、基金管理和转型中的领域推动绿色金融，工作小组也公布了一份白皮书，内容包括在区域内推动可持续基础设施投资，以及油气业与汽车业使用转型债券和贷款的建议。

接下来，GFIT 将举办一系列工作坊和网络课程，提升银行、保险业人员以及资产管理经理在环境风险管理、环境相关信息披露等方面的能力。①

2.3.7 其他机构规定或政策

世界银行的环境保护政策涵盖了业务指令、业务政策、业务程序和良好操作等方面，其中涉及了十项环保政策：环境评价、大坝安全、林业、自然栖息地、病虫害防治、国际水道项目、争端地区的项目、文化财产、当地民族及非自愿移民，这些政策的共同目标在于世界银行各项业务的发展过程中充分融入环境保护政策，减少对环境的破坏，达到可持续发展的目标。②

2.3.8 其他行业惯例

一是森林/木材认证，森林可持续经营的认证是一种运用市场机制来促进森林可持续经营的工具，简称森林认证、木材认证或统称认证。森林认证包括两个基本内容，即森林经营认证和产销监管链认证。森林经营认证是根据所制定的一系列原则、标准和指标，按照规定的和公认的程序对森林经营业绩进行认证，而产销监管链认证是对木材加工企业的各个生产环节，即从原木运输、加工、流通直至最终消费者的整个链进行认证。森林/木材认证由森林管理委员会（FSC）发布，并授权认证机构根据此原则和标准进行森林认证。

二是采掘业透明度行动计划（EITI），2002 年可持续发展世界首脑会议推出采掘业透明度行动计划（Extractive Industries Transparency Initiative，EITI）。EITI 重点关注资源收益的分配问题，强调采矿业公司向

① 《新加坡政府与金融业联手　推出绿色贸易融资标准》，中华人民共和国商务部网，2021 年 5 月 20 日，http：//sg. mofcom. gov. cn/article/dtxx/202105/20210503063215. shtml。

② 中国银行业协会东方银行业高级管理人员研修院．绿色信贷［M］．北京：中国金融出版社，2014.

政府付款和政府运用资源收益的透明度与问责，其目标是保证国家和人民整体受益于自然资源采掘。为此，需要建立资源可持续发展的相关指标体系，解决相关的技术、理论和教育层面的问题。EITI 的基本框架包括基本原则、基本标准、利益相关方、示范指导和实施国家等。[①]

因此，在以上原则和策略的基础上，应研究开发出具有实践指导意义的绿色贸易融资业务标准，为绿色贸易融资的发展提供基础性决策工具和操作方法，并为融资企业的自我环境评估和风险管理提供技术支持。目前中国建设银行已经推出《绿色贸易融投资指引》，我国绿色贸易融资的发展将加快步伐。

① 中国银行业协会东方银行业高级管理人员研修院．绿色信贷［M］．北京：中国金融出版社，2014.

第3章　绿色贸易融资发展现状

3.1　绿色贸易融资发展概述

经过20多年的发展，我国在绿色贸易与投资领域建立了很多工作机制和有效工具，比如绿色供应链、绿色价值链、绿色产业链、环境标志产品和节能产品认证制度，以及绿色金融、可持续金融、气候金融等。

就我国绿色产品贸易的现状而言：第一，整体发展水平不高，技术创新能力薄弱。我国在发展初期阶段过于重视经济成就，而忽视了环境保护工作，导致国内绿色产业发展缓慢，市场规模小，缺乏国际竞争力。同时，相关产业复杂的核心技术仍然依赖于国外进口，缺乏独立自主创新能力，例如检测制成品中有害物质含量的仪器设备、技术含量较高的中间产品等，甚至我国签约的部分境外环境承包工程中的一些主要设备也被要求使用发达国家指定品牌。第二，出口竞争力稳步增强，对发展中国家出口增长加快。尽管我国绿色产业起步较慢，但中国企业通过先进技术，从产业链低端切入，逐渐占据了发达国家较大的市场份额，出口竞争力显著增强，形成了半导体照明、光伏组件、风力发电组主机和配件等具有竞争力的绿色产业。与此同时，在发达国家绿色贸易壁垒的冲击下，中国企业将目标转向发展中国家市场。第三，民营中小企业发展迅猛，推动绿色贸易融资向前发展。国家政策和立法的倾向创造出了一个不断扩大的绿色产品市场，吸引了民间资本投入其中，形成了众多创新型民营企业，不仅在短时间内创造出了技术领先的产品，也增强了我国绿色产品的国际竞争力。①

---

① 赵玉敏．把握世界潮流，发展绿色贸易［J］．国际贸易，2017（11）．

近年来，我国绿色金融蓬勃发展，市场对于绿色贸易融资的关注度逐步提高。从2012年起，银监会相继发布《绿色信贷指引》《绿色信贷统计制度》以及《绿色信贷实施情况关键评价指标》等一系列政策文件，并将绿色贸易融资纳入其中，鼓励银行开始逐步统计绿色贸易融资的数据。[①] 2020年6月9日，银保监会发布《关于绿色融资统计制度有关工作的通知》（以下简称《通知》），将国内绿色融资的统计由生产、建设与经营端完善至贸易与消费端，并首次在监管层面提出“绿色贸易融资”的概念。《通知》中，以融资合同、贸易背景合同作为认定依据，也将开立绿色票据和绿色信用证纳入绿色融资的统计范畴，对于绿色统计制度有了较大的补充。绿色贸易融资中的票据贴现、信用证项下福费廷、保理等表内业务融资额统计已纳入绿色贷款的统计范畴。绿色贸易融资在政策层面取得历史性突破。

绿色贸易融资在我国实现碳达峰、碳中和目标过程中将扮演更重要的角色。2021年，绿色贸易融资领域发生两件标志性事件：一是据彭博社报道，法国巴黎银行、瑞士信贷集团、荷兰国际集团基于环境保护考衡，将不再向厄瓜多尔亚马逊雨林的石油出口提供贸易融资服务。其深层逻辑是银行为石化燃料贸易提供资金，可能助长客户开发热带雨林自然资源的能力，给河流，土壤、地下水造成永久性伤害。二是环球银行金融电信协会（SWIFT）发布声明，称其开发的KYC Registry工具将纳入国际商会（ICC）《可持续贸易融资指引》，这成为第一个纳入该指引的全球应用，此举将为金融机构更好识别环境、社会和公司治理（ESG）提供便利化支持。上述机构的实践活动在一定程度上代表国际贸易融资发展的走向，其在绿色贸易融资方面采取的措施，预计将给整个行业带来深远影响。此外，2021年，中国人民银行设立结构性货币政策工具——碳减排支持工具，部分银行和企业也已采取相关措施积极

① 钱声勇．绿色贸易融资新探［J］．贸易金融，2020-03-01.

发展绿色贸易金融，如中国建设银行首次推出《绿色贸易融投资指引》；再如，中国石油国际事业（伦敦）公司控股的贸易合资公司 Petroineos Trading Limited 与伦敦渣打银行完成了欧洲首单绿色可持续发展贸易融资，同业银行有必要引起重视，做到未雨绸缪。[①]

尽管绿色贸易融资发展尚处于初期，但在绿色债券市场、绿色基金市场、绿色租赁市场、碳排放交易市场、碳金融市场及绿色票据市场等都体现出了绿色贸易融资发展的基础与潜力，业务发展也开始明显提速。[②] 总的来说，绿色贸易融资作为新兴领域，发展尚处于初期，但也取得了一些突破性进展。

1. 绿色贸易融资的关注度逐步提高

一方面，国际贸易融资中愈发重视评估所支持的项目、贸易产品对环境的影响，绿色属性成为影响金融机构针对融资企业的重要考虑因素。例如，法国巴黎银行、瑞士信贷集团、荷兰国际集团在 2021 年宣布将不再向厄瓜多尔亚马逊雨林的石油出口提供贸易融资服务。银行拒绝为石化燃料贸易提供资金支持，是出于对热带雨林自然资源的保护，以避免成为间接破坏自然环境的帮凶。跨国集团、国际金融机构的社会责任感增强，对环境保护十分重视且举措频出，这是绿色贸易融资日益受到关注的重要原因之一。另一方面，政府监管层面、相关行业协会等对绿色贸易融资的发展也愈发重视，相关政策、指引逐步完善。

2. 绿色贸易融资相关案例实践日益增多

绿色低碳发展已成全球可持续发展主流，绿色贸易融资成为国际贸易领域新风尚。2021 年 11 月 22 日，中国石油国际事业（伦敦）公司与伦敦渣打银行共同宣布达成了欧洲首单绿色贸易融资。该融资将用于

---

① 汤志贤．银行贸易融资回顾与展望［J］．中国外汇，2022（2）．

② 吴笛，程锋．绿色贸易融资发展趋势与建议［J］．中国金融，2020（16）．

采购符合国际可持续发展与碳认证（ISCC）[①] 的可再生燃料及其原材料，这是双方绿色低碳化转型向纵深发展的重要体现。促进绿色贸易融资的金融工具创新与应用也在不断取得突破。例如，上海浦东发展银行在国际业务中积极践行绿色发展理念，助力节能减排与环保企业、项目的发展，早在2008年，便在业内首推《绿色信贷综合服务方案》，并于2012年升级为2.0版本，现已形成“五大板块、十大创新产品”[②]体系。其中，作为浦东发展银行的十大创新产品之一的国际保理碳融资项目，就是将传统保理业务应用到促进绿色贸易中的一个重要实践。再如，由国际金融公司和银行环境倡议（BEI）于2014年推出的可持续装运信用证（SSLC），是专门为贸易融资开发的绿色融资产品，旨在扩大可持续来源商品的全球贸易。此外，一些发展较为成熟的绿色金融工具，如绿色信贷、绿色债券、绿色保险等，在绿色贸易融资领域都出现了创新应用的实践。绿色贸易贷款、可持续发展循环贷[③]等的不断发行，表明绿色贸易融资与绿色金融工具的交叉运用领域发展前景广阔。

3. 绿色贸易融资的研究与参与主体逐渐扩大

绿色贸易融资虽然是一个较新的概念，但国内外已有不少机构对其进行持续深入研究。例如，国际商会（ICC）银行委员会主办了一个“可持续贸易融资工作组”，该工作组汇集了行业参与者，以促进宣传工作并提高贸易融资市场的可持续性意识；剑桥大学可持续领导力学院（CISL）在银行环境倡议（BEI）下成立了可持续贸易金融委员会，以

---

① 国际可持续发展与碳认证（ISCC），是第一个能够证明可持续性和温室气体节减的各种生物量和生物能源的国际认证系统，它由开放的多方利益相关者程序制定，其成员包括研究机构和非政府组织，目标是在全球供应链中实现环境、社会和经济上可持续生产和使用各种生物质。

② “五大板块”：能效融资、可再生能源融资、环保金融、碳金融和绿色装备供应链融资。“十大创新产品”：IFC能效贷款、AFD绿色中间信贷、ADB建筑节能贷款、合同能源管理未来收益权质押贷款、合同能源管理保理、碳交易财务顾问、国际碳保理、排污权抵押贷款、绿色PE和绿色债务融资工具。

③ 循环信贷，又称周转信贷、周转信贷协议，循环贷款协定是银行具有法律义务地承诺提供不超过某一最高限额的贷款协定。在此限额内，客户可循环使用贷款资金。

探索如何促进以可持续方式生产商品的贸易，创新性地提出了软商品契约和可持续装运信用证等办法（CISL，2016）。在国内，一些高校也将研究视角投入了这一前沿领域，如中央财经大学绿色金融国际研究院在绿色贸易融资领域与相关机构一同搭建了众多研究平台。而绿色贸易融资的参与者则更加广泛，国际组织、商业性银行、政策性金融机构，乃至各国政府都是主要参与者与推动者。现今采纳可持续金融领域黄金标准——赤道原则的金融机构逐渐增多。截至 2022 年 3 月底，全球已有来自 38 个国家的 129 家金融机构宣布采纳赤道原则，其中含有花旗银行、渣打银行等国际银行，也包括兴业银行、江苏银行和湖州银行等九家中国银行。[①] 并且，可以预见，采纳赤道原则发展绿色贸易融资的主体将会越来越多。

4. 绿色贸易融资相关政策、指引、监管逐步建立和完善

绿色贸易融资尚处于发展初期，政策体系不健全，也尚未建立专项监管体系，但相关政策、指引接续出台，绿色贸易融资越来越有据可依。除了一些国际组织、金融机构制定的标准、指引，不少国家政府也愈发重视绿色贸易融资，专门制定和完善相关规则。例如，新加坡政府与金融界联手推出一套业界标准，以协助金融机构统一准则进行绿色贸易融资审核与评估。由新加坡金融管理局发起的绿色金融业工作小组（GFIT），于 2021 年 5 月公布三项新指导原则，其中一项是绿色贸易融资与营运资金框架。我国尽管当前没有建立起绿色贸易融资相关的政策指引，但越来越多的政策文件中正式提及绿色贸易融资，将其纳入相关指标体系。再如，2020 年 6 月 9 日，银保监会发布《关于绿色融资统计制度有关工作的通知》，将国内绿色融资的统计由生产、建设与经营端完善至贸易与消费端，并首次在监管层面提出“绿色贸易融资”的概念。无

① 赤道原则金融协会（EPFIs）及其在赤道原则相关活动的年度报告，赤道原则官网：http：//equator - principles. com/indes. php/members - reporting。

论是出于对绿色发展的重视，还是对于实现“双碳”目标的决心，随着我国绿色金融的蓬勃发展，绿色贸易融资政策体系也将日益完善。①

案例3－1　中国石油国际事业有限公司的绿色贸易融资业务

中国石油国际事业有限公司是中国石油天然气股份有限公司的全资子公司，于2002年1月18日注册成立，负责中国石油国际贸易业务，境内沿海沿边口岸设施、海外贸易运作平台的投资建设和经营管理，以及境内外期货业务，承担着统筹优化海外权益油销售、油气资源进出口、国内油气供需平衡等重要职责。

公司依托中国石油雄厚实力，充分利用“两种资源、两个市场”，积极开拓原油、成品油、天然气、化工品国际贸易业务，不断延长贸易价值链，丰富贸易手段，进出口业务获得快速稳健发展。公司设有5大业务单元，10个共享服务中心，在全球20多个国家和地区设有50余家分支机构，业务遍及80多个国家和地区，与主要资源国的国家石油公司均建立起长期稳定的合作关系，在国际能源市场享有良好声誉。②

中国石油国际事业有限公司对绿色低碳发展非常重视，厚积薄发，业务布局多点开花。2021年，国际事业公司实现生物柴油贸易量近300万吨，成为国内最大的生物柴油出口商，并继续保持欧洲前三大生物柴油贸易商地位。公司积极助力集团公司提前完成碳交易履约任务。公司与壳牌签署行业内首单长期碳中和液化天然气（LNG）贸易协议，全年累计进口6船碳中和液化天然气（LNG），累计抵消二氧化碳排放113万吨。公司与伦敦渣打银行完成欧洲首单绿色可持续发展贸易融资，绿色转型持续向纵深发展。③

---

① 孙瑾，张媛媛．绿色贸易融资助力“双碳”目标的实现［J］．团结，2022（2）．

② 公司简介－企业概况，中国石油国际事业有限公司官网，http：//www.petrochinaintl.com.cn/intl/qygk/column_common.shtml。

③ 中国石油国际事业有限公司高质量完成贸易量［N］．中国石油报，2022－01－18．

（一）中国石油与渣打银行完成欧洲首单绿色贸易融资

2021 年 11 月 22 日，中国石油国际事业（伦敦）公司控股的贸易合资公司 Petroineos Trading Limited（以下简称合资公司）与伦敦渣打银行共同宣布，双方在英国完成了该国也是欧洲首单绿色可持续发展贸易融资。该融资用于合资公司采购符合国际可持续发展与碳认证（ISCC）的可再生燃料及其原材料，成为双方在绿色转型发展中的重要转折点。

绿色低碳发展已成全球可持续发展大势。作为合资公司实现绿色低碳转型的重点业务，生物燃料贸易经过 5 年的快速发展，已位居欧洲生物燃料交易规模前列，且有着良好的市场前景。伦敦渣打银行最新推出可持续发展贸易融资系列产品，基于与合资公司长期良好的贸易融资合作关系，并了解到合资公司在生物燃料贸易方面的优势后，双方经过协商，强强联手，共同履行社会责任。

可持续发展融资协议的启用，将为合资公司生物燃料业务的发展提供专项资金和信用保障，对合资公司油气贸易向绿色低碳转型发展形成有力支持，同时也将推动双方在绿色低碳领域的合作向纵深迈进。

据悉，合资公司由国际事业（伦敦）公司与英国英力士（INEOS）集团在英国共同组建，业务涵盖原油、成品油、石油化工、天然气及碳排放等产品贸易。目前，合资公司的可再生燃料及碳排放交易在欧洲已居于市场领先地位。①

（二）中国石油入股成立大宗易行合资公司，为亚太地区首家“区块链+能源”企业

2021 年 11 月 6 日，在第四届进博会中央企业交易团签约活动上，中国石油国际事业有限公司与中化能源股份有限公司、中远海运能源运输股份有限公司等 9 家全球合作伙伴签署大宗商品区块链平台合作协议，正式成立从事大宗商品贸易区块链项目的合资公司——Trade-

① 中国石油与渣打银行完成欧洲首单绿色贸易融资［N］. 中国石油报，2021-12-01.

GoPte. Ltd.（大宗易行）。这是亚太地区首家“区块链+能源”企业，标志着中国石油区块链产业发展迈向全新阶段。

大宗易行合资公司搭建了基于区块链技术的大宗商品国际贸易数字化服务平台。这个平台能够有效解决国际大宗商品交易核心单据专递的安全性、真实性及时效性等痛点问题，减少传统国际贸易业务流程各环节间的信息不对称，对于提高业务运营效率、降低资金运作成本，及为大宗商品行业上下游产业客户及相关监管机构提供更加安全、真实、高效的交易服务环境方面具有开创性的意义。

区块链的本质是去中心化的分布式账本，存储于其中的数据或信息，具有不可伪造、全程留痕、可以追溯、集体维护等特征，通过非对称加密技术能够同时满足成员间信息共享和隐私保护的需求。目前，区块链技术在包括金融、贸易、征信、物联网、共享经济等诸多领域已开始崭露头角。

近年来，国际事业公司高度重视业务模式创新及数字化转型应用，成立了主要领导挂帅的“区块链工作领导小组”，积极探索推动区块链技术在国际能源贸易场景中的应用。2020年5月，公司与中化能源科技有限公司等7家企业共同发布《能源石化交易行业区块链应用白皮书》，引发业界关注。此次合作协议为公司在引领能源贸易行业数字化转型、智能化发展方面迈出坚实步伐。①

3.2　绿色贸易融资发展存在的问题及解决办法

3.2.1　绿色化产品的定义需进一步清晰化

绿色贸易融资以绿色贸易为服务对象，但在我国绿色贸易融资的实

① 中国石油入股成立大宗易行合资公司［N］．中国石油报，2021-11-16.

践中，缺乏对于绿色贸易和环境产品的清晰界定，很难为贸易融资对应的项目打上绿色标签。[①] 国家发展改革委会同有关部门研究制定了《绿色产业指导目录（2019 年版）》，不过绿色贸易融资业务面临的一大难题就是，在不同机构间，甚至同一机构的不同部门间，缺乏一个统一的绿色认定标准体系。如核电未纳入人民银行绿色债券及绿色贷款、银保监会绿色信贷范围，但纳入发展改革委绿色债券范围；铁路暨轨道交通等纳入人民银行绿色债券及绿色贷款、银保监会绿色信贷范围，但未纳入发展改革委绿色债券范围，此类例子较多。并且，绿色贸易项目的第三方评估认证机制质量参差不齐，虽然国家鼓励和支持第三方认证，但尚未建立强制的第三方认证体系以及对第三方认证资质的统一管理规定。一些非绿色贸易项目，存在“染绿、漂绿”现象。不同绿色评估认证机构所采取的方法、标准、程序各不相同，认证结果也有差异。而如果缺乏对于绿色贸易融资活动和产品的清晰界定，则相关投资者、金融机构和企业就难以识别绿色贸易融资的机会；如果没有统一的界定标准，贸易活动的环境绩效得不到有效评估，导致对绿色贸易融资行为的定价不尽合理，则具体的融资活动中交易成本也会大大增加。[②]

针对绿色化产品的定义不清晰这一问题，建议政府逐步建立和完善国内统一、国际接轨的绿色评价标准体系。业务发展先于标准制定不利于市场主体公平，不利于绿色贸易融资政策扶持和效果评价，将会制约绿色贸易融资的长远发展。因此，政府很有必要加强部门间协调，尽快建立健全一套适合我国绿色贸易融资发展情况的统一的绿色评价标准体系。除了对绿色贸易融资项目绿色标准的界定，商业银行在参与绿色贸易项目融资时，需要在整个过程中都要对项目的环境影响进行评价，但对于环境的影响的评价只能进行预测评估，有很大的局限性。对此，有

---

① 钱声勇．绿色贸易融资新探［J］．贸易金融，2020，3（1）．

② 孙瑾，丁冉，李传仁．我国绿色贸易融资的发展［J］．新理财（政府理财），2019（6）．

必要引进并发展战略环境评估，为绿色贸易融资项目对环境的影响和效应进行系统综合的评估，识别显著的环境影响[①]。

此外，绿色贸易融资涉及在不同国别间从事商业活动，全球范围内的绿色贸易融资标准在支持项目、约束范围、审核管理等方面存在较大差异，容易在实际业务中引发误解，甚至带来纠纷。因而在建立和完善我国的绿色评价标准体系过程中，也有必要对接国际标准，并在尊重国家间经济社会发展水平差异的基础上，缩小区域间标准的差异，推动国际相关标准的制定。但目前我国在全球规则制定中的话语权偏低，有必要加强绿色金融标准的国际合作，尽快实现与国际标准衔接。新加坡政府与金融业已经推出绿色贸易融资标准，由新加坡金融管理局发起的绿色金融业工作小组（Green Finance Industry Taskforce，GFIT）于2021年5月19日公布三项新指导原则，其中一项是绿色贸易融资与营运资金框架。这个框架列明银行在审核绿色贸易融资交易时采用的基本原则，同时也建议这些活动应获取的业界标准认证，以证明达标。有了GFIT推出的框架，金融机构就能依照框架的基本原则更好地制定审核条件。企业要获得融资，必须提出详细的可持续策略并提供资金用途的文件证明，也必须提交相关业务与贸易交易有利于可持续发展的记录。这些文件包括业界证书、政府执照，以及受承认的第三方对绿色活动或产品作出的评估报告。

当前，中国在G20框架和“一带一路”倡议下推动绿色国际合作取得显著进展。在此基础上，可以进一步在上海合作组织、中国—东盟合作、南南合作、金砖国家等合作机制下开展国际合作。中国作为发展中国家中相对发达的经济体，发展经验对于其他发展中国家具有重要借鉴价值。在上述合作机制下，中国应与其他发展中国家一道，加强绿色

---

① 《绿色金融标准体系建设迫在眉睫》，新华网，https：//baijiahao. baidu. com/s? id = 1616613620353127500&wfr = spider&for = pc，2018年11月9日。

贸易融资合作，实现中国负责任大国担当。同时，加强与经济发展水平相似、地域相近的国家的绿色贸易融资合作，从而进一步促进区域标准的协调统一。

当然，在标准制定与对接过程中，政府应处理好激励约束的关系问题，通过有效的激励约束安排，引导更多资源投向绿色领域，降低交易成本，帮助克服信息不对称问题，提高市场主体绿色发展的主动性、有效性。气候变化和贸易转型，往往对高碳行业、农业等易受气候影响的行业、部分地区、低收入人群等产生较大影响，必须高度重视公正转型问题。近年来，中国人民银行积极运用支农支小再贷款、再贴现等工具，持续支持“三农”、小微企业发展，加强对受疫情影响较大的行业的支持，积累了丰富经验。未来，宏观经济政策应更加关注就业目标，强化和完善就业统计和支持，加大对转型压力较大地区、行业和人群的支持力度，切实防范贸易融资风险，维护经济社会稳定。

3.2.2 产品创新力度和速度有待提升

绿色贸易融资实践属于初级阶段，导致绿色贸易融资产品与服务研发投入高且风险大，从而导致了相应的产品与服务创新力度不足，绿色发展意识不够加上创新的成本高，且缺乏专业人才，致使绿色贸易融资工具局限于现有的几种，没有深层次的创新。目前应用于贸易的绿色金融工具主要有绿色贷款、可持续性相关贷款、绿色债券和绿色保险。除此之外，绿色信托等工具尚未应用于贸易领域（详见本书第 5 章）。进一步地，我国绿色金融产品也较为单一，除绿色信贷外的其他绿色金融产品的发展规模不足以满足市场需求，导致这些金融工具在贸易领域的应用也较为单一，从而使得绿色贸易融资的产品创新存在滞后性。并且，供应链提供的融资路径过于单一，缺少良好的信息整合能力，无法实时传输贸易流动数据。同时，我国商业银行风险管理体系不够完善，没有设置专门的管理模式，无法为产品创新以及控制风险提供明确管理，阻碍了绿色贸易融资产品的创新与发展，导致绿色贸易融资产品创新的滞后性。[①]

针对产品创新具有滞后性这一问题，政府可以做好表率，如在绿色贸易融资监管中运用金融科技。即绿色贸易融资监管部门及相关政府部门在对绿色贸易融资进行监管时，可以合理利用金融科技，探索更高效的监管措施和报告机制，以助力绿色贸易融资的发展与创新。例如，政府可以通过金融科技手段，建立信息互通的绿色信用评价系统、建立绿色贸易融资对接平台、建立绿色投融资信息统计平台，以提升监管效率等。

金融机构更是可以重点发力，一方面创新绿色贸易融资产品和服务，强化市场引导。例如，金融机构可以积极促进绿色金融工具与绿色贸易融资的融合，拓宽已经较为成熟的绿色金融工具在绿色贸易融资上的运用，也可以结合企业的融资需求特点，利用现代信息技术积极探索绿色贸易融资发展新举措、新手段、新模式。另一方面，金融机构可探索利用金融科技发展绿色贸易融资。例如，金融机构可借助金融科技提升环境与社会风险识别能力，实现绿色投融资相关服务的智能定价、建立绿色评级数据库和绿色评级模型等。

3.2.3　信息披露共享制度需完善

绿色贸易融资的发展需要多方面的配合，需要信息咨询机构的信息披露保障、需要信用评级机构的绿色标准评估、需要第三方认证机构的监督与评估等。在其他绿色贸易融资发展较好的国家，通常会指定第三方评估监督机构对绿色贸易融资发展进行监督与评价，从而客观评估绿色贸易融资发展状况，而我国缺乏这方面的实践，导致绿色认证与评估缺失，从而无法客观评价绿色贸易融资发展水平。

---

① 殷思晗．国际贸易融资创新及风险控制措施简析［J］．投资与创业，2021（9）．

针对信息披露共享制度不完善这一问题，建议政府建立和完善企业强制性环境信息披露机制。通过规定企业及时充分准确的信息披露，有利于增强激励约束政策的精准介入，防范虚假绿色风险、逆向选择和道德风险，既有利于金融机构有效管理自身的环境风险，也有利于准确识别绿色项目，保证绿色贸易投资的效率。

3.2.4 人才队伍建设亟待完善

在绿色金融人才队伍建设方面，我国缺乏实践与经验，因绿色贸易融资的发展时限限制和绿色贸易融资发展特殊性，我国绿色人才队伍尚未能完全建立。第一，绿色贸易融资在我国实践时长较短，对于专业人才的培养需要大量的实践经验和时间的积累，发展时限的限制导致我国相关专业人才培养缺乏。第二，对于我国绿色贸易融资专业人才的培养缺乏相应的支持。政府层面对于专业人才的培养缺乏保障支持，而对于市场，目前花费大量的时间和精力去培养专业的绿色贸易融资人才还不现实。

针对人才队伍建设不够完善这一问题，需引导金融机构进一步在环境信息披露、环境压力测试、气候和环境风险识别与管理、数据平台搭建等多方面加强能力建设，与时俱进地开展绿色金融工作，各方均应当重视并加强绿色贸易融资人才队伍和配套机构建设。绿色贸易融资作为创新交叉领域，涉及经济、贸易、金融、环保、化工、工程、法律等多学科领域，亟待完善专业人才队伍和配套机构建设。制定高层次绿色贸易融资高端人才培养和引进政策，搭建培育绿色贸易融资人才服务和交流平台。以高等院校、科研院所和专业化研究机构为主体，培养应用型绿色贸易融资人才，设立绿色贸易融资研究机构，实现人才集聚和思想碰撞；深化与金融监管部门、行业协会组织、科研院校、节能环保部门、第三方智库等机构合作，打造产学研一体化高端绿色贸易融资人才培训交流平台，培养一批熟谙金融资本运作、熟悉贸易实务、具有国际视野的绿色贸易融资人才；在配套机构的建设上，要在学术界、业界和国际机构各方力量的推动下搭建绿色贸易融资平台、中外合作交流平台，鼓励更多的金融机构参与到全球绿色金融倡议和合作中，通过多领域交叉的沟通与交流，在加强自身能力建设的同时，支持和参与全球绿色能力的共同提升，形成战略合作关系；培育绿色贸易融资中介机构，鼓励信用评级、第三方认证、资产评估、信息咨询、环境风险评估等专业机构开展绿色金融配套服务，充分发挥民间组织作用；在各层面加强人才培养、交流和合作，分享中国绿色发展经验，支持中国和其他发展中国家一起增加绿色金融人才储备，为全球绿色金融后续发力奠定坚实的基础。

3.2.5　绿色贸易融资风险防范意识应加强

环境问题容易受到关注，与此相关的环境风险防范也较多被提及。然而，当前金融机构对于环境风险与金融风险的相关性认识不足，绿色贸易融资作为新兴领域，对防范绿色贸易融资风险的意识更是严重欠缺。并且，许多金融机构尚不具备识别环境风险和量化评估其影响的能力，加上环境和社会风险信息来源的渠道不稳定，国内金融机构对于环境和社会风险的认识也不够深入，建立成熟、完善的环境和社会风险信息平台，是一项任重道远的任务，需要银行、政府部门、金融监管部门、中介市场的共同努力。

针对绿色贸易融资风险防范意识不足这一问题，建议政府建立和完善绿色贸易融资风险防范的制度框架，尽快建立绿色贸易融资风险防范机制，健全问责制度，制定投融资风险考核机制，加强绿色贸易融资发展监管。金融机构应当注重加强对气候和环境风险的识别、分析和管理，更加关注气候和环境风险识别，积极研究环境和社会风险压力测试技术方法，实现对环境和社会风险的系统化、主动化、智能化管控，做到早预判、早部署、早安排。

专栏3-1　异质性企业[①]绿色化贸易融资对比分析与相关建议

一、异质性企业绿色融资行为对比分析

（一）异质性企业绿色化战略对比

在生态文明建设已经上升至国家战略的今天，实现经济社会环境的可持续发展越来越多地将责任归结至企业自身。由于传统经济发展模式中企业生产存在资源高投入、高消耗、高污染、低产出的问题，因此制定企业绿色化战略，推动中国可持续发展有重要意义。具体来说，企业绿色化战略是指企业为实现其整个生产经营活动绿色化而制定的战略，其主要内容包括大力开发人力资源实现由“体力型”向“智能型”转变、促进资源减量化无害化、促进环境外部成本内在化、提高资源有效利用的科技含量、在生产力优化配置基础上促进粗放数量型到集约质量型的过渡等众多方面。

国有企业从本质上来讲不仅仅是经济学意义上的经济组织，且带有浓厚的政治取向，其一定程度上代表了国家的利益，因此对于环境保护有着不可推卸的社会责任。而中国国有企业中大部分是握有国家命脉的能源、化工等高污染高耗能的大型企业，因此国有企业的绿色发展战略尤为重要。具体来说，鉴于国有企业与政府之间的关系，国有企业绿色化战略的制定和实行一般即为国家有关环保领域纲领性文件、法律、法规、规章制度的贯彻落实，而且防污减排已经越来越多地纳入企业考核的重大指标，以上二者从外在约束和内在动力上赋予了国有企业制定绿色化发展战略的必要性。在落实绿色化战略过程中，国有企业拥有众多优势与条件，如拥有技术、资金等资源优势和较为完善的管理制度优势，在众多媒体的广泛监督下，可以较为迅速地落实绿色化战略，且能富有成效。

而一直以来，民营企业大多处于产业链中低端，传统产业占比大且

① 这里指企业所有制差异，主要分析国有企业和民营企业。

缺乏创新能力，使得其产品市场竞争力不足，同时民营企业资金链紧张，不得不把首要任务放在生产上，很大程度上制约了绿色化战略的制定和实施。加之民营企业大多为家族企业，管理较为混乱，缺乏高端人才输入，在接受采纳绿色发展战略的过程中明显落后于国有企业。因此民营企业受限于其自身的特点，在企业技术、规模、设备、人才等方面存在着投入不足的问题，使得其对于转变发展方式和制定绿色发展战略有更加迫切的需要。目前，民营企业急需建立起绿色发展模式，以克服生产发展中存在的资源消耗高、产出低、环境污染严重等问题，从而有效实现自身的可持续发展。同时，民营企业急需加速产业结构调整，加快产业升级换代，最大限度地由传统产业向能耗低、技术含量高的新兴产业、高科技产业转变，并建设绿色企业文化，形成新的生态化经营理念。

（二）异质性企业社会责任表现对比

经济社会中，企业以利润最大化为目标，在法律法规约束的范围内组织生产经营活动，同时其又与所处环境、资源和其他微观主体相互交互而形成不可分割相互影响的整体，因此企业是否能够长足发展，一定程度上取决于其能否认真履行社会责任，处理好与利益相关者的关系，以得到社会的认可和支持，并获得更多的隐形资产，如企业良好的社会形象等。根据由中国社科院经济学部企业社会责任研究中心发布的《中国企业社会责任报告白皮书（2018）》，2018年有更多中国企业主动披露企业社会责任报告，民营企业报告数量占报告总数比例首次超过50%，逐渐成为报告的主力军，其中，超过七成的企业披露了负面数据，报告的平衡性显著提升。但是，国有企业的社会责任发展指数仍旧高于民营企业，后者在履行社会责任层面上仍旧存在众多问题需要解决。

1. 民营企业履行社会责任表现

民营企业一般社会责任较为淡薄，大部分企业仍旧把追求利润最大化作为唯一的目标，在履行社会责任方面，空谈口号者多，实际践行者少。主要表现为：（1）诚信缺失：许多民营企业知法犯法，以次充好，扰乱市场，使得瘦肉精、地沟油、毒奶粉、假疫苗等涉及安全层面的问题层出不穷；（2）职工权益无保障：一部分民营企业仍旧没有意识到员工对于企业的重要性，员工工资被拖欠、福利被克扣、不合理加班、安全事故等现象时有发生；（3）环境污染问题严重：部分民营企业无视法律法规和社会道德，仍旧在生产过程中任意排放废弃物，威胁周围生态环境安全，为周边居民的生产生活带来巨大的不便与痛苦。究其原因，主要在于企业对于承担社会责任的认识过于单一，没有认识到员工权益保护、污染排放防治、安全生产、诚信经营等都是可以并且应当承担的社会责任，企业中高层管理人员也没有对履行企业社会责任给予重视，观念上认为承担企业社会责任只会带来成本的增加，而不能获得提高知名度等无形资产，加之中国民营企业一直以来具有融资难融资贵、生命周期短、受监管力度不到位的特点，促使了民营企业对于社会责任承担的不重视和不作为。

2. 国有企业履行社会责任表现

在我国现有经济体制中，国有企业的企业性质决定了其享有政府长期以来的高度关注和政策上的大力扶持，因此在融资投资、技术引进、生产制造中可以得到更多的资源，在此种情况下，相比较于民营企业，生存环境的优越成为其承担社会责任的物质基础。在社会主义市场经济中，国有企业和国有经济担负了弥补市场失灵、宏观调控和资源配置等重要职能，国有企业在市场经济中肩负的社会责任越来越多，公众的期望也越来越高。因此国有企业履行与生俱来的社会责任，从根本上决定了其与民营企业履行社会责任的不同。有关研究表明，相比较于民营企业为了提高品牌知名度、扩大市场占有率、增强盈利能力而承担的更多基本社会责任，国有企业更有能力和精力兼顾更多利益相关者的权益，更能关注对环境、弱势与公益群体等自愿性责任，在履行员工、消费者和政府责任方面要优于民营企业。主要原因在于国有企业相比民营企业，拥有更加稳定的职工福利和社会保障，有能力也更愿意注重产品质量安全，为消费者提供完善的售后服务。但是国有企业也存在凭借其强势地位在采购价格、付款条件等方面对供应商进行压制甚至拖欠货款的现象，而民营企业为了企业生存发展，常与供应商处于战略合作关系，从而更能承担对于供应商的社会责任。随着国际企业社会责任运动的推进和国家对和谐社会建设和科学发展的倡导，企业履行社会责任日益成为社会关注的焦点，因此未来有必要在建立良好竞争、促进国有企业和民营企业社会责任履行共建方面作出更大努力。

二、绿色化贸易融资政策建议

（一）国有企业绿色化贸易融资政策

首先，以大豆为例，基于海关统计数据，在2014—2016年大豆贸易企业进口金额为前20%、50%、80%的企业中，国有企业占比均有较为显著的提升，针对国有企业的贸易融资渠道提出绿色化政策建议，有利于我国大宗商品贸易的绿色化发展。国有企业在响应国家号召、执行国家战略政策方面具有较好的效率和影响力，在推动企业促进绿色可持续生产方式方面，国有企业可以发挥较好的带头作用。

根据国有企业的融资优势，可以由国家相关政策部门出台促进绿色贸易融资和绿色发展的指引，让国有企业更多地参与进来。国有企业作为一种生产经营组织同时具有营利法人和公益法人的特点，与其他所有制企业相比，国有企业需要承担更多的国家责任和社会责任，随着国家“一带一路”倡议践行绿色发展新理念、《绿色信贷指引》《中国对外投资环境风险管理倡议》等关注绿色发展、绿色金融和绿色贸易投资的信号发出，国有企业更愿意响应号召，并积极地参与。但是在具体执行中，政府要提供公平的竞争环境，对于积极发展绿色贸易的国有企业给予其他融资奖励。

其次，针对大豆进口企业中，大多数企业隶属于集团公司的典型化事实，提出绿色贸易融资建议。根据中国海关数据库微观数据统计，2014年中国进口巴西大豆金额占比前80%的企业中，有四分之三为集团公司、子公司或控股公司，2015 年和 2016 年均达到近九成为集团公司、子公司或控股公司，隶属的 18 个集团每年变化不是很大，有些集团含有外资成分，有些集团为国有企业，有些集团为民营企业，无论什么性质的企业，融资上都可以集团性公司内部借款，可以针对这些集团提出绿色贸易融资要求，在内部借款时倾向于为绿色贸易产品提供融资，此外在集团报告中关于企业社会责任履行部分，可以加入企业进口产品或原料是否符合可持续生产方式，集团是否优先提供绿色贸易融资途径等。

（二）民营企业绿色化贸易融资政策

对于民营企业来说，由于传统融资途径中贷款利率相对较高，民间融资成本也很高，针对其贸易融资中降低融资成本的政策是非常有效的措施。从企业的角度来看，企业性质决定民营企业完全是营利性的，利益驱动是最有效的政策方式，如果能够针对从事绿色贸易的企业提供银行贷款优惠或政府补贴，降低其融资成本对于进口企业选择可持续生产产品将带来较大的效果。然而从银行的角度来看，银行目前并没有动力来进行筛选绿色企业并提供贷款优惠，这就要求一方面国家出台相关绿色产品目录，整合中国行业权威性机构的工作，另一方面在中国银行业协会的指引下，由一家银行或者多家银行起到一个带头的作用，尤其是国有银行发挥国有企业的角色。

（三）建立绿色贸易融资长期发展战略

除了考虑异质性企业的战略，还要把大宗商品进口融资绿色化设计为长期战略，这也是一个主流趋势。由于绿色贸易融资是一个创新交叉的领域，人才建设也亟待完善。要在学术界、业界和国际机构各方力量的推动下搭建绿色贸易融资平台，通过多领域交叉的沟通与交流，提升能力，形成战略合作关系。对企业和银行推动发布中国绿色贸易以及绿色融资业绩排行榜，并形成国际排名、国家排名、地区排名和企业排名等不同层次的系统。

（四）创建绿色贸易融资新方式和标准

具体在融资方式上，业界和学术界要合作提供和规范界定更多的绿色贸易融资手段，这在国内外都是非常前沿的领域，中国近年来发展很快，且在国际上起到引领的地位，目前已有的绿色融资方式包括绿色融资租赁、绿色股权基金、绿色小额信贷、绿色信托贷款、绿色公司债券、绿色企业债、绿色资产证券化、银行节能贷款等。但是绿色贸易融资的具体工具还没有大幅度推广，这在国内外的研究中都是创新领域，本书在银行保理、信用证、存单质押、商业承兑汇票、银行承兑汇票、福费廷等方面定义和规范绿色贸易融资的具体内容和操作方法，让绿色贸易发展企业可以借助这些绿色融资新方式开展业务（详见本书第4章）。

（五）区块链技术助推绿色贸易融资战略

最后，在金融科技时代，要利用区块链技术进一步推进大豆大宗商品区块链交易，应用这种金融科技创新推动全球的绿色贸易发展，构建绿色贸易融资体系。这种新型的区块链交易平台适合农产品部门复杂而严格的文件链流程，不仅涵盖融资方面，还包括与交易有关的全套相关文件，那么这些文件中鼓励越来越多的绿色认证的产品，并在平台上加入第三方认证机构将成为现实。①

3.3　绿色贸易融资意义

3.3.1　促进经济贸易发展与环境保护相协调

绿色贸易作为连接国际生产和国际消费的重要环节，使得人类活动

① 中央财经大学绿色金融国际研究院副院长孙瑾教授主持的剑桥大学国际课题报告《企业绿色化贸易融资现状分析与相关建议》部分成果，2017年。

所带来的环境影响和贸易活动紧密联系。同时，绿色贸易融资既关系到社会主义市场经济体系的进一步完善，又关系到贸易、经济、生态环境与社会利益相互协调发展，实现了中国可持续发展战略和对外开放战略的有机组合。而绿色贸易融资流程在整个流程中又充当着促进实现贸易功能的基础作用，因此，选择和发展绿色贸易融资是促进全球生态文明建设和推动贸易朝向可持续方向发展的重大举措。

3.3.2 推动绿色生产和消费发展

绿色贸易融资，是以国际结算为依托、在国际结算的环节上依照可持续发展理念提供的资金融通。它通过为进出口以可持续方式生产商品的企业进行融资，加速了企业资金周转，解决了企业应收账款或对外付款所面临的资金困难。同时，绿色贸易融资通过进一步发展，将逐渐涉及资信调查[①]、催收账款、信用担保等方面。因此，绿色贸易融资对于改变企业资金流向，影响企业财务管理方面将起到至关重要的作用。随着其进一步深入，必将引导企业向可持续发展生产方式转变。同时，作为联结市场经济的重要节点，也必将带动上游生产方式转变，从而引导下游消费向绿色消费方向迈进。

3.3.3 创造绿色贸易经济增长点

随着全球范围内可持续发展理念的不断深入推行，绿色消费观念愈发能抓住全球消费者的眼球，绿色产品生产逐渐成为新的经济增长点，越来越多的跨国公司和本地企业已经投入其中。现阶段，绿色产品在国际贸易商品结构中已经占有越来越重要的地位。发展绿色贸易融资并不意味着放弃追求贸易增长，而是在为绿色产品供应链注入资金过程中，

---

① 资信调查，亦称为“信用调查”，信托业务的一种调查活动，即委托人为了避免债务人不能收回的风险，通过银行和征信所调查了解对方的支付能力、信用、资产、经营等情况。

促进其繁荣发展，促使参与其中的金融中介机构和进出口企业得到更多实质性利润。

3.3.4　实现绿色要素的全流程覆盖

绿色贸易融资强调环境保护与经济发展的共赢，在产品设计、生产、销售、使用、回收及处理的全流程均突出绿色属性，促进绿色要素全流程覆盖。具体来说：在产品设计之初即强调融入绿色理念，带有绿色特征的项目更易得青睐，更易获得资金支持；在产品生产和销售过程，更加强调绿色化，即简约、循环、安全无污染，进行绿色生产和绿色销售，且同等条件下，绿色产品也更受消费者欢迎；在产品的使用、回收及处理过程也强调达到绿化标准。因此，绿色贸易融资为绿色生产产品融通资金，促进绿色产品的贸易流动的同时也促进了绿色要素的全流程覆盖，绿色成为贸易融资的显性特征。

3.4　绿色贸易融资发展的前景

3.4.1　发展绿色贸易融资是必然趋势

目前银行等金融机构在绿色贸易融资方面还面临着缺乏公平的竞争环境、缺乏相应的建设能力、明确绿色贸易融资到底由谁来推动等诸多挑战。但是值得肯定的是，发展绿色贸易融资是未来全国乃至全世界的一个主流趋势，是在绿色金融和绿色贸易两个较为完善的学科发展体系上提出的，无论在理论支持还是实践基础上都具有较大优势。从微观角度，绿色贸易融资在为绿色产品供应链注入资金的过程中，除了促进绿色生产、绿色消费的繁荣发展，也为参与其中的金融机构和进出口企业带来了更多的实质性利润，这是推动绿色贸易融资发展来自市场方面的动力源泉；从宏观角度，发展绿色贸易融资实现了中国可持续发展战略和对外开放战略的有机组合，也是推动贸易朝向绿色方向发展的重大举措。因此，要在学术界、业界和国际机构各方力量的推动下积极搭建绿色贸易融资平台，通过多领域交叉的沟通与交流，提升绿色贸易融资能力。

在贸易融资过程中，进行绿色贸易的企业可以在有关政策的支持下得到以利息减免和期末偿还利息为形式的资金融通，由此为绿色贸易的发展起到关键性的推动作用，并可以进一步带来出口总量增加、环境改善等一系列联动效应。但是目前绿色贸易融资刚起步，政府对于绿色贸易融资尚未颁布明确的政策意见，政府作为发起人组建专业从事绿色贸易融资的银行或机构，建立专业化的产品与服务评估体系，并形成专业能力、系统、数据库等方面的规模效益，推动绿色贸易融资的增长是比较有效的。对采用绿色贸易方式的融资活动采取激励性措施，使约束性法律责任与激励性经济措施一起形成市场导向机制，同时引导公众参与，使相关机构有压力和动力去实施绿色贸易融资。从绿色贸易融资发展的角度，可以考虑银行监管部门和金融机构合作，制订一套科学、有效、便捷的绿色贸易融资贴息计划，以直接降低企业融资成本，提高金融机构绿色投资的回报率。

对于绿色贸易融资而言，为贸易服务的本质决定了其推广过程中必然涉及多个国家和地区。由于国际范围内难以形成统一的评价标准和业务准则，因此有必要考虑以相关行业协会、国际性研究小组等组织为依托，搭建绿色贸易融资推广和交流的平台，在增强各国相关金融机构和企业的国际交流中，解决信息不对称、认识不统一和操作不一致等诸多难题。对此，国际商会银行委员会已经成立了“绿色贸易融资工作组”，致力于促进绿色贸易融资的宣传工作和提高贸易融资市场的可持续性意识，并已经在制定相关业务标准、进行风险评估和从业人员培训方面做出众多努力。此外，剑桥大学可持续领导力学院也成立了可持续贸易金融委员会，以探索如何促进以可持续方式生产商品的贸易，并创新性地提出了软商品契约和可持续装运信用证等办法，并已经与中央财经大学绿色金融国际研究院绿色贸易融资实验室进行了合作研究，进一步证实了“绿色贸易融资是可持续发展的助推剂”等观点。不仅如此，G20绿色金融研究小组于2012年9月开始推动可持续银行网络的建设，截至2020年该网络已经覆盖40多个国家。

可以说，我国绿色贸易融资发展的前景是非常广阔的，在这个新兴领域，除了欧洲，中国也是走在世界前列的国家之一。未来我们要设计出符合中国贸易发展实际情况的绿色贸易融资技术标准和业务导向，与欧洲国家一起帮助各国开展绿色贸易融资建设。

3.4.2　“一带一路”多边机制下绿色贸易融资的发展前景

我国推出“一带一路”倡议，在“一带一路”建设过程中的投融资绿色化问题是中国深化与沿线国家和地区合作的重要选择。“一带一路”沿线国家生态环境较为脆弱、环境管理基础较为薄弱，因此以高耗能产业为主的投资活动存在较高的环境风险与影响。而绿色贸易融资作为一个侧重于实际应用的全新概念，其兴起之初必然会吸引众多相关金融机构等投资者的关注，但是由于存在分析能力的不足和信息的不对称，投资者难以识别和量化该项目中存在的风险和收益，从而对于资本的进一步流入持有观望态度。

对此，通过鼓励企业积极履行在环境保护方面的社会责任，在投融资活动中执行不低于中国的环境影响评估体系与标准，可以有效从源头保护东道国生态环境以及规避海外投资的环境风险，对于绿色“一带一路”的建设以及提升“一带一路”绿色发展的国际影响力具有重要意义。为此，中国金融学会绿色金融委员会与伦敦金融城绿色金融倡议于2018年11月共同发布《“一带一路”绿色投资原则》（GP），通过呼吁在“一带一路”沿线国家和地区投资和经营的贷款方、投资方和企业应确保其项目符合环境可持续性和《巴黎协定》的要求，为绿色贸易融资的推行提供了重要的指引方向。GP 秘书处的成立是为了促进《“一带一路”绿色投资原则》的实施与能力建设，在北京和伦敦设有办事处，将分析绿色投资案例，为“一带一路”沿线国家和地区建立绿色项目数据库。该数据库有助于跨越融资方和项目所有者之间的信息鸿沟，在签署方和其他利益方之间创造商机，提高“一带一路”投资的透明度。目前在“一带一路”倡议下，已经形成了包括亚洲基础设施投资银行、金砖国家新开发银行、丝路基金等在内的众多投融资平台机制。可在以上组织或合作机制的基础上，逐步推行绿色贸易融资的概念，通过对该问题进行探讨，不断达成组织内、机构间或区域内的共识，由中国引领绿色贸易融资在“一带一路”沿线国家从 0 到 1 的发展。①

3.4.3 绿色贸易融资助力“双碳”目标的实现

进入 21 世纪以来，中国的碳约束目标不断加码，体现了中国作为崛起大国的主动担当，这也是中国在发展过程中逐渐探索出一条中国特色的绿色发展道路的必然结果。我国在绿色贸易融资领域的发展前景广阔，绿色贸易融资作为绿色发展理念在国际贸易领域的贯彻践行，打造好这张宣传名片，也是在讲好中国绿色发展故事。

实现“双碳”目标，绿色贸易融资是强力助力器。“双碳”目标是我国向世界作出的庄严承诺，势必达成。而“双碳”目标的实现，需要系统全面的绿化发展给予支持，包括贸易领域的绿色化。绿色贸易融资通过促进绿色贸易，连接了国内国外两个市场，也是国内国际双循环的重要通道。助力“双碳”目标的实现，绿色贸易融资大有可为。绿色贸易融资在倒逼企业绿化转型的过程中，也将绿色发展理念予以传

① 顾学明，孙瑾，卫平东．我国绿色贸易融资发展的内涵、逻辑与前景［J］．国际贸易，2021（2）．

播，是助推减排的强力剂。绿色贸易融资促进的绿色贸易往来也是对我国绿色发展成果的全面、深刻的成果检验剂。

在2020年9月22日的第七十五届联合国大会一般性辩论上，中国宣布将提高国家自主贡献力度，二氧化碳排放力争2030年前实现碳达峰，争取2060年前实现碳中和。2021年是“十四五”规划的开局之年，也是碳中和元年。2021年全国“两会”上，碳达峰、碳中和首次被写入国务院政府工作报告。由此中国正式开启“双碳”元年。[①] 在此期间，《2030年前碳达峰行动方案》公布。这一政策文件，聚焦“十四五”和“十五五”两个碳达峰关键期，提出了提高非化石能源消费比重、提升能源利用效率、降低二氧化碳排放水平等主要目标。因此越来越多的实体经济愿意发展自己的部分重点节能减排项目，并在贸易结算中使用信用证进行支付结算。

打造绿色供应链，绿色贸易融资是强力粘合剂。贸易中供应链融资为绝大多数贸易顺利达成提供了重要资金支持，甚至起到了基础性作用，贸易融资通过条款制定将极大影响到供应链参与者的主体行为。贸易是供应链的主要动力，推动了国际买卖双方的互动。绿色贸易融资作为绿色供应链金融的重要组成部分，发展绿色贸易融资有利于绿色供应链模式的推广。中国作为进出口贸易大国，倡导绿色低碳生产、消费、发展模式，积极推动绿色贸易、发展绿色贸易融资、打造绿色供应链是长期趋势和必然选择。[②]

案例3－2　绿色贸易融资是雨林的守护者

气候变化是人类面临的共同挑战，为应对气候危机，全球共同行动

① 《碳中和元年开启 | 回望2021》新闻，详见 https://baijiahao.baidu.com/s?id=1720548483825986755&wfr=spider&for=pc。

② 孙瑾，张媛媛．绿色贸易融资助力“双碳”目标的实现［J］．团结，2022（2）．

已成主流。在 2021 年 4 月举行的领导人气候峰会上，巴西也提出到 2050 年实现气候中和的目标。会上，时任巴西总统博索纳罗还表示，巴西将于 2030 年前杜绝非法砍伐森林的行为，提出替代性经济计划来替代对亚马逊雨林砍伐获得的经济发展。截至 2023 年 9 月 1 日，包括中国在内，全球共有 151 个国家提出碳中和目标。

毁林：千疮百孔的“地球之肺”

巴西国家空间研究所 2020 年底公布的数据显示，过去一年，巴西境内的亚马逊热带雨林的毁林现象再次加剧，达 12 年以来最严重水平，共有 11088 平方公里的森林被毁，雨林面积比上一年减少了 9.5%。

WWF 全球总干事马可·兰博蒂尼（Marco Lambertini）在 WWF2021 年发布的《全球森林生命力展望——保护现状与对策》的前言中说：“全球森林的管理不当正在导致碳排放的加剧，生物多样性的下降，关键生态系统的破坏，影响当地乃至全球社区居民的生计与福祉，并且情况还在持续恶化。”这份主要聚焦热带和亚热带地区的研究报告，首次对毁林问题的驱动因素和全球的应对措施作出了综合分析，并确定了亚马逊森林等区域所在的拉丁美洲、撒哈拉以南的非洲、湄公河流域所在的东南亚和澳大利亚东部等地存在的 24 个“毁林热点”——全球大多数森林消失发生的地方。报告显示，过去 50 年间，人类毁坏了亚马逊地区至少 17% 的热带雨林；从 2004 年至 2017 年，约有 4300 万公顷的森林在“毁林热点”地区消失。该报告还分析了不同热点地区的毁林驱动因素，包括放牧、大规模伐木、大规模农业、交通基建、采矿、火灾等。在亚马逊地区和赛拉多，畜牧业是导致毁林的显著因素。

国际组织全球见证（Global Witness）[①] 发布的一份关于毁林农产品

① “全球见证”（global witness），成立于 1993 年，目标是建立一个更加可持续、公正和平等的地球。在此之前，“全球见证”还发布了类似的报告，说明美国、欧盟和英国的金融机构如何为导致全球森林砍伐的企业提供资金（参见 https：//globalwitness. org/en/campaigns/forests/money – to – burn – summary – ch/）。

的投融资分析报告称，中国是这些毁林风险商品全球最大的市场之一，在全球主要大宗商品生产国的金融机构提供的融资规模最大的国家中，排名第六。根据这份报告，全球十大毁林融资来源国的十个国家分别为：巴西、马来西亚、美国、印度尼西亚、日本、中国、荷兰、新加坡、英国、法国。

拯救：来自供应链的逆向驱动

在推动国家经济发展的诉求与当地农牧民在经济利益的驱动下，大片茂密的热带雨林被砍伐、清理，为大规模种植大豆、棕榈以及饲养牛群等让路。以牛肉产量占巴西全国70%以上、大豆产量占巴西全国60%的赛拉多地区为例，按照巴西2012年通过的新《森林法》，当地农民可以合法清除天然植被从事农业开发的比例高达80%。为了给农业让路，赛拉多有一半的区域已遭大量砍伐。

欧盟委员会于2018年发布的《森林砍伐和森林退化：加强欧盟行动》，强调了毁林与全球大宗商品贸易之间的联系，尤其是大豆、棕榈油和牛肉等农产品。“欧盟在1990年至2008年进口了与毁林有关的所有农产品和畜产品的近36%”等研究数据让欧盟委员会认识到，欧盟作为农林业大宗商品的主要进口国，既是问题的一部分，也是解决方案的一部分。为此，欧盟承诺解决全球森林砍伐问题，减少欧盟在世界森林中的足迹。此后，欧盟对毁林问题的关注开始转化为更多具体措施，引导相关企业采取行动对毁林问题施加影响，比如要求企业对于供应链中对环境的影响进行尽职调查。

一些对环境风险敏感的机构，已经开始用拒绝购买毁林地区农产品的方式来推动森林保护。2020年7月，世界最大鲑鱼生产商之一的挪威克里格海鲜公司宣布暂停购买巴西嘉吉公司生产的饲料，原因是该公司饲料生产原料中有巴西森林砍伐地区生产的大豆；2020年8月，全球粮食贸易领域的领军者中粮国际宣布，预计于2023年实现巴西直采大豆100%全面可追溯至产地，拒买伐林区域大豆，以保护森林，缓解巴西大豆供应链面临的环境和社会挑战。2020 年 12 月，巴西植物油行业协会（ABIOVE）的会员企业收到包括雀巢、达能、麦当劳、家乐福、联合利华等 159 家跨国公司组成的“SOS 赛拉多”所写的联名信，这些企业在信中表示，从 2020 年 12 月起不再采购森林砍伐地区的大豆。对此，ABIOVE 主席安德烈·纳萨尔表示，如果巴西种植户想要继续留住欧洲市场，将不得不想办法结束森林砍伐，哪怕是巴西法律允许的森林砍伐。①

绿色贸易融资是守护雨林的必然选择

大豆和棕榈油等农产品的生产和贸易在全球造成了大规模的毁林。实际上，这些大宗商品因其生产和消费极有可能涉及毁林，国际上已被统称为毁林风险商品（forest risk commodities）。中国是这些毁林风险商品全球最大的市场之一。然而，与全球森林紧密相关的不仅是中国农林供应链，更有其背后为主要粮商和农林生产巨头提供融资的中国银行业。

从 2013 年 1 月到 2020 年 4 月，中国的银行和投资机构向生产和交易农林大宗商品（纸浆和纸张、橡胶、木材、棕榈油、大豆以及牛肉）的主要企业提供超过 225 亿美元的资金。根据最新监测数据，“强大地球”发现，从中国银行业获得用于巴西大豆和牛肉业务最多融资的五家企业都存在毁林和清除原始植被的问题。

严峻的环境形势，日益减少的雨林，亟待绿色贸易融资的守护。一方面，中国银行业监管机构需要确保银行考虑并减少其融资带来的环境和社会影响。这应包括通过法律法规，要求银行业检查其客户的环境和社会资质，及其客户业务和供应链的环境和社会影响和风险。监管机构还必须明确要求银行不得为毁林活动提供资金。另一方面，中国银行业应承诺停止支持牵涉毁林问题的企业，并对在毁林风险较高的行业或地

① 邓茗文．逆向驱动：绿色供应链建设推动“零毁林”［J］．可持续发展经济导刊，http：//sdg－china.net/portal/article/index/id/706/cid/7.html.

区经营的企业进行严格检查，确保它们与毁林问题没有关联。

中国的金融机构在提供资金时，应对在通常会牵涉毁林问题的高风险行业经营的企业进行更严格的检查，否则金融机构可能助长全球森林破坏、生物多样性丧失和气候变化。

重视发挥银行业监管机构的作用。中国金融机构对森林风险商品融资的很大一部分，是由少数几家中国国有商业银行提供的，由此，中国具备能高效监管有关融资的良好条件。中国银行业监管机构需要确保银行考虑并减少其融资带来的环境和社会影响。这应包括通过法律法规，要求银行业检查其客户的环境和社会资质，及其客户业务和供应链的环境和社会影响和风险。监管机构还必须明确要求银行不得为毁林活动提供资金。

目前拟修订的中国商业银行法，为中国政府在这一议程上采取行动提供了良机。修订后的法律应明确要求银行业不得为与毁林或其他类型的损害环境与社会的行为有关的企业提供资金。这些要求可能会对实现中国宏大的绿色目标产生重要的影响。这部法律应该建立在中国政府近年来发布的几项绿色金融政策中提出的要求之上。例如，《绿色信贷指引（2012）》要求金融机构开展尽职调查，包括对环境和社会风险的尽职调查；而《中国银监会关于规范银行业服务企业“走出去”加强风险防控的指导意见》则进一步要求中国国有商业银行在面临境外风险时“加强环境和社会风险管理”。

银行可以也应当成为推动变革的力量，在支持中国实现2060年碳中和目标所需的转型方面发挥关键作用。为实现这一点，中国需尽快出台强制性要求，引导其银行业不再为毁林行为提供融资。这样的行动可以为中国遏制生物多样性丧失的努力带来切实的成果，并为全球应对气候危机的努力作出重大贡献。[①]

① 《毁林农产品投融资分析：聚焦中国银行业环境社会气候风险》，全球见证，https：//www.globalwitness.org/zh-cn/under-spotlight-chinese-banks-risky-agribusiness-portfolio-zh-cn/。

第4章　绿色贸易融资工具的应用

4.1　绿色贸易融资基本工具

绿色贸易融资是将传统贸易融资手段和绿色金融工具相结合，以绿色贸易为服务对象的新型贸易融资方式。

虽然对于绿色贸易融资手段和工具还没有建立政策的指引体系，但已经在出台的相关政策文件中有所涉及，比如银监会发布的《绿色信贷指引》《绿色信贷统计制度》《绿色信贷实施情况关键评价指标》等一系列文件。

传统的四大贸易融资工具为信用证、国际保理、汇款和托收，但是因为托收和汇款主要是贸易融资中的一个环节，无法单独与绿色贸易相结合形成绿色贸易融资工具，因此目前在政策的指引下，所形成的绿色贸易融资工具主要包括绿色信用证工具和绿色国际保理融资。

4.1.1　绿色信用证工具

信用证，是指银行根据进口人（买方）的请求，开给出口人（卖方）的一种保证承担支付货款责任的书面凭证。在信用证内，银行授权出口人在符合信用证所规定的条件下，以该行或其指定的银行为付款人，开具不得超过规定金额的汇票，并按规定随附装运单据，按期在指定地点收取货款[①]。

绿色信用证工具是指传统的贸易融资工具信用证业务在绿色贸易上的应用，即以绿色贸易作为服务对象。

---

① 邹瑜．法学大辞典［M］．北京：中国政法大学出版社，1991.

以国际金融公司和银行环境倡议推出的可持续装运信用证为例，它的主要流程为①：

（1）进出口双方当事人在买卖合同中，明确规定采用信用证方式付款。

（2）进口人向其所在地银行提出开证申请，填具开证申请书，提交加盖印章的可持续贸易证明文件，并交纳一定的开证押金或提供其他保证，请银行（开证银行）向出口人开出信用证。

（3）开证银行审查是否存在特定的可持续性认证。

（4）审查通过后，开证银行按申请书的内容开立以出口人为受益人的绿色信用证，并通过其在出口人所在地的代理行或往来行（统称通知行）把信用证通知出口人。

（5）出口人在发运货物，取得信用证所要求的装运单据后，按信用证规定向其所在地行（既可以是通知行，也可以是其他银行）议付货款。

（6）议付行议付货款后即在信用证背面注明议付金额。

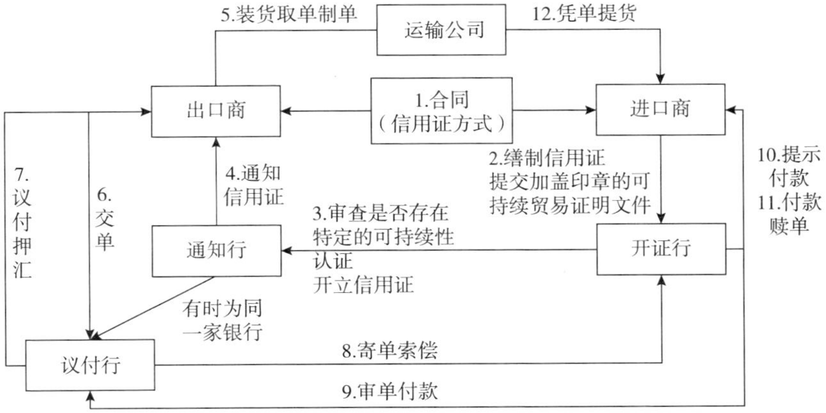

图 4－1　绿色信用证工具

① https：//www. cisl. cam. ac. uk/resources/publication－pdfs/incentivising－the－trade－of－sustainably－produced. pdf/view Incentivising the trade of sustainably produced commodities－discussion paper.

此外，以信用证为基本贸易融资工具，衍生出多种其他国际贸易融资工具，如福费廷、打包放款、进出口押汇。将这些传统的贸易融资工具应用在绿色贸易上，即以绿色贸易作为服务对象，就形成了绿色福费廷、绿色打包放款、绿色进出口押汇和绿色提货担保等工具，这些工具在应用过程中，将给予绿色贸易企业更多的便利性、及时性和融资优惠，形成良性循环。

4.1.1.1　绿色福费廷

福费廷是指银行或包买人对国际贸易延期付款方式中出口商持有的远期承兑汇票或本票进行无追索权[①]的贴现（买断）。福费廷业务不同于一般的贸易融资业务，其所占用的是银行额度而非企业授信额度，有高达100%的融资，既能有效地规避客户风险，又满足了企业对资金融通的需要。

顾名思义，绿色福费廷业务就是传统的贸易融资工具福费廷业务在绿色贸易上的应用，即以绿色贸易作为服务对象。

绿色福费廷的主要流程表现为：

（1）签订进出口合同后，进出口商申请绿色贸易评级机构进行绿色贸易认定，取得绿色贸易认定书或者加盖绿色贸易的认证盖章。

（2）出口商签订福费廷合同，同时进口商申请银行担保。

（3）出口商发货，并将单据和汇票寄给进口商。

（4）进口商将自己承兑的汇票或开立的本票以及绿色贸易认定书交给银行要求担保。银行收到单据后，对绿色贸易认定书进行审核。

（5）银行同意担保后，担保函和承兑后的汇票或本票以及绿色贸易认定书由担保行寄给出口商。

（6）出口商将全套出口单据（物权凭证）交给包买商，并提供进

① 追索权，即指汇票到期被拒绝付款或其他法定原因出现时，持票人获得请求其前手偿还汇票金额及有关损失和费用的权利。

出口合同、营业执照、近期财务报表、绿色贸易认定书等材料。

（7）收到开证行有效承兑后，包买商扣除利息及相关费用后贴现票据，无追索权地将款项支付给出口商。

（8）包买商将包买票据经过担保行同意向进口商提示付款。

（9）进口商付款给担保行，担保行扣除费用后把剩余货款交给包买商。

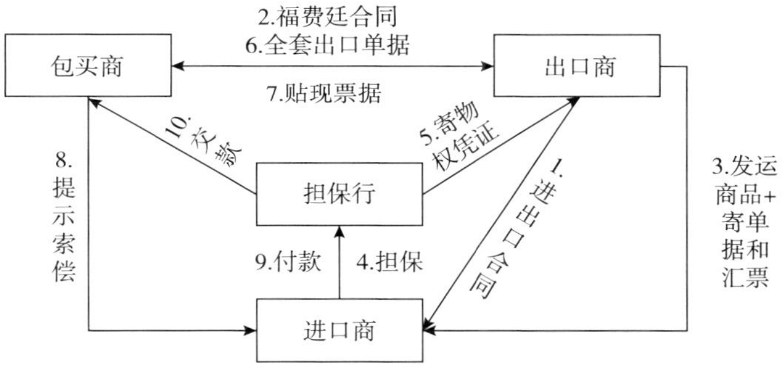

注：1. 材料有：绿色贸易认定书/加盖绿色贸易的认证盖章。

4. 材料有：承兑的汇票、开立的本票、绿色贸易认定书。

6. 材料有：进出口合同、营业执照、近期财务报表、绿色贸易认定书等。

图 4－2　绿色福费廷

绿色福费廷业务为绿色低碳企业的出口带来诸多便利。对石油、化工等经营大宗商品的企业而言，一些绿色低碳企业比如轻工业企业主要以出口初级产品为主，产品缺乏核心竞争力与差异性，且大多处于买方市场，赊卖方式较多，因此外贸企业在现金流上普遍存在问题，迫切需要银行融通资金。

办理绿色福费廷业务能满足低碳出口企业的利益需求。第一，福费廷业务将远期应收账款变成现金销售收入，同时可以提高资本的良性循环使用；第二，出口商将原先面临的进口商信用风险、国家风险、汇价风险等都转移给了包买商。第三，采用福费廷业务，出口商无需等到货款实际收回后即可办理相关核销和退税手续。办理福费廷业务也可以使出口商增加贸易机会。由于对方银行包买票据，银行信用高于进口商信用，通过国际贸易融资的支持，企业可以考虑在高风险地区贸易，因此大大增加了企业的贸易机会，尤其促进我国低碳绿色企业进行国际贸易。

4.1.1.2　绿色打包放款

打包放款是指出口商收到进口商所在地银行开立的未议付的有效信用证后，以信用证正本向银行申请，从而取得信用证项下出口商品生产、采购、装运所需的短期人民币周转资金。它是获得周转资金的一种良好的融资方式。绿色打包放款则是指银行在国际贸易融资方面针对低碳环保的行业给予的大力支持和特殊照顾。

绿色打包放款的主要流程为：

（1）出口商向绿色贸易评级机构申请绿色贸易认定，取得绿色贸易认定书或者加盖绿色贸易的认证盖章。

（2）出口商在收到信用证后，向银行提出打包贷款申请，并提供信用证正本及内外贸合同、贸易情况介绍、绿色贸易认定书等有关资料。

（3）银行对信用证及其修改的真实性、条款等项内容进行审核；对绿色贸易认定书进行审核。

（4）审核通过后，与出口商签署《打包贷款合同》，发放打包贷款。

（5）出口商利用资金组织或生产出口货物，按信用证要求及时发货。

（6）出口商出口货物取得信用证项下有关单据后向放款银行交单议付，收到出口货款后，及时归还银行打包贷款。

绿色打包放款为低碳环保企业扩大对外贸易提供了融资的渠道，降

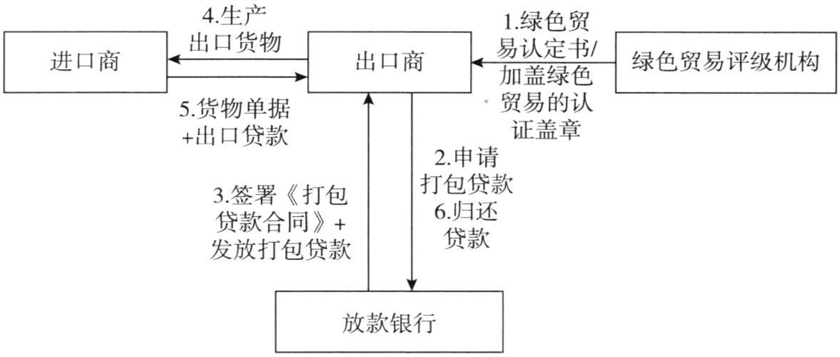

注：2. 材料包括信用证正本及内外贸易合同、贸易情况介绍、绿色贸易认定书等。

图4－3　绿色打包贷款

低其资金成本。对出口商有诸多好处：一方面，它为出口商扩大了贸易机会——出口商本身资金紧张且进口商又不肯预付货款时，它为出口商提供了融资渠道，帮助出口商顺利组织货源、开展业务、把握贸易机会；另一方面，在资金的问题上，它帮助减少资金占用压力——在生产、采购等备货阶段都不必占用出口商的自有资金，缓解了出口商的流动资金压力。相较于传统企业，绿色打包放款将为低碳环保企业提供更及时和优惠的便利。

4.1.1.3　绿色进出口押汇

出口押汇是指信用证的受益人在货物装运后，将全套货运单据质押给所在地银行，该行扣除利息及有关费用后，将货款预先支付给受益人，而后向开证行索偿以收回货款的一种贸易融资业务。

进口押汇是指开证行在收到信用证项下全套相符单据时，向开证申请人提供的，用以支付该信用证款项的短期资金融通。

绿色进出口押汇是指在投资标的上更加重视企业或项目的环保程度和可持续发展程度，支持绿色低碳环保企业的贸易融资工具。

绿色出口押汇的主要流程为：

（1）出口企业向绿色贸易评级机构提出申请，并提交有关证明材料，审核通过后，取得绿色贸易认定书或者取得绿色贸易的认证盖章。

（2）出口企业在货物出口后，将发货单据和绿色贸易认定书作为抵押向银行申请绿色贸易融资。

（3）银行在相关的单据审核通过后进行融资并向所对应的进口商银行邮寄抵押物。

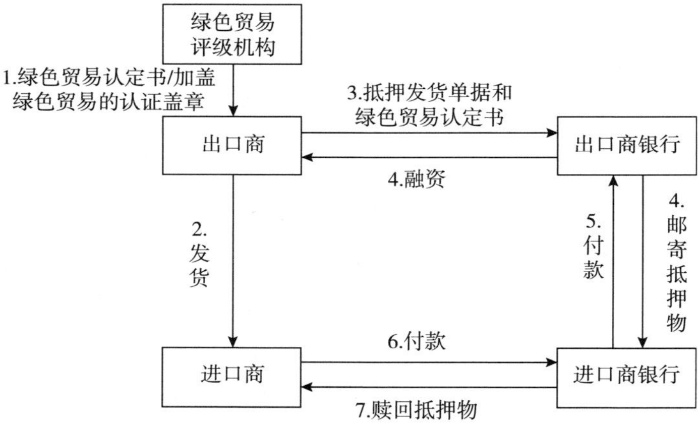

图 4－4　绿色出口押汇

绿色进口押汇的主要流程为：

（1）进口商申请人获得出口商取得的绿色贸易认定书或者绿色贸易的认证盖章或自己找绿色贸易评级机构进行认证。

（2）开证行与申请人签订《绿色进口押汇协议》。

（3）开证行在收到有关信用证下所有的单据和绿色贸易认定书后，并审核绿色贸易认定书后，确定单据和原先业务相一致的情况下，根据协议由开证行先行付款。

（4）申请人依据信托收据进行提货。

（5）在提货之后，申请人对该货物进行销售，并在获取销售资金后将押汇的本息和相关手续费归还开证行。

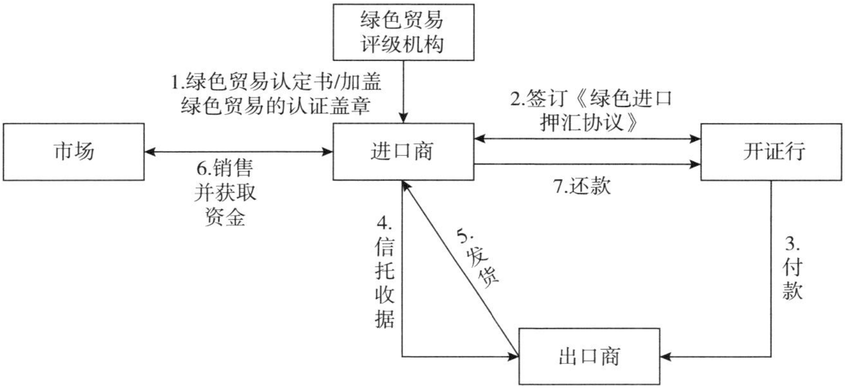

图 4－5　绿色进口押汇

绿色贸易企业申请进出口押汇将更为容易获得融资，银行将倾向于为该类企业的进出口业务提供融资工具，这有助于其开展和扩大进出口业务。绿色进口押汇可以缓解进口企业的资金压力，若进口企业在收到所有业务单据后资金紧张，可以使用进口押汇方式进行融资。绿色出口押汇则因其风险可以预估，收益较为稳定，成为绿色低碳环保出口企业进行贸易融资的适当方式之一。

4.1.1.4　绿色提货担保

提货担保是指提货担保信用证项下进口货物先于单据到达目的地，银行应进口商申请，为其向船运公司承运人或其代理人出具的提货担保书以提取货物的一种授信业务。

顾名思义，绿色提货担保业务就是传统的贸易融资工具提货担保业务在绿色贸易上的应用，即以绿色贸易作为服务对象。

绿色提货担保的主要流程为：

（1）进口商向绿色贸易认定机构提出申请，并提供所需材料，取得绿色贸易认定书或者取得绿色贸易的认证盖章。

（2）进口商向开证银行提交船运公司签发的货物到港通知、提单发票副本、企业近期财务报表、绿色贸易认定书等资料，申请办理提货担保，填写《提货担保申请书》。

（3）银行收到绿色贸易认定书后进行审核。

（4）审核通过后，向签发提单的承运人或其代理人出具提货担保函或在船公司的提货担保书上签字、盖章后交进口商。

（5）船运公司凭提货担保函放货，进口商提货报关。

（6）收到信用证项下的正本单据后，进口商以正本提单向船运公司换回银行提货担保函，并退还银行[①]。

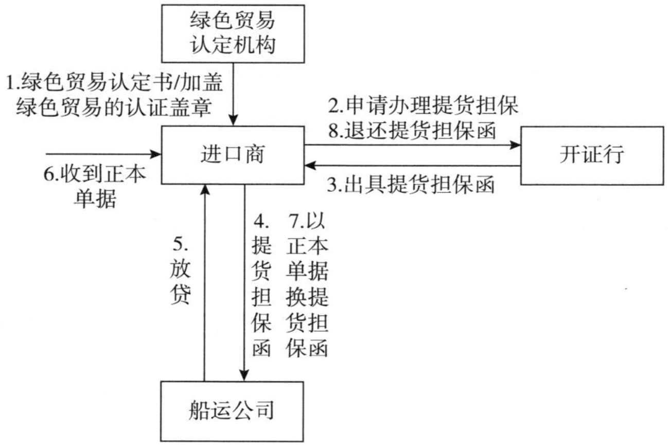

注：2. 材料包括货物到港通知、提单发票副本、企业近期财务报表、绿色贸易认定书等。

图4－6　绿色提货担保

绿色提货担保为低碳环保企业的进出口业务提供了便利，随着海洋运输技术的发展，货物比正本提单早到的情况越来越多，在符合绿色贸

① 刘萃军．提货担保、电放提单与LOI探究［J］．科技经济导刊，2017（1）．

易方式的企业和项目中，这种情况也比比皆是。绿色贸易进口商申请绿色提货担保更具有便利性和及时性，可以更及时提取货物，避免货物压仓滞港带来损失。

案例4-1　中国人民银行西安分行引导落地“绿色信用证”业务

2021年是我国提出“双碳”目标的元年。对于实体经济而言，重点节能减排项目在贸易结算中大多需要使用信用证进行支付结算。为此，2021年人民银行西安分行营业管理部引导银行通过“绿色信用证+福费廷”模式，强化低成本资金供给，提升贸易融资便利度，提升企业间合作意愿，为资源节约高效利用等经济活动提供了有效资金支持。目前，已引导辖内4家领办银行落地“绿色信用证”业务，为从事清洁能源、生态保护等碳减排项目办理低成本融资6.19亿元，惠及企业10家。[1]

在人民银行西安分行营业管理部推动下，浦发银行西安分行基于海外进口贸易为辖内隆基集团子公司开立了3笔国际、国内信用证合计1.76亿元，给予手续费优惠、结售汇优惠等政策以支持环保脱碳等重点领域企业在贸易项下信用证结算及融资需求。

4.1.2　绿色国际保理融资

国际保理融资是指在国际贸易承兑交单[2]、赊销[3]方式下，银行或

① 《人民银行西安分行营业管理部：“绿色信用证”保障碳减排金融需求》，http://gov.cnwest.com/sqkb/a/2021/11/30/20130077.html。

② 承兑交单（Documents against Acceptance，D/A），是指出口方在装运货物后开具远期汇票，连同商业（货运）单据一起通过代收行向进口方提示，代收行在进口方对远期汇票加以承兑后即可将流程代表货物所有权的有关商业货运单据交给进口商，至汇票付款到期日，进口商才履行付款责任。

③ 赊销，是信用销售的俗称，指用赊欠的方式销售。赊销是以信用为基础的销售，卖方与买方签订购货协议后，卖方让买方取走货物，而买方按照协议在规定日期付款或分期付款形式付清货款的过程。

出口保理商通过代理行或进口保理商以有条件放弃追索权的方式对出口商的应收账款进行核准和购买，从而使出口商获得出口后收回货款的保证。国际保理商联合会（Factoring Chain International，FCI）将保理业务定义为：保理是融合了资金融通、账务管理、应收账款收取和坏账担保[①]四项业务的综合性金融服务。之后又在2013年7月修订的《国际保理通则》中进一步加以阐释：保理为一种契约关系，据此，供应商可能或将向一家保理商转让应收账款，而无论其目的为何，至少要满足销售分户账管理[②]、账款催收或坏账担保之一。

顾名思义，绿色国际保理融资则是对保理商或银行提供保理业务的对象和项目上加以限制，将出口企业和项目的环保程度和绿色发展程度纳入是否提供保理业务的评估要素，大力支持符合绿色贸易方式的企业和项目，优先与之构建契约关系，为之提供保理业务。

绿色国际保理融资的主要流程表现为：

（1）供货方（出口企业）与收货方（海外买家）产生买卖交易，并形成赊销交易产生一定期限内的应收账款。

（2）供货方向绿色贸易评级机构提出申请，并提交有关证明材料，审核通过后，取得绿色贸易认定书或者取得绿色贸易的认证盖章。

（3）供货方将应收账款转让给保理商或银行，并提交绿色贸易认定书申请绿色保理融资。

（4）保理商或银行审核绿色贸易认定书，并依据报关、货运等单据对供货方进行一定比例的融资款发放。

（5）保理商或银行收到货款。

（6）保理商或银行将余款汇至供货商。

---

① 坏账担保（full protection against bad debts）100%的担保，有效消除因买方信用给出口方造成的坏账风险的担保服务即为坏账担保。

② 销售分户账管理，又称销售账务处理，是指银行（保理商）利用自己完善的账务管理制度、先进的管理技术和丰富的管理经验，为供应商提供优良的售后账务管理服务。

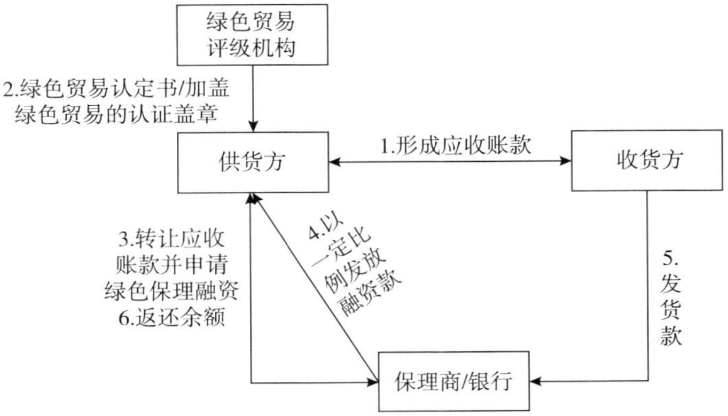

注：3. 材料包括绿色贸易认定书。

图4－7　绿色国际保理融资

保理制度最大的优点是可以提供无追索权的短期贸易融资，并且操作手段较容易而风险小，与信用证相比成本低①。将保理制度应用于绿色贸易上，可以进一步降低绿色贸易的融资成本，促进绿色贸易的发展。

4.1.3　绿色出口商业发票贴现

出口商业发票贴现是指出口商发货后，在商业承兑交单（D/A）或赊销（O/A）方式收取货款的情况下，将应收账款转让给银行，银行保留追索权以贴现的方式买入出口商业发票项下应收款项，为客户提供短期资金融通的一种授信业务。

绿色出口商业发票贴现是指银行在提供出口商业发票贴现业务的客户选择时严格限定低碳环保企业或者企业的绿色贸易项目，排除其他企业。

---

① 国际保理融资［J］．财会学习，2014（11）．

绿色出口商业发票贴现的主要流程为：

（1）买卖双方签订贸易合同，约定以 D/A（承兑交单）或 O/A（赊销）的方式结算。

（2）出口商与申请贴现银行建立授信关系，申请出口商业发票贴现额度。出口商与银行签订发票贴现业务总协议。

（3）出口商向进口商发货。

（4）出口商向绿色贸易评级机构提出申请，并提交有关材料，审核通过后，取得绿色贸易认定书或者取得绿色贸易的认证盖章。

（5）出口商向银行申请贴现并随附商业发票、绿色贸易认定书等单据。

（6）银行审核绿色贸易认定书，并审核完毕其他单据后向出口商进行贴现发放融资。

（7）在商业发票到期时银行向进口商催收货款。

（8）进口商付款。

（9）银行扣除融资本息后将余款汇入出口商账户。如进口商到期未付款，银行及时向出口商追索贴现款项，并从发票到期日 30 天后计收逾期利息。

绿色出口商业发票贴现为绿色贸易提供融资渠道，促进了绿色贸易的发展。它最主要的作用是扩大了出口企业的融资渠道，且与其他融资方式相比，具有手续简单、融资方式快捷的特点①。

总之，在以上业务中，绿色贸易融资实现的首要条件在于：银行或以银行等机构为中介的融资活动针对的是以符合绿色贸易方式而产生的国际结算，除此之外的其他产品和服务的进出口均不在绿色贸易融资涵盖范围之内。

① 庄乐梅．出口商业发票贴现的风险与防范［J］．国际金融研究，2004（10）．

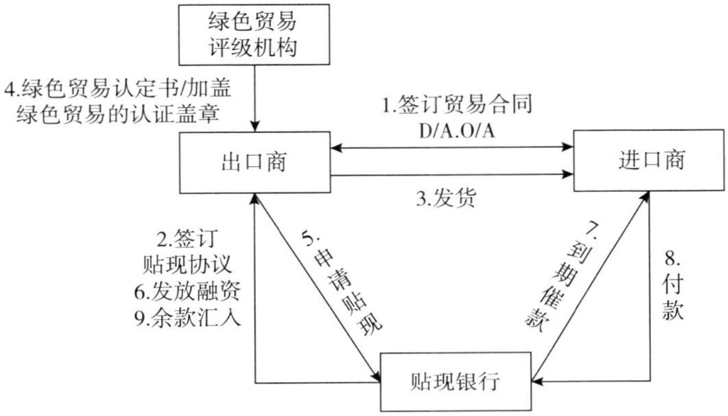

注：5. 材料包括商业发票、绿色贸易认定书等单据。

图 4－8　绿色出口商业发票贴现

案例 4－2　农业银行绿色国际贸易融资工具

农业银行（以下简称农行）台州分行一直以来致力于推进“绿色银行”建设，推进“绿色信贷”。将践行“低碳金融”，努力建设资源节约型和环境友好型“绿色银行”作为银行优化信贷结构，降低信贷风险的内在要求。

而在临海市，作为五大特色制造业之一的户外休闲用品行业对全市的经济发展有着举足轻重的作用。2003 年 9 月 22 日，临海市还被中国轻工业联合会授予“中国休闲用品礼品生产基地”荣誉称号。户外休闲用品行业是指生产户外旅游用品太阳伞、帐篷、户外家具等产品，为户外旅游业发展提供消费品的生产企业。该行业具有低碳、低耗能、高经济效益等特点。传统的国际贸易融资大多支持石油、化工、大宗商品交易等传统行业，而农行临海市支行作为践行者在国际贸易融资方面给低碳节能的户外休闲用品行业提供了有力的信贷支持。

（1）进口押汇

2010年6月，有家户外休闲用品生产企业A公司需要从韩国进口原材料，但由于生产旺季，资金周转比较紧张，农行临海市支行得知此情况后，建议A公司以进口信用证结算，并向其银行申请办理进口押汇，期限为3个月。临海市支行审查后，开证前与A公司签订进口押汇合同，之后开出信用证。1个月后，国外银行寄来单据，单证相符，A公司签订信托收据，临海市支行放单，同时向国外付款。A公司提货后加工生产销售产品，回笼资金，3个月到期日后归还给临海市支行押汇款。这样，A公司就获得了3个月的资金融通。流动资金是企业正常运转的新鲜血液，临海市支行的国际贸易融资支持，满足了A公司的利益需求。

（2）打包放款

2010年8月，临海一家户外休闲用品生产企业B公司同德国的进口商签订了一份金额为60万美元的订单。签约后，由于资金周转紧张，B公司凭德意志银行开来的即期信用证，向临海市支行申请金额为300万元人民币的打包放款，用于生产该信用证项下的出口产品，临海市支行对信用证真实性、条款等内容及B公司提交的出口合同等证明材料进行审核，审查了B公司的信誉及履约能力后，考虑到该公司资金周转紧张的实际情况后，为其发放了300万元人民币的打包放款。①

打包放款对出口商有如下好处：扩大贸易机会——在出口商自身资金紧缺而又无法争取到预付货款的支付条件时，帮助出口商顺利组织货源开展业务、把握贸易机会；减少资金占用压力——在生产、采购等备货阶段都不必占用出口商的自有资金，缓解了出口商的流动资金压力；为企业扩大对外贸易提供了融资渠道，特别是在当时美元利率低于人民

---

① 陈玲飞．浅谈农行绿色国际贸易融资——以浙江临海市农行支持户外休闲用品行业为例［J］．经济师，2011（6）．

币利率的情况下，企业可以通过打包放款结汇，获得人民币资金的融通，降低资金成本。

（3）福费廷[①]业务

当前临海户外休闲用品企业主要以出口初级产品为主，产品缺乏核心竞争力与差异性，且大多处于买方市场，赊卖方式较多，外贸企业在现金流上普遍存在问题，迫切需要银行融通资金。福费廷业务不同于一般的贸易融资业务，其所占用的是银行额度而非企业授信额度，有高达 100% 的融资，既能有效地规避客户风险，又满足了企业对资金融通的需要。

办理福费廷业务能满足出口企业的利益需求。第一，福费廷业务将远期应收账款变成现金销售收入，解决了应收账款的资金占用问题和对应收账款的管理问题。同时可以减少企业资产负债表中的负债金额，从而改善了企业财务状况，提高了资本的良性循环使用。第二，由于包买商无追索权地买断出口商的应收账款，因而承担了收取债款的一切责任和风险，出口商将原先面临的进口商信用风险、国家风险、汇价风险等都转移给了包买商。第三，采用福费廷业务的方式除给出口商带来上述收益外，在我国特定的外汇管理之下还有其独有优势，即按照我国外汇政策，银行对企业的远期收汇无论是提供打包贷款、押汇还是贴现，均视为向企业提供融资，银行不能向企业即时出具相应的出口收汇核销专用联，而必须等到实际收汇后方可出具。企业拿不到出口收汇核销专用联也就无法到外汇管理部门办理核销和出口退税，这直接导致了企业大量资金被占用在税款上。而采用福费廷业务的方式，国家外汇管理局规定外汇指定银行对境内出口企业以此取得的外汇资金，视为已收汇并可为企业出具收汇核销专用联。出口商无需等到货款实际收回后即可办理

① 福费廷，又称票据包买，是指农行从出口商那里无追索权的买入有进口方银行承兑的或担保的远期汇票或本票。

相关核销和退税手续。

办理福费廷业务也可以使出口商增加贸易机会。由于国际贸易的特殊性，出口商对国外进口商的资信并不了解，临海的大部分户外休闲用品生产企业一般不敢跟高风险地区的进口商贸易往来，对来自高风险地区的订单全盘拒绝。但是有了福费廷业务后，情况有所不同。由于对方银行包买票据，银行信用高于进口商信用，通过银行国际贸易融资的支持，企业可以考虑对高风险地区开展贸易，因此大大增加了企业的贸易机会。

目前福费廷业务市场运作情况良好，在严格的银行内控管理下，基本上没有银行到期拒付的现象发生。且农行大多采用代理福费廷业务，由第三方银行包买，农行从中赚取差价，在此方式下，农行可既不承担资金收汇风险，确保一定的银行收益，又帮助企业融通了资金，可谓"多赢之举"。同时可通过福费廷业务带动其他相关的贸易融资业务的整体发展。企业办理福费廷业务的同时，带来了信用证议付和出口托收的业务，真正实现银企双方的共赢。

与此同时，农行为户外休闲用品行业提供的贸易融资的方式还有出口押汇、出口贴现、国际保理、提货担保、海外代付等。真正实现无论是在出口方面还是进口方面，农行均践行"低碳金融"，对临海的户外休闲用品行业提供了强有力的国际贸易融资支持。①

4.2 绿色贸易融资工具的应用

4.2.1 上海浦东发展银行国际碳保理融资

作为我国社会责任意识较强的企业，浦东发展银行（以下简称浦

① 陈玲飞．浅谈农行绿色国际贸易融资——以浙江临海市农行支持户外休闲用品行业为例［J］．经济师，2011（6）．

发银行）一直身体力行，积极响应国际号召和国家政策，传播绿色理念。在2011年制订和实施的《2011—2015年企业社会责任发展战略规划》中，浦发银行明确指出，积极践行对经济、社会、环境的“三重责任”，将社会责任工作有机融入品牌建设以及银行整体发展战略中，近年来更是大力发挥金融优势支持绿色信贷，打造“低碳银行”，以求实现企业、社会和环境的协调发展[①]。

浦发银行在国际业务中践行绿色发展的理念，助力节能减排与环保企业和项目的发展，国际保理碳融资项目作为浦发银行的十大创新板块之一，就是其将传统保理业务应用到促进绿色贸易和绿色发展中的一个重要实践。

“国际碳（CDM）保理融资”是指浦发银行依托碳（CDM）交易财务顾问的经验，结合CDM交易特征及保理业务产品特色，为CDM项目业主提供特色保理融资。由于CDM项目产生的CER（核证减排量[②]）可在国际市场上出售，项目业主在实施节能减排项目的同时获得了额外的资金补偿，CER收入为有融资需求的项目业主提供了新的还款来源，图4－9向我们更为清晰地介绍了“国际碳保理融资项目”。在2009年，浦发银行成功实施国内银行业第一单国际碳交易即CDM财务顾问业务，在2011年成功完成联合国EB注册的、装机容量第一的水电项目CDM保理融资。

不同于传统国际保理融资，“国际碳（CDM）保理融资”的目标客户主要是从事水电、风电等新能源和可再生能源项目、甲烷和煤层气回收利用（如煤炭行业煤层气回收、垃圾填埋气发电）、燃料替代（如天然气发电）以及钢铁、焦化、水泥等行业提高能效项目（如水泥低温余热发电、钢铁行业高炉煤气燃气蒸汽联合循环发电、干熄焦等）的

① 马腾跃．浦发银行：绿色信贷在行动［J］．中国金融家，2012（7）．

② 核证减排量，是指一单位，符合清洁发展机制原则及要求，且经EB签发的CDM或PoAs（规划类）项目的减排量。

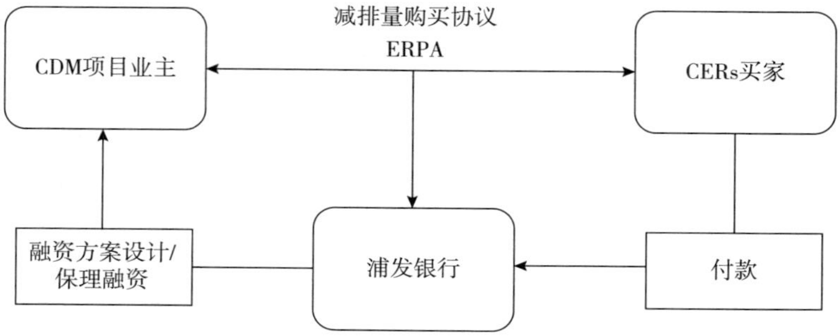

图4－9　浦发银行国际碳保理融资项目

相关企业。它根据国际碳交易特点，突破传统信贷模式，不仅使得企业获得新的融资渠道，而且对于优质企业，原则上不需提供额外的抵押和担保，融资期限较长，因此为企业提供了较大的融资便利。因此也受到了众多节能环保企业的青睐。

它的主要特点可以总结如下：

（1）突破传统信贷模式，借助碳交易未来收益权，帮助企业在无抵押和担保的情况下提前获得融资；

（2）依托浦发银行碳金融优势，针对各类节能项目类型，合理测算项目未来减排量，提供全面的融资方案设计；

（3）依托浦发银行投行业务丰富经验，提供项目融资、碳交易财务顾问、国际碳保理融资等系列金融服务；

（4）依托浦发银行应收账款管理等保理增值服务，节省企业管理成本；

（5）通过回购型保理（或部分回购）满足客户融资需求，规避汇率风险；

（6）通过买断型保理，提前实现报表收入和利润，规避汇率风险。

当然，CDM项目开发涉及PDD[①]制作、发展改革委LOA[②]、DOE[③]审定、联合国EB[④]注册、监测核证、联合国EB签发等多个环节，且参与机构较多，因此对专业技术的要求较高。这都是“国际碳保理融资”项目着手实施时，浦发银行曾遭遇的问题和挑战。最后该行充分发挥总分行联动机制，通过近一年的方案论证和设计，最终克服了业主资质及项目类型筛选、CER量的评估、CER收入回款周期预测等难题，推出国际碳（CDM）保理融资，以满足CDM项目业主个性化投融资需求。[⑤]

4.2.2　棕榈油可持续装运信用证

可持续装运信用证（Sustainable Shipment Letter of Credit，SSLC）是专门为贸易融资开发的绿色融资产品。这一概念是由国际金融公司和银行环境倡议（Banking Environment Initiative，BEI）于2014年推出的，该项目涉及世界上一些最大的银行，由剑桥可持续发展领导力学院召集，旨在扩大可持续来源商品的全球贸易。

（1）可持续装运信用证的发展

BEI与CGF[⑥]以帮助和激励可持续生产商品的贸易为目标，寻求绿色贸易融资解决方案。以一种金融工具（信用证）和一种商品（棕榈油）作为试点，创造了棕榈油“可持续装运信用证”（SSLC）的绿色

---

① PDD，指CDM项目设计文件，是为CDM项目开发者提供编制CDM项目设计书的内容指南和格式标准。

② LOA，即Letter of authorization，是指将CDM项目材料报送国家审批，CDM项目的主管及审批机构为国家发展改革委。

③ DOE，即指定经营实体，是由联合国执行理事会（EB）指定的有资质的机构，主要负责对CDM注册前进行项目合格性审定，以及对CDM项目签发前进行项目减排量监测的核查和核证。

④ EB，即联合国执行理事会，是CDM项目主要管理机构。其主要义务包括定义基准线方法和监测计划、推荐和委派经营实体、定义小规模CDM项目的简化规则、签发CER等。

⑤ 本案例根据东方财富网 http：//finance. eastmoney. com/news/1586，20120514205611264. html、浦发银行官网 https：//www. spdb. com. cn/相关资料汇总整理而得。

⑥ CGF，The Consumer Goods Forum，消费品论坛。

贸易融资工具，作为用作其他商品的试验品和探路者。

应用“可持续装运信用证”，首先要确定可持续标准。这一问题目前在棕榈油试点上已达成共识，以可持续棕榈油圆桌会议（RSPO）标准为起点。为了取得资格，信用证文件中必须包含适当的可持续性印章的证据，银行的作用仅限于简单地检查文件是否盖章，而对可持续性信息的要求只能由买方的指示来触发。从 BEI 的棕榈油可持续装运信用证（SSLC）可以看出，在一种商品上使用一种可持续贸易融资工具，可以通过贸易融资流程跟踪可持续性信息，从而提高可追溯性，并为银行提供了激励贸易的机会。

SSLC 现在已经在银行中进行了实践测试，并且已经收到了积极的回应。一家 BEI 成员银行报告说，仅与一位客户合作六个月，“可持续装运”业务就达到近 5000 万美元。而且，这项业务是使用不同于信用证、“跟单托收”[①] 的跟单贸易融资形式完成的。

（2）可持续装运信用证的拓展

SSLC 方法提供了在贸易融资文档中应包含的可持续性信息的基本框架，以使银行能够识别特定装运是否可持续。其中，有两个关键因素至关重要，尤其是在特定行业应用该方法的情况下。第一，有一个可信的、国际认可的可持续性认证；第二，在向银行提交的贸易融资文件中应包含可持续性认证信息。BEI 的可持续贸易金融委员会一直在研究如何使用这两个关键因素将 SSLC 方法扩展到其他商品和其他金融工具，即将现有的 SSLC 方法从棕榈油扩展到其他软商品。为此，所选商品需要具有适当的可持续性证明，并且可以在银行已经处理的贸易融资文件中证明这一点。

“零净砍伐森林”是 BEI 一直关注的问题，鉴于此，BEI 的可持续

① 跟单托收，是出口商根据合同备货出运后，将跟单汇票或将不带汇票的货运单据签送托收银行，委托代收货款的一种托收结算方式。

贸易金融委员会最初将重点放在大豆和木材上，因为这两种商品都会对森林砍伐产生重大影响，并且两者都已经存在相对完善的国际认证标准，如负责任大豆圆桌会议（RTRS）[①] 和 ProTerra 基金会[②]，以及木材的森林管理委员会（FSC）和森林认证计划（PEFC）等。

在棕榈油贸易中应用 SSLC 时，通过对提单文件进行盖章，可以确定贸易金融文件中已经包含了可持续棕榈油认证圆桌会议的证据，银行可以轻松地识别其现有流程中的可持续运输。但在木材和大豆贸易中，目前尚且缺少类似的流程。

与 SSLC 方法非常相似，开发其他可持续贸易融资工具的关键在于识别可持续性信息，而这依赖于可持续性认证，银行的作用仅限于检查是否存在特定的可持续性认证，而不是验证认证的质量或验证认证标准。从这方面看来，将 SSLC 方法扩展到其他形式的跟单贸易融资的方式是相对简单的[③]。

案例 4-3　棕榈油行业的警示信号

基于“森林与金融”数据库的分析，从 2013 年 1 月到 2020 年 4 月，中国国有商业银行向棕榈油行业提供了价值 32 亿美元的贷款和承销服务。经过几十年的曝光和审查，棕榈油行业的环境和社会风险仍然很高。例如，棕榈油还在继续引发大规模的毁林行为，这不仅发生在印度尼西亚和马来西亚等棕榈油传统生产国，也发生在巴布亚新几内亚和包括喀麦隆在内的西非国家等新产区。中国国有商业银行向中国最大的

---

① 负责任大豆圆桌会议（RTRS，Round Table on Responsible Soy），是一个国际倡议，大豆的生产方、销售方和加工方在此框架下与银行和社会组织合作，确保大豆的全球可持续种植，以及大豆行业的社会责任。

② ProTerra 基金会，是一个非营利性组织，致力于推进和促进饲料和食品生产系统各个层面的可持续发展。

③ https：//www. cisl. cam. ac. uk/resources/publication－pdfs/incentivising－the－trade－of－sustainably－produced. pdf/view Incentivising the trade of sustainably produced commodities－discussion paper.

农产品加工和贸易企业中粮集团提供了21亿美元用于棕榈油业务。

由于中粮集团自己不生产棕榈油，确保棕榈油不涉及毁林或侵犯人权问题的唯一办法是监测其供应商，并排除那些存在环境和社会风险的供应商。中粮国际（COFCO International）是该集团负责国际业务的分公司，在其供应商行为准则中要求供应商避免毁林。

然而令人担忧的是，中粮集团没有将早在2010年就开始就违反联合利华采购政策的供应商排除在外，因此有可能会因为监管不力而使其供应链涉及毁林。全球见证[①]分析认为，因不遵守采购政策而被棕榈油巨头联合利华暂停的77家加工厂在2019年仍被列为中粮供应商。这是基于联合利华（2020年9月）和中粮集团（2019年）最新披露的信息。

中国银行业还为中兴通讯和天津聚龙等其他中国企业提供融资。金融分析机构连锁反应研究（Chain Reaction Research）的报告称，这两家企业的分公司或关联企业在印度尼西亚从事棕榈油种植。截至2021年1月，两家公司尚未采取不毁林政策。自2010年以来，天津聚龙的供应链一直与毁林、森林火灾和侵犯社区权利有关联。由于没有按时进行报告，该公司的可持续棕榈油圆桌会议（Roundtable on Sustainable Palm Oil）的成员资格在2016年被终止。

另一家由中国银行业提供融资的大企业是全球最大的棕榈油交易商丰益国际（Wilmar）。自2007年以来，绿色和平（Greenpeace）发布了一系列报告，揭露了丰益国际在毁林问题中所扮演的角色。2018年，绿色和平组织声称，丰益国际在承诺终结其供应链中的毁林行为近五年后，仍然在印度尼西亚涉及毁林。2019年，出于对丰益国际是否诚意实行其有关环境承诺的担忧，绿色和平停止了与该公司就多方毁林监测

① “全球见证”（global witness），成立于1993年，目标是建立一个更加可持续、公正和平等的地球。

平台开展的接洽。

中国银行业还为美国两大农业巨头阿彻丹尼尔斯米德兰公司（ADM）[①] 和邦吉（Bunge）的棕榈油业务提供了3180万美元的资金。2020年，全球见证披露，ADM和邦吉从被指侵犯当地人民土地权利的棕榈油厂进行了采购，这些棕榈油厂侵占当地人拥有的土地，攻击村民，导致环境严重恶化。

"森林与金融"数据库列出了28家从中国银行业获得融资的棕榈油集团。绿色和平编制了一份与2019年印度尼西亚森林火灾危机关系最密切的棕榈油集团的名单，这些企业在它们自己的特许经营区内或与其相关的特许经营区内的火灾热点数量最多。受中资支持的这28家棕榈油集团中，有9家出现在绿色和平编制的名单中。据报道，印度尼西亚的一些火灾是为了给种植园腾地，这在世界各地的热带森林都很常见。大火和随之而来的雾霾对公众健康和气候造成了深远的破坏性影响。

---

① 美国的农业巨头ADM（Archer Daniels Midland）成立于1902年，是世界上最大的油籽、玉米和小麦加工企业之一，也是蛋白粉、植物油、玉米甜味剂、面粉、生物柴油、乙醇等的主要制造商，拥有超800家设施，业务遍布200个国家，与路易达孚、嘉吉和邦吉并称世界四大粮商。

第5章 多元绿色金融工具与绿色贸易融资的交叉运用

在较为常见的绿色金融工具中，只有绿色信贷、绿色债券、绿色保险以及绿色基金成功应用于绿色贸易融资实践活动中，而绿色信托和绿色租赁应用于绿色贸易融资仍处于理论探索阶段。但无论是已有的绿色金融工具与绿色贸易融资良好互促的成功案例，还是绿色金融工具与绿色贸易融资在理论层面的交叉运用预期，都证明了绿色贸易融资实践活动具有很强的包容性，这也是绿色贸易融资具备发展潜力的重要原因。

本节将对已实践于绿色贸易融资的绿色金融工具的概念以及实践案例进行详细介绍，对尚未进行实践的绿色金融工具进行简要的可行性分析，并针对已有金融机构在绿色贸易融资领域的努力进行案例分析。

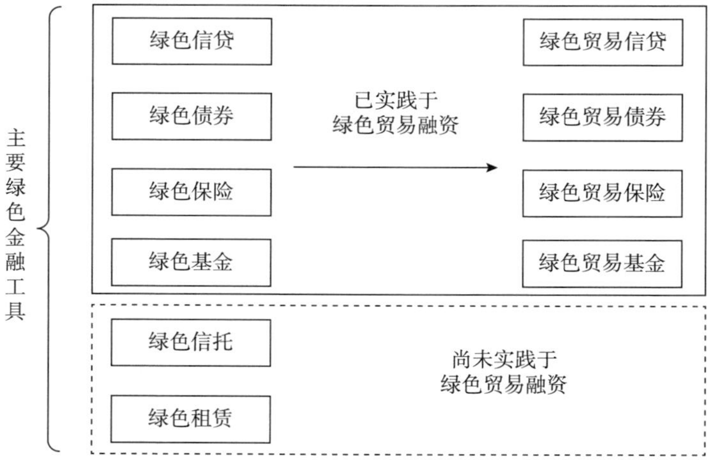

图5-1 绿色金融体系与绿色贸易融资的交叉应用

5.1　已实践于绿色贸易融资的绿色金融工具

5.1.1　绿色信贷与绿色贸易融资

绿色信贷资金投向绿色企业和节能环保产业，约束“高污染、高耗能、高耗水”（以下简称“三高”）产业资金供给，促成产业结构合理化。政府通过制定法律法规、政策，如发布官方通知、方案、指导性文件等，给予绿色项目对外贸易良好的政策环境。

一方面，对“三高”企业或“三高”项目约束。包括直接约束，如限制相关项目的开展等；间接约束，如限制对于“三高”项目的贷款，约束其资金来源，提高相关项目的贷款利率的同时给予绿色企业与贸易项目贷款利率优惠，使得“三高”企业或项目主动转型，向绿色发展，从而实现我国绿色贸易融资发展。

另一方面，对政府绿色产业与贸易项目进行政策激励。包括直接激励，即政策直接作用于绿色贸易项目，比如给予绿色贸易项目审批流程简化等，实现绿色贸易融资发展；间接激励，是将政策与政府支出结合。例如，颁布政策给予绿色企业财税激励，提供相应财税补贴与利率优惠，再通过金融机构、企业与个人投资者，传导至绿色贸易项目。给予金融机构政策指示，给予绿色产业与绿色贸易项目贷款，给予相应绿色企业和个人投资者利率优惠或投资补贴，使得资金流向绿色产业、绿色贸易项目，实现资源优化配置，改善能源消费结构，优化产业结构，推动绿色贸易融资发展。

顾名思义，绿色贷款是一种为绿色项目融资的贷款工具。2018 年 3 月，贷款市场协会与其他行业机构联合发布《绿色贷款原则》（*Green Loan Principles*），规定绿色贷款的基本决定因素是“将贷款资金用于绿色项目”，其目标是通过创建一个市场标准和指导方针的框架来促进产品的开发和完整性。所提及的“绿色项目”则包括可再生能源、废物减排和清洁运输等领域，以及研发等相关支持性活动的支出。在国际实践中，诸多国际金融机构或政府机构从需求层面入手，通过特定的贸易活动来着手推行绿色贷款，比如英国的巴克莱银行（详见案例5－1）。而在国内，兴业银行所支持的绿色金融业务涉及传统信贷业务到债务融资工具、资产证券化①、产业基金、绿色票据再贴现②、绿色投资等内容，并在此基础上将这些金融工具逐步“绿色化”。2018年8月3日，深圳地区首单“绿票通”业务在兴业银行深圳分行落地实施。“绿票通”是金融机构基于绿色属性的直贴票据向中国人民银行深圳市中心支行申请再贴现的融资业务，具有贴现利率优惠、审批效率高的优势。兴业银行深圳分行与“绿票通”试点企业就进一步开展绿色票据融资、支持企业发展达成合作共识并签署合作协议，使企业得以享受优惠的贴现利率，有效缓解融资贵的问题。另外，这项业务的重点支持对象为绿色中小企业，这些企业都必须是满足人民银行《绿色债券支持目录》范围内的企业，包括节能环保设备制造、清洁能源发电、污染防治、资源回收利用、生态保护等行业。这也是传统银行在传统中小绿色企业融资问题上的一次制度创新③。

2019年，作为《绿色贷款原则》后续行动的《可持续性关联贷款原则》（*Sustainability Linked Loan Principles*）发布，提出与可持续发展相关的贷款包括“激励借款人实现预定可持续发展绩效目标的贷款工具及或有贷款（contingent facilities）（如担保额度、担保额度或信用证）”。与绿色贷款不同，与可持续发展相关的贷款产品通常具有更广

---

① 资产证券化，是指以基础资产未来所产生的现金流为偿付支持，通过结构化设计进行信用增级，在此基础上发行资产支持证券（Asset－backed Securities，ABS）的过程。

② 票据再贴现，指商业银行或其他金融机构将贴现所获得的未到期票据，向中央银行作的票据转让。再贴现是中央银行向商业银行提供资金的一种方式。

③ 兴业银行北分首笔“绿票通”业务成功办理，http：//www.sohu.com/a/235523505_828688。

泛的目的，例如为一般企业参与社会发展等方面的目的融资。从本质上说，与可持续性相关的贷款，将贷款条款与可持续性目标的表现联系起来，这些目标通常由借款人和贷款人进行协商并达成一致。

相较于绿色贷款的严格标准和审核，可持续性相关贷款所需满足的目标更为宽松，也因此，过去几年里大宗商品金融市场上的此类贷款越来越多。循环信贷便是大受欢迎。

案例5-1　国内外绿色信贷与贸易融资系列经典案例

（一）英国巴克莱银行与绿色贸易贷款

作为英国第一家发行英国绿色债券的银行，同时也是开发一系列新绿色产品以支持清洁经济的企业，巴克莱银行于2018年5月为企业推出新的“绿色贸易贷款”并规定，为了获得绿色贸易贷款资格，企业必须将贷款用于“绿色”的活动，包括能源效率、可再生能源、可持续运输和废弃物管理等[①]。此外，巴克莱银行还与英国出口信贷机构合作，提供给出口商在海外销售绿色产品和服务时所需的资金[②]。

（二）颇受欢迎的“循环贷”

2017年，荷兰国际集团重组了与威尔马公司现有的1.5亿美元循环信贷[③]的一部分，以便该公司在实现生物多样性、温室气体排放、可再生能源、社会标准以及可持续农业等目标时支付较低的利息。2019年7月，中粮国际与一个由20家银行组成的财团完成了一笔21亿美元的可持续发展相关贷款，这笔贷款将用于为现有的定期和循环信贷融资，其中一个项目与巴西大豆的可持续采购有关。与此同时，食品和农

① Wentworth, A, “Barclays unveils new ‘green trade loans’ for businesses”, *Climate Innovation Forum*, 02 May 2018.

② https://www.edie.net/news/6/Barclays-unveils-dedicated-Green-Trade-Loan/.

③ 循环信贷，又称周转信贷、周转信贷协议，循环贷款协定是银行具有法律义务地承诺提供不超过某一最高限额的贷款协定。在此限额内，客户可循环使用贷款资金。

业企业公司奥兰已多次涉足可持续金融市场。在2019年9月，其筹集了三笔价值5.25亿美元的可持续发展循环信贷，该协议的息差将与某些改善目标的实现相关联，而这些目标已被确定为奥兰公司可持续发展战略的一部分，涵盖了农民和食品系统的繁荣以及当地社区的多个方面。

（三）新加坡绿色和可持续性挂钩贷款津贴计划

新加坡出台了绿色和可持续性挂钩贷款津贴计划（GSLS），该计划自2021年1月1日起生效，是世界范围内此类计划的首次尝试。该计划帮助为寻求绿色贷款的各种大小和行业的企业支付第三方绿色贷款认证费用；它还鼓励银行制定与绿色、可持续挂钩的贷款框架，使得中小企业更容易获得绿色融资。①

5.1.2 绿色债券与绿色贸易融资

绿色债券最早由欧洲投资银行（European Investment Bank，EIB）于2007年发行，经历了几年不温不火的发展后，国际金融公司（The International Finance Corporation，IFC）于2013年先后两次发行了10亿美元的绿色债券，这也成为了绿色债券市场进入快速发展时期的标志。在这之后，国际上逐渐开始研究制定绿色债券相关标准，主要成果为绿色债券原则（Green Bond Principle，GBP）和气候债券倡议组织（Climate Bonds Initiative，CBI）提出的标准。

2016年以来，中国绿色债券市场从无到有、从弱到强，取得长足发展；绿色债券规模居全球前列，产品创新活跃；绿色债券标准日益完善，激励约束机制不断健全，国际合作成果不断显现。截至2022年第三季度末，全市场绿色债券余额1.26万亿元，同比增长23.7%。2022

① 《新加坡绿色金融发展历程及给“一带一路”国家的经验启示》，https://xueqiu.com/5793401191/187774534。

年全市场发行绿色债券 4834 亿元，绿色金融债券发行稳步增长，非金融企业绿色债券发行占比不断提升。[①]

中国的绿色债券市场的发展则是自上而下的。2015 年 12 月 22 日，中国人民银行发布了关于发行绿色金融债券有关事宜的公告和与之配套的《绿色债券支持项目目录》，在银行间市场推出绿色金融债券；2015 年 12 月 31 日，国家发展改革委办公厅发布了《绿色债券发行指引》，指出绿色债券是指募集资金主要用于支持节能减排技术改造、绿色城镇化、能源清洁高效利用、新能源开发利用、循环经济发展、水资源节约和非常规水资源开发利用、污染防治、生态农林业、节能环保产业、低碳产业、生态文明先行示范实验、低碳试点示范等绿色循环低碳发展项目的企业债券。但因为早期绿色债券相关标准太过宽泛而不具有足够的说服力，所以难以定义国内首只绿色债券，市场则普遍将 2016 年 1 月浦发银行和兴业银行各自发行的绿色债券作为中国绿色债券市场的开端。

随着我国绿色发展内涵不断丰富、产业政策和相关技术标准持续更新，2015 年发行的《绿色债券支持项目目录》和《绿色债券发行指引》对于绿色债券支持项目的适用范围和技术要求已不能适应新时期绿色发展和生态文明建设的需要，有必要尽快对两个绿色债券支持项目的范围进行统一，并逐步实现国内与国际通行标准和规范的趋同。

因此，中国人民银行、国家发展改革委、证监会于 2021 年联合制定并发布新版的《绿色债券支持项目目录（2021 年版）》[②]，这既是贯彻落实国家生态文明建设和绿色发展战略的内在要求，助力实现碳达峰、碳中和目标，也是推动完成《关于构建绿色金融体系的指导意见》

---

① 《高质量发展与中国债券市场——第八届中国债券论坛》，中国社会科学院国家金融与发展实验室，http：//www. nifd. cn/Activity/GetRecordItems/1042？fid＝1041，2023 年 1 月 6 日。

② 《绿色债券支持项目目录（2021 年版）》，https：//wenku. baidu. com/view/b4e4f01c084c2e3f5727a5e9856a561253d32174. html。

《关于构建现代环境治理体系的指导意见》关于统一绿色债券界定标准等改革任务的重要内容，对于进一步规范国内绿色债券市场，引导更多资金支持绿色产业和绿色项目、实现国内绿色债券支持范围与国际市场相关标准趋同提供了重要保障。《绿色债券支持项目目录（2021 年版)》的发布实施，对于相关市场主体发行、投资绿色债券等业务将提供更大的便利。

对比 2021 版目录与 2015 版目录发现二者主要有以下异同：

第一，2021 版目录是对 2015 版目录的调整。两者一级目录虽然都分为 6 大领域，但调整较大。总体上，2015 版目录中的节能、污染防治整合到 2021 版目录中的节能环保产业这个领域；资源节约与循环利用大体对应 2021 版目录的清洁生产领域：清洁交通整合到 2021 版目录的基础设施绿色升级领域：生态保护和适应气候变化整合到 2021 版目录的生态环境产业领域。

第二，2021 版目录对 2015 版目录内容有所扩充。在 2021 版目录中新增了绿色服务领域，该领域包括咨询服务、运营管理服务、项目评估审计核查服务、监测检测服务和技术产品认证和推广。这个一级目录的新增将绿色项目的范围扩大至服务业，即对于绿色项目的认知不仅仅停留在会对碳排放等生态文明建设产生直接影响的实体设施、装置上，对于间接产生作用的绿色项目投入了足够的关注度。

除绿色服务外，2021 版目录还增加了三类项目，包括绿色装备制造类项目、核电类项目和产业园区绿色升级相关项目。在具体支持项目层面，增加了二氧化碳捕集、利用与封存的绿色项目等新型技术项目，从而有利于更好地服务新时期国内绿色产业发展和生态文明建设的战略目标。

第三，2021 版目录剔除了煤炭清洁利用的内容。在 2015 版目录中，将“煤炭清洁利用”纳入污染防治或清洁能源范畴。2021 版目录剔除了这一项，不再纳入支持范围。我国绿色债券标准更加规范、严格，实现了与国际主流标准的一致。[①] 人民银行在就《绿色债券支持项目目录（2021 年版）》有关问答中表示：“煤炭等化石能源的清洁生产和高效利用，对现阶段促进我国经济高质量发展具有重要意义。为了更好地落实碳达峰、碳中和目标，人民银行会同有关部门，坚持安全第一、节能优先的原则，积极研究转型金融相关标准，在充分考虑现有投资项目的设计使用年限和折旧的前提下，设计平稳转型路径，引导金融机构支持能源体系和用能行业做好有序、渐进绿色转型。”[②]

绿色债券利用其市场融资成本优势，提高绿色发展效率，改进绿色技术水平，从而作用于绿色金融发展。绿色项目因其投资周期长、回收期长且风险高的特点，使得相关企业与项目存在融资难、融资贵等问题。而绿色债券与其他融资工具与方式不同，其是由开发性金融机构发行，然后再通过政策性贷款将所筹集的资金分配至绿色产业与绿色贸易项目，从而改善绿色贸易相关项目的融资难与融资贵等问题，提高绿色金融发展效率。

除此之外，绿色债券的政策性配置资金功能解决了市场配置资金盲目性、自发性和滞后性的难题，有效降低绿色金融融资成本是绿色债券的一大特色功能，将资本金投入科研，促进绿色产业的技术创新发展和贸易质量的提升，助推绿色金融技术进步，促进绿色贸易融资发展。绿色债券通过其资金融通功能调整产业结构，从而促进绿色金融发展。绿色债券的功能是为节能环保项目解决企业融资，为其提供发展资金，通过发行绿色债券，将投资资金引至绿色产业与高技术产业，调整产业结构，实现产业结构合理化与高级化，摆脱高耗能、低效率，促进绿色金融发展，推动绿色贸易融资技术进步。

简单来讲，绿色债券相较于传统债券而言，最核心的差别在于募集

---

① 《绿色债券支持项目目录 2021 年版与 2015 年版变化要点》，https：//wenku. baidu. com/view/74fd2cc6ef630b1c59eef8c75fbfc77da3699753. html。

② http：//www. scio. gov. cn/xwfbh/gbwxwfbh/xwfbh/rmyh/Document/1702662/1702662. htm.

资金用途中“绿”的占比。故而在理论层面，只需将一定比例的债券募集资金用途用在与贸易融资相关的项目上，便可以将绿色债券与绿色贸易融资相结合，事实层面也已有相关实践。这其中，由境外机构境内发行和境内机构境外发行的绿色债券仍为少数，所以在大多数国家和地区中，绿色债券和绿色贸易融资的结合并不算紧密。但在欧盟，绿色债券募集资金投向项目通常涉及多个国家，国家间贸易交流较频繁，存在募集资金投向绿色贸易融资的可能性。

2019 年 9 月，欧洲复兴开发银行（European Bank for Reconstruction and Development，EBRD）首次发行了累计 7 亿美元的气候适应性债券（Climate Resilience Bonds），以支持用于气候适应型项目。募集资金具体投向了摩洛哥的 Saïss 水利工程项目（1.2 亿欧元）和 Nador 西地中海港口改建项目（0.8 亿美元）、约旦的 Abdali 可再生城市项目（2 亿欧元）、阿尔巴尼亚的 KESH 发电站改建项目（2.18 亿欧元）、塔吉克斯坦的 Qairokkum 发电站升级项目（1.96 亿美元）。其中，摩洛哥 Nador 的西地中海港口改建项目和约旦的 Abdali 可再生城市项目都制订了后续的政策扶持计划，以促进当地的绿色贸易和绿色投融资，另外三个水利工程和发电站改建项目也都是和贸易相关的基础设施建设。[①] 未来有可能产生的实践是，“一带一路”沿线国家和地区通过绿色债券募集资金建设基础设施，以此推进本国和地区的绿色贸易融资。

专栏 5-1　绿色债券的介绍

绿色债券兴起于发达国家，大多数绿色债券是在欧洲和美国发行。2007 年，欧洲投资银行发行了世界上第一只“气候意识债券”；2013 年开始，全球绿色债券市场开始升温，规模增加，发行人、发行品种和投资者类型逐渐多样化。截至 2019 年，全球有超过 900 家机构发行了

① EBRD 官网网址：https：//www.ebrd.com/home。

绿色债券。目前，国际金融公司、亚洲开发银行、欧洲投资银行以及一些主权国家（如英国、印度、加拿大、冰岛、韩国等）政府及绿色投资银行纷纷加入发行绿色债券的行列，巴黎、马萨诸塞、加利福尼亚、纽约、哥德堡、斯德哥尔摩、约翰内斯堡等市（州）发行了市政绿色债券。[①] 在国际市场中，绿色债券已经成为一个成熟的绿色金融产品，其融资期限长、融资成本低的特征与绿色金融领域的投资项目相匹配，因此受到投资者和项目融资者的青睐。绿色债券市场发展迅速，发行量已从 2013 年的 110 亿美元增长至 2015 年的 1000 亿美元。目前，国外推进绿色债券发展的措施主要有：政府和公共融资机构直接参与绿色债券发行；通过担保和优化偿付机制降低违约风险；实施税收激励机制，降低项目成本；加强绿色债券信息披露，提高项目公信度等。[②]

中国的绿色债券市场是新兴市场中规模最大，也是目前发展最快的市场。根据 2020 年 6 月 29 日气候债券倡议组织（CBI）与中央国债登记结算有限责任公司（中央结算公司）中债研发中心联合发布的《中国绿色债券市场 2019 研究报告》：2019 年，中国发行的绿色债券总额达到 3862 亿元人民币（约 558 亿美元），较 2018 年的 2826 亿元人民币（约 420 亿美元）增长 33%。[③]

随着我国金融机构和企业海外业务的快速发展，发行境外绿色债券日益受到青睐，中国境内主体发行境外绿色债券逐步走向常态化，为吸引外资和推动我国经济结构转型作出了重大贡献。境外绿色债券的发行主体首先仍以商业银行为主，发行数量约占境外绿色债券市场整体份额的 70%，其次是政策性银行和政府，企业发行量较小，但呈逐年增加趋势。

---

① 张磊，杨金梅．美国市政债券的发展经验及其借鉴［J］．武汉金融，2010（1）．

② 秦绪红．发达国家推进绿色债券发展的主要做法及对我国的启示［J］．金融理论与实践，2015（12）．

③ 马文杰．绿色金融：政策激励与市场发展［M］．上海：上海财经大学出版社，2021．

以商业银行为发行主体，例如中国工商银行发行的“一带一路”绿色气候债券，是我国发行的首笔针对“一带一路”的绿色债券；以政策性银行为发行主体，例如国家开发银行发行的准主权国际绿色债券；以企业为发行主体，例如中国长江三峡集团有限公司发行的绿色欧元债券。

印度有着仅次于中国的新兴市场绿色债券发行规模，印度证券交易委员会于2017年发布了《绿色债务证券发行上市披露要则》（*Disclosure Requirement for Issuance and Listing of Green Debt Securitjes*），同时为支持绿色债券市场发展，印度工商协会联盟（FICCl）在CBJ的帮助下设立印度绿色债券委员会。除此之外，东盟在2018年发布《东盟绿色债券标准》（*ASEAN Green Bond Standards*），这一标准为东盟国家提供了统一化框架和高透明度市场，从而催生了其2019年的优秀表现，现有东盟国家中已有6个参与了绿色债券市场。

英国巴克莱银行2017年发行5亿美元绿色债券，被称为英国银行发行的首个绿色债券。筹集的资金用于资助和再融资英格兰和威尔士的住房抵押贷款。根据估测的能源效率，这两个地方拥有前15%的最低碳密度建筑。绿色债券筹得的资金用于资助带来积极环保及气候效益的资产。①

作为一种为解决气候变化问题筹集资金的金融工具，绿色债券已经证明了其在投资低碳资产上的有效性，它为各发行主体均带来了可观的资本支持。② 根据气候债券倡议组织（ClimateBonds lnitiative，CBI）的统计，全球绿色债券市场2007—2021年上半年底累计发行规模已达13033亿美元。其中。美国以2613亿美元位居首位，中国紧随其后，

---

① 《巴克莱银行发行英国银行业首个绿色债券》，https：//www. sohu. com/a/203078079_249929，2017年11月8日。

② Horsch A，Richter S.，CBmate change driving financial innovation：The case of green bonds. *The Journal of Structured Finance*，2017，pp. 79－90.

发行存量为 1516 亿美元。2018—2020 年全球绿色债券发行额分别为 1715 亿美元（2018 年）、2669 亿美元（2019 年）及 2901 亿美元（2020 年），呈稳步上升态势。[①]

多边机构在全球绿色债券市场中始终具有举足轻重的地位。从 2007 年由欧洲投资银行发行第一只气候投资意识债券以来，多边机构一直是全球绿色债券市场的倡导者与引领者。[②] 2018 年，国际金融公司倡导成立了 Amundi 新兴绿色基金，专门投资新兴市场国家金融机构发行的绿色债券。对于“一带一路”沿线国家拥有较低资本需求或初次进入市场的实体来说，拥有多边开发银行在发行过程中的相关支持，将有利于其更有效地吸引投资者。[③]

案例 5－2　“碳中和”绿色金融债券助力实现“双碳”目标

2021 年，实现碳达峰、碳中和目标被列为中央经济工作会议年度重点工作任务，被纳入生态文明建设整体布局，是党中央经过深思熟虑作出的重大战略决策，事关中华民族永续发展和构建人类命运共同体。在此背景下，“碳中和”债券应运而生。

2021 年 3 月 18 日，国家开发银行发行“碳中和”专题绿色金融债券 200 亿元，以实际行动积极服务国家兑现碳中和承诺。该债券是我国首单经国际国内双认证的“碳中和”债券，也是全球迄今为止发行金额最大的专项用于助力实现“双碳”目标的债券，所募资金用于风电、光伏等显著碳减排项目，有效推动电力系统脱碳，实现能源系统跃迁。

---

① Filkova M, Frandon - Martinez C, Giorgi A., Green bonds: the state of the market. Climate Bonds Initiative, 2019.

② Madurika N, Sisira C. Do investors in green bond market pay a premium? Global evidence. *Applied Economics*, 2019, pp. 127 - 135.

③ NG TH, TAO JY, Bond financing for renewable energy in Asia. *Energy Policy*, 2016, pp. 509—517.

本次发行面向全球投资人以市场化招标方式开展，发行规模200亿元，发行利率3.07%，发行期限3年，投标倍数为8.19倍。一方面，在银行间债券市场发行金额192亿元，境内外投资者踊跃参与认购，表达出支持“碳达峰、碳中和”目标的决心和信心，其中境外订单量超过100亿元，引领金融资源配置向“碳中和”聚集；发行利率较当日同期限其他政金债低12个基点，为低碳转型项目提供低成本资金来源。另一方面，在商业银行柜台市场发行金额8亿元，是首单通过商业银行零售渠道向社会公众发售的“碳中和”债券，为老百姓（603883）提供了优质的绿色金融产品，同时提升了老百姓对国家战略的认知度，引导社会公众共同参与“碳中和”行动，推升全民绿色发展意识。

据介绍，该债券符合人民银行《绿色债券支持项目目录（2021年版）》、国际资本市场协会《绿色债券原则》、气候债券倡议组织（CBI）《气候债券标准》，并获得第三方机构CBI、联合赤道相应贴标认证，是市场首单获得国际气候债券倡议组织贴标认证的“碳中和”债券，作为唯一的债券案例被纳入联合国全球契约组织《企业碳中和路径图》，助力提升国际社会对我国绿色金融政策、标准、产品、市场的认可度和参与度。该债券募投的资金严格管理，按照监管部门“可测度、可核查、可验证”原则，确保具有切实的碳减排效果，预计每年节约标准煤超过730万吨，减排二氧化碳约1900万吨、二氧化硫约4300吨、氮氧化物约4700吨。

将ESG理念融入“碳中和”绿色债券发行

招商银行围绕国家“十四五”规划和“双碳”目标，坚持绿色发展理念，将可持续发展战略与自身社会责任相结合，将ESG［ESG：环境（Environmental）、社会（Social）和治理（Governance）单词首字母的缩写。ESG指标分别从环境、社会以及公司治理角度，来衡量企业发展的可持续性］理念全面融入主要业务的风险管理流程中，加大对节能环保综合利用、清洁能源、绿色交通、基础设施绿色升级等领域的金融支持。

在此大背景下，招商银行（600036）卢森堡分行于2021年8月25日成功定价5年期“碳中和”主题固定利率美元绿色债券，于2021年9月1日在卢森堡证券交易所成功上市，发行规模3亿美元，发行利率1.25%。债券募集资金将用于低碳领域的合资格绿色项目，投放的项目数量共6个，其中5个为风力发电项目，1个为太阳能（000591）发电项目，项目位置涵盖中国东部及西北地区，总信贷规模约4.36亿美元等值。

该债券是招商银行在《招商银行绿色、社会责任及可持续发展债券框架》下发行的首单“碳中和”绿色债券，也是卢森堡证券交易所认证的卢森堡乃至欧洲首单“碳中和”债券，吸引了众多欧洲绿色投资者关注及认购。[①]

5.1.3　绿色保险与绿色贸易融资

绿色金融具有强烈外部性——主要针对具有环境效益的事物而言，亟待解决的关键问题在于如何将其最为合理地内部化。根据科斯定理，对于有外部性的东西，只要把产权界定清楚了，市场便可以开始发挥作用，最终通过谈判和议价自动达到最优均衡。但该定理的致命缺陷在于需要假定交易双方都在场，继而才可进行谈判以进行内部化。但在绿色领域，交易双方分别为“现在”和“未来”，“未来”在当下的缺位导致了“现在”没法和“未来”谈判，这也是之前十几年环境污染愈发严重的重要原因。

这也充分说明，环境风险需要一个极长的时间来暴露，绿色项目的

① 《绿色债券拓宽绿色低碳融资渠道——中国银行业绿色低碳金融产品创新系列典型案例》，http：//bond. hexun. com/2022 - 09 - 19/206787996. html。

融资也是长期的。因此，在绿色金融领域里，无论是从负债角度还是资产角度，绿色与保险的契合度都较高。通过保险提高绿色生产效率和绿色金融技术进步①，促进绿色贸易融资发展。绿色保险提高企业生产绿色贸易产品的积极性，有助于企业采用更为先进但更具风险性的生产技术与工具，发展新型技术与机械设备，促进相关绿色产业发展，提高绿色产业贸易规模。此外，绿色保险通过其资金融通功能为贸易企业提供资金来源，转移贸易风险，提高绿色贸易项目推进效率。绿色贸易项目规模增加，市场则会根据需求产生金融创新，融资效率得到提高，绿色贸易融资由此进一步发展。

例如，环境污染责任险一方面能转嫁风险至保险公司，为投保主体保存现金流，缓解投保主体内部融资约束，为绿色技术进步提供稳定资金来源。另一方面包括环境污染责任险在内的部分绿色保险通过其增信功能和社会管理功能，使得购买环境污染责任险的主体提升形象，为购买环境污染责任险主体缓解外部融资约束，且能以更低的代价获得资本融资，促使外部投资资本流向绿色产业、创新型行业，从而实现资源重新配置，实现产业结构高级化、合理化，改进绿色技术水平，推动绿色贸易融资发展。

在学术上，现代的绿色保险是指在市场经济条件下进行环境风险管理的一项基本手段，其中又以保险公司对污染受害者进行赔偿的环境污染责任保险最具代表性。绿色保险对于促使企业加强环境风险管理，减少污染事故发生，迅速应对污染事故，及时补偿、有效保护受害者权益方面，都可以产生积极的效果。在实际上，虽然“绿色保险”这个词出现较晚，但将保险用于应对环境风险则是早有案例，现代环境风险可追溯到 1969 年的英国石棉诉讼案（详见案例 5－3）。

---

① 包含绿色金融发展效率的提升与绿色金融创新程度的提高。

案例5－3　绿色保险的起源——英国石棉诉讼案

Sonia Labatt和Rodney R. White所著的《环境风险：环境风险评估与金融产品指南》提出，现代环境风险可追溯到1969年的英国石棉诉讼案。在案件提起前，石棉被普遍认为是一种方便实用的材料，并被广泛应用于贸易商船上。但在20世纪五六十年代，出现了吸入石棉粉尘会引起健康问题的传闻，并在随后被科学证实。于是，受害人向法院起诉石棉生产商并成功胜诉，导致了两家主要的石棉生产商的破产。在这起案件中，劳合社[①]因为对石棉相关的海运承保事项没有设定赔付金额上限，很多个体承包人破产，劳合社也被逼到了崩溃的边缘。为此，保险公司为应对环境风险而设定了承保保费的上限。在这之后，随着环境风险管理的逐步现代化以及广泛化，绿色保险的概念逐渐形成，并在绿色贸易中得到广泛应用。[②]

专栏5－2　绿色保险的介绍

绿色保险是伴随20世纪70年代人类生态意识和可持续发展理念的觉醒而发展起来的，它最早是为规避因环境污染问题所造成的金融风险而提出的；20世纪90年代，一系列自然灾害给民生经济带来重创，传统再保险市场受到严重冲击，巨灾衍生品开启保险嫁接资本市场的先河；进入21世纪，各国面临经济下行压力，绿色发展成为世界主要经济体走出低谷、提质增效的战略共识，绿色保险快速融入低碳减排和绿色消费领域。

绿色保险是一种市场化、社会化的环境风险治理机制。狭义来讲，

---

① 劳合社，是英国的一家保险人组织。该组织不直接经营保险业务，只是为其会员提供交易场所和有关服务，是世界上由个人承保保险业务的唯一组织。

② 拉巴特（Sonia Labatt），怀特（Rodney R. White）．环境金融：环境风险评估与金融产品指南［M］．北京：北京大学出版社，2014.

绿色保险是指以被保险人因污染了水、土地或空气等自然环境，依法应该承担的赔偿责任为保险对象的商业保险，也称为“环境责任保险”，在国内研究及公众认知方面，主要集中在环境污染责任险领域。广义来讲，绿色保险属于可持续金融的范畴，除了狭义的环境保险，还涵盖气候保险。气候保险是一种为遭受气候风险的资产、生计和生命损失提供支持的促进机制，它可以进一步划分为灾害保险以及低碳保险，其中前者是从被动适应的角度分散和转移气候变化带来的危害，后者注重采用主动干预的措施减缓气候变化的负面影响。

联合国环境规划署金融行动认为，保险在应对环境风险中主要发挥三方面作用：一是建立绿色保险补偿机制，运用金融风险定价原理，识别潜在的环境风险，推动环境风险量化评估，实现环境风险可保。二是完善环境风险管理机制，运用风险管理和灾害学原理，加强对异常气候变化的预警，采取积极干预措施应对气候变化，提升社区应灾和备灾能力。三是参与构建绿色融资体系，建立环境外部效益激励和约束机制，推动环境风险外部性内生化，抑制污染型及高耗能型投资，引导公共资源及社会资本流向环境友好和绿色生态产业。

常见国际绿色保险产品

国际绿色保险产品主要可以划分为环境保护、灾害应对以及绿色倡议三方面，几乎涵盖传统保险产品和服务的各个领域。从风险管理的角度看，环境保护重在发挥保险定价原理将环境风险外部化，灾害应对关键是发挥保险风险分担机制提高巨灾可保性，而绿色倡议则是保险积极参与国际绿色行动并提供定制化保障的重要抓手。

第一，环境保险方面。环境污染责任保险已成为国际上通行的一种市场化环境风险治理机制，同时随着“绿色”的概念逐渐渗透到社会各领域，绿色保险产品的需求主体也不再仅仅局限于企业，而是扩展到个人消费领域，此类保险产品通过对绿色产品提供费率优惠，引导人们保护环境，进行低碳消费。目前，比较成熟的“绿色保险”产品来自汽车、住宅和商业等领域。中国人民保险集团是国内绿色保险的先行者，根据其子公司人保财险最新的绿色保险产品名录，目前国内绿色产品主要服务绿色资源、绿色产业以及绿色服务三大领域，其中绿色资源主要指国有绿色资源保护；绿色产业包含节能减排、绿色农业、绿色融资支持和绿色项目运营保障等；绿色服务涉及环境污染风险管理服务、农业牲畜养殖中的无害化处理等。

第二，巨灾保险方面。国际保险市场主要运用巨灾衍生品分散巨灾风险，它是一种结合金融工具、保险精算原理以及巨灾模型理论为巨灾损失进行融资的金融工具，是保险证券化在巨灾领域的应用。最常见的就是巨灾债券，即针对特定地理范围的单一或综合严重灾情进行提前融资。

第三，低碳保险方面。2005年《京都议定书》建立了清洁发展机制（CDM），作为国际公认的碳交易机制，它允许发达国家与发展中国家通过CDM项目合作减排温室气体，所有CDM项目需要通过联合国清洁发展机制执行理事会（EB）注册及核证才能取得相应的碳信用额度。目前国际上碳保险主要针对CDM项目的运营风险、交付风险、交易对手风险和政治风险，常见的保险产品有：CDM项目工程险/利损险/操作险、碳信用价格保险、碳排放信贷担保保险、清洁发展机制支付风险保险、碳损失保险、采碳执照吊销保险等。[①]

国内绿色保险发展现状

20世纪80年代以来，随着全球人口增长以及经济全球化加速，低碳经济发展中以碳为基础的经济发展模式受到巨大挑战，各类灾害频发，污染事故日趋严重，生态环境问题已成为阻碍全球经济发展的重要因素之一，在日益严峻的环境污染形势下，绿色保险发挥了转移风险、防损减灾的职能。

① 资料来源于中国商品学会文章《绿色保险：将资源资本引向绿色经济》，http://www.cscs.org.cn/archives/4126。

国内方面，2022 年 1 月，中国保险业协会发布《2020 中国保险业社会责任报告》，据统计，2018 年至 2020 年保险业累计为全社会提供了 45.03 万亿元保额的绿色保险保障，支付赔款 533.77 亿元，用于绿色投资的余额从 2018 年的 3954 亿元增加至 2020 年的 5615 亿元，年均增长 19.17%，保险资金向绿色投资领域的倾斜力度逐步加大，对绿色产业、绿色技术的资金扶持力度也在进一步提升。2023 年 9 月，中国保险行业协会发布《2022 中国保险业社会责任报告》显示中国保险业绿色保险产品数量超过 3600 个，69 家机构建立了绿色金融管理机制及工作小组，9 家机构加入了可持续保险或负责任投资原则。

国际方面，根据瑞再研究院报告显示，到 2040 年，随着与气候有关的灾难加剧，气候风险预计将导致全球财产保费增长 22%，总额或高达 1830 亿美元。在国际上的主要绿色保险市场，如中国、法国、德国和英国，受到气候变化的影响，预计未来 20 年巨灾财产损失将增加 120%。[①]

5.1.4 绿色基金与绿色贸易融资

绿色基金是针对节能减排、低碳发展、环境优化而建立的专项投资基金，旨在通过资本投入促进节能减排事业发展。绿色基金通常为政府传达环保规划的工具，以此来引导资本在环保领域的投向。整个基金不以营利为目的，政府持股但不控股而负责监管，个人投资者则可以在履行绿色环保职能的同时获得较好的收益。在此基础上，国家还会再对绿色基金给予一定的政策扶持：绿色基金的风险投资者（绿色基金的管理者和运作者）只需缴纳个人所得税而不承担企业税负，同时还可以极小的比例（仅需高于 1%）获得至少 20% 的收益分配。

---

① 汪洵、黎峥：《绿色保险发展国际经验借鉴及启示》，参见中央财经大学绿色金融国际研究院 2022 年 1 月 21 日微信公众号文章，https：//mp. weixin. qq. com/s? __biz = MzI0MjU3Njg5MA = = &mid = 2247509324&idx = 1&sn = 1204d3ec3ac737738d9e703c2cd517fe&chksm = e978d9d9de0f50cff435137a600db433715f3c2a6b6d09c6ec1beb4c03a9ff5fd778a2359fef&scene = 27。

我国绿色基金实践起步较前几类绿色金融工具更早，由于政府在其中不可替代的重要作用，绿色基金的表现都较良好。2014 年 12 月，丝路基金在北京成立，重点围绕“一带一路”倡议推进与相关国家和地区的基础设施、资源开发、产能合作和金融合作。丝路基金以股权投资模式为主，债权、基金、贷款等多种投融资方式相结合，同时也与国际开发机构、境内外金融机构等发起设立共同投资基金。注册资本为 400 亿美元，并在 2017 年获赠资本 1000 亿元人民币，其中出资比例为：外汇储备 65%（通过梧桐树投资平台有限责任公司）、中国投资有限责任公司 15%（通过赛里斯投资有限责任公司）、中国进出口银行 15%、国家开发银行 5%（通过国开金融有限责任公司）。

截至 2020 年 9 月，丝路基金已签约项目 34 个、承诺投资额约 123 亿美元。从投资项目看，主要为清洁能源类项目，包括水电、天然气、清洁燃煤发电、光伏发电。[①] 无独有偶，2020 年 7 月，我国首个国家级投资基金——国家绿色发展基金股份有限公司由财政部、生态环境部和上海市政府联合成立，旨在采取市场化方式，发挥财政资金的带动作用，引导社会资本支持环境保护和污染防治、生态修复和国土空间绿化、能源资源节约利用、绿色交通和清洁能源等领域。第一大股东财政部出资 100 亿元，持股比例 11.3%。[②]

2022 年 8 月，锂电池正极材料研发生产商湖北融通高科先进材料有限公司（以下简称融通高科）完成超 50 亿元人民币 D 轮融资。本轮投资方包括数家国家级基金、国内大型汽车集团、造车新势力及龙头电池厂商等，其中国家绿色发展基金参与融通高科本轮融资，进一步拓展了新能源汽车产业链的布局。新能源汽车产业是我国重点扶持的战略新兴产业，对于践行绿色发展理念、落实国家双碳战略、促进能源革命具

---

① 丝路基金官网：http：//www.silkroadfund.com.cn/。

② https：//data.eastmoney.com/report/zw_industry.jshtml？encodeUrl = bgjoC1nzMKfryqwk5OyDEbf0LFfFNOx0ivIo9JNsK + I =。

有重要意义。受益于行业的快速发展，磷酸铁锂安全性高、循环寿命长等性能逐渐获得市场认可，其需求不断增加。相关数据显示：磷酸铁锂装机占比从2020年2月的13%提升至2021年9月的60.8%，预计2025年中国磷酸铁锂装机量占比将在60%，而海外也将达到20%，预计全球磷酸铁锂中长期渗透率有望达35%。国家绿色发展基金利用绿色经济参与融资，引导我国新能源汽车产业向低碳绿色方向转型拓展，最终实现产业绿色化，推动绿色贸易的发展，进一步巩固我国在全球锂电产业链中的优势地位。①

这些成功范例都证明了绿色基金的可行性，因绿色基金主导者是本国政府，项目多关注本国的环境保护项目，所以绿色基金的资金主动流向贸易融资的可能性不大。但基金的实际运作方仍然为非政府主体，故而风险投资者仍存在将绿色基金与绿色贸易融资结合的可能，这种贸易融资更多体现贸易双方的合作属性而非竞争属性。

专栏5-3　绿色基金的介绍

关于绿色基金，海外比较常见的叫法是 sustainable investment、responsible investment 或 socially responsible investment②。目前，全球均设有一些可持续投资的基金，或为政府主导设立，或为区域性组织、机构设立，提供部分或全部运营资本。投资标的以股权投资为主，兼顾债权与优先股投资。全球可持续投资规模近几年经历了快速扩张，根据PRI（Principles for Responsible Investment）官网统计，截至2019年，全球责任投资签约机构2000多家，总资产管理规模超过10万亿美元。从全球主要的绿色基金市场来看，资产规模最高的地区是欧洲，其次是美国。

国内绿色基金市场大致可以分为：公募基金、私募证券投资基金、

① https：//www.ngd-fund.com/article/105。

② 可持续投资、负责任投资或社会责任投资。

私募股权与创业投资基金、证券期货资管4类。对于绿色基金管理人的界定，国际主流认可是由加入PRI签约方的基金管理。根据PRI截至2020年第四季度的统计，中国一共有50家基金管理人/机构投资者签署了PRI协议。截至2019年，PRI公开的中国签约方包括：彬元资本、博时基金、华夏基金、中国人寿、南方基金、易方达基金、绿地金控、嘉实基金、华宝基金、璞玉投资、九鼎投资、云月投资、鹏华基金、上合资本、分享投资、华控基金。

根据《中国责任投资年度报告2019》，截至2019年10月，我国泛ESG公募基金规模达485.94亿元，绿色产业基金规模达91.61亿元。从2010年前后初步萌芽的民间绿色投资，到2015年中央牵头提出设立绿色发展基金、构建绿色金融体系，到2020年国家绿色发展基金正式运作，短短10年时间，国内绿色基金市场初具雏形，以惊人的发展速度，引领着新时代的投资热潮。但相比于海外绿色投资的悠久历史，中国的绿色基金市场的发展仍然需要制度的完善、政策的激励、模式的挖掘以及市场参与者的共同努力。

案例5-4　中国铝业与农业银行合资设立60亿元绿色私募基金

中国铝业与中国农业银行合资设立的中铝穗禾有色金属绿色低碳创新发展基金（北京）合伙企业（有限合伙）（简称中铝绿色低碳基金）成立于2022年10月28日。基金总规模60亿元，管理人为中铝资本，重点支持新能源、节能环保等产业投资，服务有色金属行业绿色低碳发展。

公告显示，有限合伙人中，中国农业银行旗下农银资本出资29.88亿元，出资占比49.8%；中国铝业出资10.2亿元，占比17%；中铝旗下子公司中国铜业、中铝高端制造均出资3.6亿元，各占比6%；中铝资本控股出资12.48亿元，占比20.8%。

在有色金属行业内，铝是碳排放大户，2020年铝生产占中国温室气体排放总量的6.5%左右。同时，由于开采矿产过程中环境污染和破坏严重，采矿业向来被认为是高污染行业。因此，中国铝业因环保问题频频被处罚。为减少环境风险和相关政策的限制，其绿色转型迫在眉睫。

2021年，中铝集团发布了《碳达峰、碳中和行动方案》，提出力争2025年前实现碳达峰、2035年降碳40%，持续发展低碳冶金技术，优化能源结构，率先在行业内实现碳中和。同年10月，MSCI上调中国铝业ESG评级至B级，其也同时入选恒生A股可持续发展企业基准指数。根据其2022年7月发布的《2021企业社会责任报告和降碳报告》，2021年，中铝集团将环境隐患治理和污染物减排项目纳入年度投资计划，建设项目环保投入总计13.64亿元。

由于铝及其制品在我国贸易中占据重要地位，且中国铝业进行有关自营和代理各类商品及技术的进出口业务，经营来料加工、对外贸易和转口贸易的业务内容，中国铝业通过该绿色私募基金的支持进行绿色转型，使其进行的贸易能进一步实现绿色化。

5.2 尚未实践于绿色贸易融资的绿色金融工具

5.2.1 绿色信托与绿色贸易融资

信托贷款是指受托人接受委托人的委托，将委托人存入的资金，按其（或信托计划中）指定的对象、用途、期限、利率与金额等发放贷款，并负责到期收回贷款本息的一项金融业务。相应地，绿色信托是指信托资金用于环保、清洁能源等领域，或者为环保、清洁能源等绿色项目通过信托计划等提供金融支持。

绿色信托既有利于信托业服务实体经济绿色转型，也有利于信托公司发掘新的盈利增长点。其产生是有必然性的：一方面，众多民营企业、各类公司以及银行手中都握有众多资金又急需投资渠道，而国际金融危机以来的股市和证券市场比较动荡，投资者不敢把大量资金投入其中，相比较而言信托就显得安全很多，自然成为投资者投资的一个重要工具。另一方面，绿色环保产业的资金缺口大，长期依赖于政府拨款，亟需注入新的资金源，绿色信托产品就应运而生，可行性极强。绿色信托的运作模式见图 5－2。

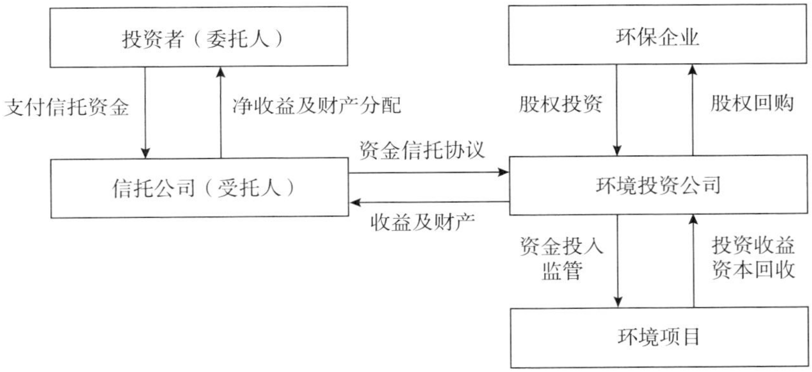

图 5－2　绿色信托运作模式

由此可以看出，在理论层面上，绿色信托的发展模式已经较为成熟，绿色信托的融资方式已经被多次应用并取得成功。信托制度可有效地维护、管理所有者的资金和财产，具有很强的筹资能力，为企业筹集资金创造了良好的融资环境，更为重要的是它可以将储蓄资金转化为生产资金。

我国的绿色信托起步虽晚，但也凭借着传统信托市场的巨大体量逐渐发展成为我国绿色金融市场的重要一环，也有一些较为成功的案例。如政府所筹建的云南宜良污水处理厂进行信托融资计划，受托人为中铁信托有限责任公司，筹资企业是西部水务集团（贵州）有限公司，双方共同出资开展项目。在此信托筹资计划中，中铁信托将信托资金采用股权加债权的方式用于云南宜良污水处理项目建设。一部分信托资金采用股权投资方式用于云南师宗县、禄丰县、沾益县的污水处理和自来水项目建设，一部分信托资金采用债权方式贷给贵州西部城投下属的项目公司。可以预见的是，中国作为世界第一大贸易国，势必会将绿色信托融入自身的国际贸易融资活动中，以促进我国“五位一体”[①] 发展理念的顺利施行。

专栏5－4　绿色信托的创新发展——“首单”频落地

在新旧赛道换轨之际，绿色金融渐渐脱颖而出，成为信托行业转型发展的最大共识。2021年以来，市场上涌现出了多项“首单”创新的绿色信托产品，信托公司纷纷加码布局。

具体来看，2021年1月末，兴业信托发行福建省首单碳排放权绿色信托计划“兴业信托·利丰A016碳权1号集合资金信托计划”，以受让碳排放权收益权的形式，将福建省碳排放交易市场公开交易价格作为标的信托财产估价标准，向福建三钢闽光股份有限公司提供融资支持。中航信托则与中国节能协会碳交易产业联盟、上海宝碳新能源环保科技有限公司联合设立国内首单“碳中和”主题绿色信托计划，该信托计划将主要投资全国统一碳市场交易的碳资产。初始规模3000万元，采用主动管理的基金化运作方式，投资标的覆盖全国范围内可交易的优质碳资产。

绿色信托领域覆盖较广，涵盖绿色信托贷款、绿色产业基金、绿色股权投资、绿色债券投资、绿色资产证券化、绿色公益（慈善）信托等多种模式。在绿色资产证券化产品上，2021年英大信托发行首单“碳中和”资产证券化产品“国网国际融资租赁有限公司2021年度第一期绿色资产支持商业票据（碳中和债）”，项目规模17.5亿元，募集资金用于支持可再生能源融资租赁项目。

---

① 经济建设、政治建设、文化建设、社会建设和生态文明建设“五位一体”。

目前，绿色信托发展势头良好，信托公司围绕绿色信贷、债券、股权投资、供应链金融、资产证券化、产业基金等模式展开业务。绿色信托领域覆盖较广，在我国经济绿色转型发展加速的大背景下，绿色金融几乎涉及各行各业，绿色信托在其中可以起到引领潮流的作用。

但是，绿色信托行业的发展并非一蹴而就，要想实现引领潮流的效果也并非易事。尽管行业已开始积极响应绿色信托，陆续推出相关产品，但绿色信托仍存在一些发展难题。例如，绿色信托投资期限长、流动性较差，投资成效有待评估；配套基础设施尚不完善，全国环境权益交易市场尚在构建中；有关专业队伍尚在建设中，绿色信托的界定、认证、评估等工作都还有待建立完善；业务目前主要还是以政府主导的项目为主，面向对象范围较为狭窄；中小绿色创新企业在评估体系尚未建立的当下几乎无法获得信托支持等，均是当前绿色信托面临的难点。①

5.2.2 绿色租赁与绿色贸易融资

关于绿色租赁（green lease）的概念，不同学者对其具体内涵解释略有差异。总的来说，绿色租赁是业主和租户之间达成的若干个条款，附加在传统商业租赁合同之中，它致力于重新调整传统租赁条款中的成本结构并改善业主和租户的利益关系，使得业主和租户都可以更合理地受惠于节能措施投资，使业主和租户达成利益一致，在保护自然环境的同时实现业主和租户的双赢。

国外的绿色租赁主要活跃在地产行业，比如民宅的出租，或者企业对厂房和写字楼的租借。根据市场转型研究所数据，绿色租赁可以在美国的商业建筑中减少11%至22%的能源消耗，以及减少高达每平方英尺0.51美元的能源消费支出。总的来说，对于美国的写字楼租赁市场，

① 孟凡霞，李海颜．绿色信托“首单”创新频落地［EB/OL］. https：//baijiahao.baidu.com/s? id=1719891851183846715&wfr=spider&for=pc，2021-12-23.

绿色租赁预计每年节约17亿美元到33亿美元的成本支出。

2019年3月，国家发展改革委等部门联合印发了《绿色产业指导目录（2019年版）》（以下简称《目录》），2020年7月，银保监会印发《绿色融资专项统计制度》，同样基于《目录》的整体框架，只是对其中部分子项目进行调整。中国十大类绿色产业相关资产目录包括高效节能装备、环保装备仪器设备及环境设施、资源循环利用装备及设施、绿色交通装备及设施、新能源与清洁能源装备及设施、能源系统高效运行工程设备设施、城镇能源基础设施设备等，对于租赁业务中租赁物资产属于该目录所列绿色产业相关资产，皆可认为是绿色租赁业务。在中国，绿色租赁在商业建筑上的发展尚处于起步阶段，而在交通出行方面作出了十分亮眼的成绩。

2020年9月19日，在中国金融学会绿色金融专业委员会年会暨中国绿色金融论坛上，兴业金融租赁公司提出租赁行业首个绿色标准《绿色租赁行业标准目录》，旨在推动绿色租赁行业发展环境的优化，更好地支持绿色产业发展。据介绍，《绿色租赁行业标准目录》在绿色金融相关标准的基础上，结合绿色租赁实践情况作出了两大创新：一是梳理了十大类绿色产业相关资产目录及解释，作为认定依据，提出根据租赁物认定绿色租赁的标准；二是重点完善了与租赁业务密切相关的绿色交通、生态农业等相关目录，调整了节能改造及能效提升、固废处理、清洁能源、智慧城市等领域子目录设置，精简了绿色服务相关内容。

根据2022年中国银行业协会发布的《中国金融租赁行业发展报告（2021）》，2021年，金融租赁行业中新增绿色租赁业务投放总额高达1243.30亿元，同比增长81.75%，绿色租赁总资产规模达2114.07亿元，占金融租赁行业总资产规模的近6%。我国融资租赁行业经过40年发展，目前境内融资租赁行业资产规模已超过6万亿元。融资租赁依托“融物+融资”优势，可以为绿色产业提供集设备、融资、服务于一体的综合金融方案，同时融资租赁产品具备长周期特性，与资金投入大、建设期限长的绿色项目具有很好的匹配性，近年来在支持绿色产业发展方面发挥着日益重要的作用。但是，绿色租赁当前主要用于各国国内产业发展中，在贸易融资领域尚未加以应用。未来可尝试在国际绿色项目中应用绿色租赁实现融资目的，多方共赢。[①]

总体来说，绿色金融相对于绿色贸易融资发展更加成熟，具有多种类型的金融工具，很多已在实践中展现出极大的优势。这为绿色金融工具具体运用到绿色贸易融资领域提供了较好的借鉴，绿色金融与绿色贸易融资的交叉应用在未来仍有极大的发展空间。

案例5－5　绿色租赁业务实践——以兴业金融租赁为例

绿色租赁业务具有“融资＋融物”的双重属性，不仅可以为投入大、周期长的绿色项目提供较好的资金匹配，而且能够在相关设施、基础设施上提供必要保障。随着我国经济的绿色转型以及租赁行业的发展，绿色租赁业务在支持我国绿色产业发展中发挥了日益重要的作用。兴业金融租赁公司（以下简称兴业金融租赁）作为国内首家赤道银行兴业银行的全资子公司，将绿色租赁作为重要战略定位和差异化发展的落脚点，大力发展绿色租赁业务，并着手开展构建绿色租赁标准的探索和研究。

融资租赁产品具有中长期限特性，与传统银行信贷有显著区别，可以通过物权控制风险，以“融物＋融资”为核心模式，为绿色产业提供集设备、融资、服务于一体的综合金融方案。在经营发展中，兴业金融租赁充分发挥租赁产品优势及集团联动优势，将绿色租赁作为重要战略，坚持“绿色金融要有所为、有所不为”；在客户选择上，优先选择

① 马文杰．绿色金融：政策激励与市场发展［M］．上海：上海财经大学出版社，2021：64－72.

与公司具有相同绿色理念、积极承担社会责任的企业客户，将绿色发展作为双方合作的基础；在业务拓展中，紧跟政策和监管要求，致力于治理环境污染、缓解交通拥堵、节能减排、水域及城乡环境优化等事业；在风险管控方面，逐渐形成以环境影响作为重要因素进行业务风险评判的体系。

兴业金融租赁致力于搭建专业的绿色租赁体系，在团队考评、资源配置、业务管理等方面均设置差异化支持政策和安排。截至 2020 年 12 月末，绿色租赁业务累计投放约 1370 亿元，资产余额超 400 亿元，占公司租赁资产的三分之一在具体的业务实践中，积极响应大气、水、土壤污染防治三大环境保卫战，针对不同细分市场的金融需求、行业特点等，结合售后回租、直接租赁、厂商租赁、经营性租赁等不同的产品特征及优势，推出绿色出行、节能减排、清洁能源、城市水务、水环境治理、固废处理等绿色租赁专业产品服务，着力服务蓝天、绿水、净土三大绿色工程。

1. 聚焦大气污染减排，打造蓝天工程

围绕机动车尾气排放和高污染产业排放两大污染源，在绿色出行、节能减排、清洁能源领域细分市场，加强产品设计，为大气环境治理和保护提供专业的金融租赁服务，助力经济结构的转型和出行模式的升级。截至 2020 年 12 月末，已累计投放 6968 亿元，形成租赁资产规模 229 亿元。

在绿色出行领域，积极搭建全产业链业务模式，通过开展城市轨道交通机车设备等资产回租、新能源公交车租赁、新能源电池租赁、工程机械厂商租赁等业务，不断推进车辆及电池租赁业务。一方面，围绕公共出行，与国际性银行合作，在境外发行人民币债券，筹集境内外专项资金支持国内绿色出行体系建设；同时，携手国际政策性金融机构，共同为治理雾霾、净化环境进行开创性尝试。截至 2020 年 12 月末，已累计在北京、上海、广州、济南、天津、长春、苏州等 20 多个城市开展地铁、城铁、新能源公交等业务，支持30多条地铁线路建设、万余辆新能源公交车采购，助力城市打造清洁化、立体化、智能化的绿色出行公共交通体系。另一方面，围绕工程机械及商用车，依托租赁物优势，深度链接上下游主体，发挥上游优势厂商渠道及专业优势和金融租赁公司资金优势，以厂商租赁模式服务下游客户，帮助厂商在全国范围内拓展市场。比如，通过推动电动高空作业平台厂商租赁业务，帮助客户实现传统高作业平台升级，以电力代替燃油，以电动智能化设备代替传统脚手架，节约人力和钢材，降低噪声污染和施工风险，产生了良好的环境效益。

在节能减排领域，与全国领先的大气环保装备制造公司合作，聚焦能源、化工、冶金等传统行业的节能减排和升级改造项目，满足设备采购、建设安装、运营维护等方面的大额、中长期资金需求。如支持某大型钢铁企业节能循环利用技改项目，实现了经济效益和社会环境效益的双丰收，成功打造“花园式钢铁”，煤气发电项目实现年节能量74万吨标准煤，年减排二氧化硫2000多吨；烧结机项目实现年减排二氧化硫近2000吨，减排粉尘近1000吨。

在清洁能源领域，围绕光伏发电、风力发电、水力发电、天然气及煤层气推广利用等，与具有一定技术优势的行业或区域龙头企业合作，通过直接租赁等业务发挥税收统筹优势，服务客户环保设备采购需求。如通过多晶硅生产设备直租方案，为客户提供8亿元资金，用于引进国外先进技术建设硅材料生产线。

2. 助力水生态保护，打造绿水工程

水污染与工业、农业、居民生活、城市基础设施等都有着非常密切的关联。目前在水污染防治工作中，污水处理工艺落后、城乡污水处理率差距较大、流域治理力度不足等均是亟待解决的问题。通过深入贯彻落实国家“水十条”，积极为水环境治理和保护项目提供金融服务。在该领域，着力加强产品创新和产业链延伸，在为污水处理、水域治理主体提供金融服务的同时，将服务范围延伸至产业链上游，与配套供应商等市场化主体合作，以市场化方式支持重大绿色项目建设。如为南水北调工程提供8年期、20亿元综合金融服务，缓解工程建设周期长、资金投入集中难题，有效压减地下水开采，改善了水土环境；与长江大保护配套柔性管材供应商进行合作，通过售后回租为其新建生产线、扩大产能提供资金融通服务。截至2020年12月末，在该领域已累计投放约591亿元，形成租赁资产规模142亿元。

3. 支持固废处理、城市环卫，打造净土工程

针对由于生活垃圾堆放、危险废弃物处置不足、垃圾清运设施不完善、污水灌溉等多种原因引发的各类土壤生态系统破坏，探索固废综合利用、环卫清运等细分领域产品创新。比如，围绕城市环卫市场，依托租赁公司全国展业优势，为客户在全国各地的环卫项目提供金融服务，租赁物包含垃圾车、清洗车、扫雪机等各类环卫车辆以及不锈钢垃圾箱等各种环卫设备，有效盘活客户分散在全国的零散资产，与专注当地市场的银行金融服务形成了有效互补。目前在该领域已累计投放近130亿元，形成租赁资产规模33.2亿元。[①]

① 游勤. 绿色租赁标准建设的探索与建议［J］. 金融纵横，2021（2）.

第 6 章　绿色贸易融资业务拓展

本章重点探讨绿色贸易融资业务拓展领域，包括绿色项目、绿色产品、服务和技术创新、绿色供应链业务和绿色产业投融资业务，并对贸易融资业务创新情况进行概述。

6.1　绿色项目

许多绿色项目是长期项目，因此投资绿色项目面临着期限错配[①]所导致的融资约束。解决期限错配的方法包括发展绿色债券市场和其他以绿色项目收益为支持（抵质押）的融资工具，目前中国绿色债券发行量已位列全球前列。此外，在投资绿色项目后，效益没有完全以货币的形式反映在投资收益里，使得投资者缺乏投资动力。这也意味着，落实绿色项目的发展需要更多的资金支持。针对这些问题，一些国家采取了包括贴息、优惠贷款、担保等措施，以降低绿色项目的融资成本，改善绿色项目的回报率。

2019 年 6 月，中国工商银行伦敦分行在英国伦敦与汇丰银行、法国巴黎银行签署合作协议，共同担任绿色融资协调人和牵头人，正式启动一项绿色融资的筹组。该签约仪式标志着工商银行成为第一家依据 2018 年发起的绿色贷款原则（GLP）筹集绿色融资的中资银行。绿色贷款原则由欧洲和亚洲贷款市场协会于 2018 年 3 月联合发起，为金融机构的绿色贷款市场提供了高标准的指导框架。这笔融资也是汇丰承诺到 2025 年末将提供 1000 亿美元可持续融资和投资计划的一部分。这笔

① 期限错配，是指资产端期限与负债端期限不匹配，主要表现为“短存长贷”，即资金来源短期化、资金运用长期化。

绿色融资的基本计划是：组成英镑和美元的双币种融资，融资总额预计不超过4亿美元，且要符合工商银行绿色融资框架的各项要求；融资依据绿色融资框架要求全部用于绿色项目贷款，项目的实施将为中国在绿色金融发展带来里程碑式的意义。

国外欧洲复兴开发银行早在2016年便已推出绿色贸易便利化计划（Green TFP），这项计划允许欧洲复兴开发银行贸易便利化计划（TFP）下的合作银行利用其现有的TFP设施，为出口和当地进口绿色技术和服务提供融资。自2016年推出以来，欧洲复兴开发银行支持了超过4.25亿欧元的绿色贸易融资。在欧洲复兴开发银行的15个运营国家中，已经为近600笔绿色TFP交易提供了资金，每年节约能源733130兆瓦时，节水量为1.618百万立方米，减排量为31万吨二氧化碳当量。其中，一些实践案例值得我们关注：①从意大利向吉尔吉斯斯坦出口太阳能电池，用于生产太阳能电池板；②从希腊到埃及的水处理设备出口；③从奥地利到摩尔多瓦，从法国到乌克兰的农业机械和设备的进口。[①] 欧洲复兴开发银行帮助的国家是政治、经济和社会转型中的中等收入经济体，与其他转型国家一样，它们承担着众多挑战，而高碳排放和气候脆弱性是巨大压力之一。中国也同样面临这样的问题。欧洲复兴开发银行绿色项目的实践可以为中国提供丰富的项目经验和知识分享等智力支持。

6.2 绿色产品、服务和技术创新

绿色贸易融资的产品和服务设计，要基于传统的贸易融资手段进行创新。绿色贸易融资要解决的根本问题是贸易融资问题，而贸易融资问

① Reiserer. “EBRD presents awards for green trade”, European Bank for reconstruction and Development [EB/OL]. [2019 -07 -18]. https://www.ebrd.com/news/2019/ebrd - presents - awards - for - green - trade.html.

题的难点之一在于中小民营企业的贸易融资和便利化问题。一直以来，中小民营企业以其卓越的学习、模仿和应用世界最新技术的能力，走在了环境产品和技术输出的前列，但是其在获得境外项目的融资担保方面、在外汇支付方面都面临不少困难。

商务部国际贸易经济合作研究院绿色贸易研究中心发布的《中国绿色贸易发展报告（2017）》也提出要加快发展绿色普惠金融，探讨制定以民营企业技术产权为抵押的新型境外投融资担保模式，鼓励地方建立支持中小企业境外投资的专项基金，对于绿色贸易融资来说，要解决此问题，就要设计出符合中小企业特点的产品和服务。针对贸易融资特点，突出解决该领域固有发展难题的特点。不仅如此，绿色贸易融资的产品和服务创新，还包括引入新技术、采用新方法、开辟新市场、构建新组织，在战略决策、制度安排、机构设置、人员准备、管理模式、业务流程和金融产品等方面开展多种形式的创新活动，以顺应绿色发展、绿色贸易、绿色金融和贸易融资的趋势。

产品和服务创新的流程见图6－1。

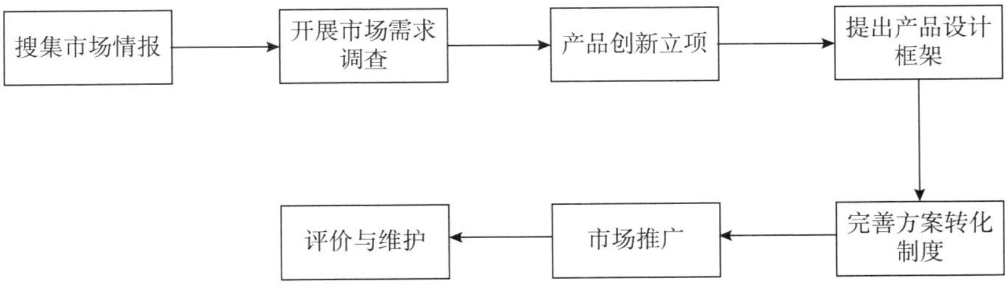

图6－1　产品和服务创新流程

i. 搜集、研究市场情报，包括搜集客户对市场上现有产品的反馈意见，判断是否存在创新空间；

ii. 针对特定客户群，开展详细的市场需求调查，搜集新需求，界定创新方向；

iii. 进行产品创新立项，充分讨论创新的可行性和必要性；

iv. 提出产品设计框架方案，明细产品构成要素，可同步进行市场论证，进一步修订方案；

v. 将完善后的产品方案转化成制度；

vi. 开展创新产品市场推广活动；

vii. 定期对产品进行后评价和维护管理工作，吸收市场新需求，改进产品功能。①

6.2.1 环境产品

根据经济合作与发展组织和欧盟统计局的定义，环境产品是指为环境中水、空气和土壤的破坏以及有关废弃物、噪声和生态系统问题提供测量、防治、限制，使之最小化或得到纠正的产品。根据经济合作与发展组织界定，环境产品分为两类，第一类指用于提供环境服务的工业产品，如处理水、土地、空气污染的产品。这类环境产品一般具有多种用途，其中一种用途是为环境提供服务。另外，它没有内在的环境特性，只有在使用中才提供环境服务。如泵、阀、压缩器、容器、水质净化用化学品、空气、水过滤器、垃圾压缩器、填埋场所用的内衬材料、焚烧炉用的陶瓷容器和炉子、循环使用中用的分拣设备、环境监测用的测量设备、减噪器等。第二类是包括工业品和消费品在内的环境友好产品，指在产品的整个生命周期内对环境友好的产品，也称为环境无害化产品或低公害产品，包括低毒涂料、节水、节能设备、生态纺织服装、无污染建筑装饰材料、可降解塑料包装材料、低排放污染物的汽车、摩托车等。而随着经济社会发展，对环境产品的认识日益深刻，结合经贸活动中出现的新情况，对环境产品的分类有所变化，也出现了一些新的环境

① 中国银行业协会东方银行业高级管理人员研修院．绿色信贷［M］．北京：中国金融出版社，2014.

产品分类清单。

现今，国际上主流的环境产品分类有OECD（1995）、WTO（2009）、APEC（2012）、OECD合并清单（2014）（见表6－1）。

表6－1　　环境清单对比

产品	OECD（1995）	WTO（2009）①	APEC（2012）②	OECD合并清单（2014）③
个数	161个环境产品	154个环境产品	54个环境产品	248个环境产品
分类	分为污染管理、清洁技术和产品、资源管理三大类	分为空气污染控制、可再生能源、环境技术5个部分	分为环境监测分析和评价设备、可再生能源设备、环境保护型产品和环境友好型产品4类	分为空气污染控制、更清洁或更资源高效的技术和产品、基于最终用途或处置特性的环保产品、热量和能源管理产品、环境监测分析和评估设备、自然资源保护、降噪和减振、可再生能源工厂、固体和危险废物和回收系统的管理、土壤和水的清理或修复、废水管理和饮用水处理11类
特点	1995年，为推动贸易自由化提出的环境产品清单	为全球各经济体向WTO贸易与环境委员会特别会议提交的环境产品清单汇总获得	是全球第一个实质性用于推动环境产品贸易自由化的清单，明确要求降低清单所列产品关税	合并了WTO（2009），APEC（2012）和一个气候类环境产品为主的清单，共得到248个环境产品。并选取了11种核心环境产品以及40种“核心＋环境产品”做稳健性检验

根据商务部国际贸易经济合作研究院绿色贸易研究中心发布的《2017年中国绿色贸易发展报告》，目前世界环境技术产品和服务产业投资踊跃、技术创新加快、需求高涨，市场总值超过1.2万亿美元，并

① WTO. Communication under paragraph 31（III）of the Doha Ministerial Declaration, Committee on Trade and Environment Special Session［J］. World Trade Organization, 2009.

② https：//www. apec. org/Meeting－Papers/Leaders－Declarations/2012/2012_aelm/2012_aelm_annexC

③ OECD working paper by Jehan Sauvage. The Stringency of Environmental Regulations and Trade in Environmental Goods［R］. OECD Trade and Environment Working Papers, 2014.

正在加速扩张。2016年，中国环境产品出口额为4264亿美元，进口额为2678亿美元，在中国货物贸易总出口和总进口中的比重分别为20.3%和16.9%。且自2011年以来，中国环境产品顺差额在货物贸易顺差总额中所占比例逐年快速下降，2011年至2016年这一比例分别为115%、82%、73%、50%、37%、31%。

报告称，上述现象在一定程度上反映出中国国内对环境问题日益重视，生产和消费的环保标准不断提高，国内市场对环境产品的需求快速增长，而国内相关行业在供给上还难以充分满足需求，使得进口快速增长。与此同时，世界经济贸易持续低迷，国际市场萎缩，导致出口增长远远落后于进口增长，2015年和2016年连续两年出现环境产品出口负增长。

通过绿色贸易融资，为中国环境产品出口商提供融资，提升其技术创新能力，可以扭转技术含量较高的环境产品大量依靠进口的现状，填补中国环境产品供给与需求的缺口①。

案例6-1　环境权益融资工具

2021年7月22日，中国人民银行正式发布并实施《环境权益融资工具》（以下简称《工具》）（JR/T 0228-2021）金融行业标准。

本标准明确了环境权益融资工具的分类，从实施主体、融资标的、价值评估、风险控制等方面规定了环境权益融资工具的总体要求，提出了三种目前典型的环境权益融资工具的实施流程，为企业和金融机构开展环境权益融资活动提供指引。

本标准的发布，填补了绿色金融领域行业标准的空白，有利于拓宽企业绿色低碳融资渠道，引导金融资源向绿色低碳发展领域倾斜；有利

① 商务部研究院绿色贸易发展研究中心. 中国绿色贸易发展报告［M］. 北京：中国商务出版社，2017.

于完善全国统一的碳排放权等环境权益市场，推动环境权益市场为排碳等行为合理定价，助力落实国家碳达峰、碳中和目标任务。

本标准由全国金融标准化技术委员会管理，由人民银行研究局提出，北京绿色交易所有限公司负责起草，行业内有关单位共同参与。标准经过广泛征求意见和论证，并通过了全国金融标准化技术委员会审查。①

《工具》中针对本标准定义了环境权益和环境权益融资工具。

1. 环境权益：政府为解决外部性问题，对行为主体在自然资源和环境容量消耗数量方面设定许可、进行总量控制而产生的权益。自然资源角度的环境权益主要包括水权、用能权或节能量、绿色电力证书等。环境容量角度的环境权益主要包括碳排放权和排污权。

2. 环境权益融资工具：企业基于合法拥有的环境权益进行资金融通活动所使用的金融产品。

《工具》将环境权益融资工具分为两类：环境权益直接融资工具和环境权益间接融资工具。

环境权益直接融资工具：资金融入方依托环境权益直接从资金融出方融通资金的金融产品，主要包括环境权益回购、环境权益借贷和环境权益债券等。

环境权益间接融资工具：资金融出方通过吸纳客户存款或同业融入资金后，再把资金依托资金融入方所合法持有的环境权益提供给资金融入方的金融产品，主要包括环境权益抵质押贷款等。

《工具》中规定了本标准的实施主体：环境权益融资的资金融入方应为合法持有环境权益的机构。环境权益融资的资金融出方应为符合相关规定要求的企业。

---

① 全国金融标准化技术委员会．环境权益融资工具［EB/OL］．金融行业标准正式发布，http://www.csres.com/info/56485.html.

《工具》中明确了可作为融资标的环境权益需同时满足的条件：

经济性：标的应具有公开、透明的市场化定价，或被第三方公允估值且为交易双方共同接受；

流动性：标的应具有活跃的二级交易市场或便捷的流通转让渠道。

《工具》中指导了融资前如何对环境权益进行价值评估：环境权益价值评估应综合考虑环境权益指标的剩余有效期限，参照有偿取得的价格、交易市场价格及政府调控价格等因素，在资金融出方的组织下开始价值评估，最终由资金融入方与资金融出方协商确定评估价值。采用其他方法估值时，评估价值不应超过当前合理市场价格。

6.2.2 绿色第三方机构专业化服务

绿色贸易融资产品的创新的难点在于如何体现“绿色”的特征，如在量化市场主体的绿色表现作为定价和奖惩的基础中，由于环境、资源等因素的公共品性质，使得传统的评价方法难以对贸易活动的外部性进行评估，进而缺乏对绿色贸易行为定价的合理依据，因此，绿色贸易融资产品开发的前提是有包括绿色评级在内的配套工具和制度的有效支持。

目前，国际上的绿色第三方机构至少包括以下几类：（1）绿色评级机构，以标普、穆迪、德勤为代表，对企业及其发行的绿色产品进行评级和认证；（2）绿色指数机构，以 MSCI[①] 为代表，编制并发布绿色指数，为投资者提供投资标的；（3）数据服务商，以彭博、万德为代表，收集、加工并对外提供绿色信息，促进全球环境信息披露；（4）环境咨询公司，如伊尔姆公司（ERM）、Trucost 公司、优斯咨询公司（URS）等，开发了一些定量评估环境成本和效益的工具[②]。因此可以

① 美国指数编制公司：摩根士丹利资本国际公司，明晟指数（MSCI 指数）是全球投资组合经理最多采用的基准指数。

② 兴业银行绿色金融编写组．寓意于利——商业银行绿色金融探索与实践［M］．北京：中国金融出版社，2018.

利用第三方机构的信息披露以及专业服务，进行不断深化的业务拓展。

从国内来看，目前提供专业的量化企业绿色表现的第三方机构发展尚不成熟，但已开始了诸多尝试，尤其是在绿色供应链的实践上，已成立了一些颇具影响力的行业组织。这些组织形式以联盟和协会为主，如中国绿色供应链联盟①、绿色消费与绿色供应链联盟、亚太经合组织绿色供应链合作网络天津示范中心②、广东省绿色供应链协会③等。其中，中国绿色供应链联盟组织成员单位中的第三方评价机构积极开展绿色制造示范单位评价工作，同时动员成员单位申报绿色制造示范项目，目前已有数十家联盟企业成为工业和信息化部公布的国家级绿色制造示范企业。通过凝聚重点行业骨干企业、行业组织、第三方机构、金融机构、科研机构等各方面力量，整合资源、协作互动，积极开展绿色供应链管理和技术创新、绿色供应链标准化研究、绿色供应链评价与服务，促进国际交流与合作，探索绿色供应链投融资模式，全方位推动绿色供应链的相关工作。鉴于绿色供应链与绿色贸易融资联系紧密，这也将对绿色贸易融资业务的拓展有重要意义。

6.2.3 技术的绿化创新

新兴技术不仅使贸易和贸易融资更加高效、透明和安全，而且还有助于企业和金融机构“走向绿色”。在国外，2018 年 3 月法国巴黎银行贸易投资能力中心负责人 Marguerite Burghardt 提出了负责塑造贸易融资世界的四种新范式，如图 6 - 2 所示，并指出利用分布式账本④技术

① 中国绿色供应链联盟：http：//www. cgsca. cn/。

② 亚太经合组织绿色供应链合作网络天津示范中心：http：//cn. apecgsc. org/。

③ 广东省绿色供应链协会：http：//lsgyl. org. cn/。

④ 分布式账本，也称为共享账本，是一种可在网络成员之间共享、复制和同步的数据库。分布式账本记录网络参与者之间的交易，比如资产或数据的交换。

（DLT）将帮助企业将可持续性融入其贸易融资活动中。①

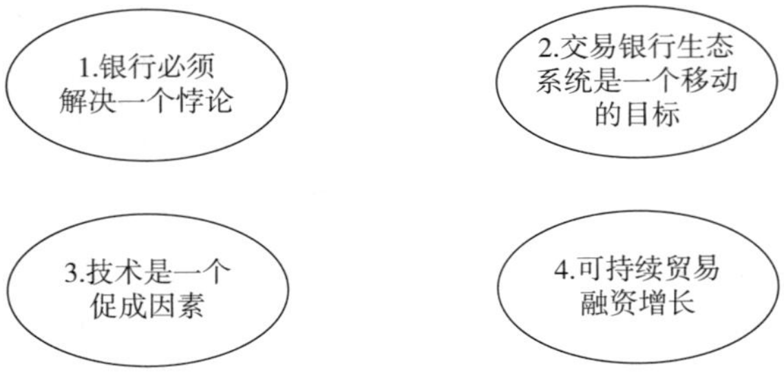

图 6－2　贸易融资的四种新范式

通过将区块链技术应用到银行业和金融产业中，可以提供高级别的安全性，特别是在交换数据，信息和金钱等方面。同时，也让用户可以利用透明的网络架构，降低操作成本。凭借区块链技术提供的透明度，目标是公司、银行及其消费者利用区块链技术获取有关其整个供应链的社会和环境影响的更详细和可靠的信息，并且关注如何将其记录的信息运用到银行的融资计划中，并为负责任和可持续的采购提供更快、更便宜的融资渠道。②

在国内，2018 年 8 月，兴业银行已经着手在首个绿色金融专业支持系统基础上，进一步加大人工智能、大数据、区块链等金融科技与绿色金融的深度融合运用，以降低业务成本，提高运营效率。2018 年 10 月 12 日，旨在打通绿色产业和社会资本的“一站式”企业级创新平台，“全国首个区块链绿色产业金融科技服务平台”在杭州正式上线，该项目是国内绿色产业结合区块链、物联网、科技金融等先进技术实现

① The four new paradigms of trade finance, https://cib. bnpparibas. com/think/the－four－new－paradigms－of－trade－finance_a－1－1927. html, 1 March 2018.

② Wass, S. Innovating sustainability in trade finance［EB/OL］. Global Trade Review（2019－07－04）. https://www. gtreview. com/magazine/volume－16－issue－4/innovating－sustainability－trade－finance/.

资产管理智能化，可信数字化及加速优化投融资效率的首批示范性落地应用项目之一。

目前，重资产运营、项目周期长、技术专业度高等特点造成绿色项目普遍面临融资难、融资贵、期限错配、流动性紧张、资产流通性差等问题，而区块链技术创造了多方信任机制，解决了数据、人、物、合约、资产的可信问题，促进跨机构、跨区域的高效协作，平台核心设计理念是围绕绿色项目和现金流本身，用各项先进技术对绿色项目运营进行全生命周期严格把控及风险管理，保障项目未来现金流的确定性，帮助企业打通外部资金的“最后一公里”。

首批落地的三个服务产品的创新产品包括：（1）阳光可信宝，企业将项目资产通过上链进行可信数字化并托管给平台，实现设备溯源追踪、登记、确权和认证等功能，帮助企业在项目全生命周期内的融资、交易、出租、转让等投融资效率更高且成本更低，预计仅融资尽调征信单项成本就可以节省70%以上；（2）阳光绿金链易融链，即区块链绿色供应链金融依托区块链分布式账簿的安全性和共享性，将绿色企业应收账款设为在线支付结算和融资工具，帮助企业去杠杆，降财务成本20%以上；（3）区块链阳光ABS，利用区块链技术对绿色企业ABS底层资产逐笔穿透监控，解决信任难题及绿色贴标公正性；同时，应用智能合约实现标准化、智能化，解决效率问题。根据花旗银行首席技术官Amit Varma的预测，在贸易融资时使用区块链，供应链管理成本将减少70%至80%。

工信部直属的中国信通院云计算和大数据所主任，国际电信联盟分布式账本标准组副主席魏凯也表示，阳光智联公司通过区块链技术、物联网技术及共识机制，高效联合专业第三方机构伙伴共同为绿色产业链企业开发并提供系列投融资创新产品和服务，可以提升绿色产业投融资和交易效率，降低交易成本并大幅提高绿色资产流动性，这是区块链技术值得探索和有应用前景的方向。

可率先探索建立基于互联网技术的绿色项目协作平台，通过这一平台实现绿色项目的筛选、进行项目跨国跨区域合作的匹配、引入金融资源等功能，提高绿色贸易融资的效率，尽快取得成效。在推动项目实施的同时，尽快推动各国建立国内和跨国合作项目的信息披露制度，并基于人工智能和大数据技术开展绿色项目和绿色企业的信用评级和对环境影响的评估，将相关信息按照信息披露制度进行公示，使得企业运作和项目信息更加透明，最大限度地降低绿色贸易投融资风险，使得绿色贸易融资能够可持续。

其他方面，德国商业银行产品管理与贸易服务部门主管 Enno - Burghard Weitzel 2018 年底提出，在采用技术方面，贸易融资往往落后于其他核心银行服务，但不久之后可能会发生改变。一直以来，由于全球产量增加，贸易环境日益复杂，以及贸易融资中有大量应用纸张和人工密集型的传统，贸易融资一旦处理不当很可能使银行陷入困境。而结合自动化技术，通过使贸易融资加工数字化，不仅可以改善银行内部风险管理系统，而且有助于更有效地满足监管要求。①

案例 6 - 2　技术推动下一种供应链融资新模式——“Trado”

2019 年 9 月发布的 Trado 是一种新的可持续供应链融资模式，由剑桥大学可持续领导力学院领导的，包括法国巴黎银行（BNP Paribas）、巴克莱银行（Barclays）、荷兰合作银行（Rabobank）、塞恩斯伯里银行（Sainsbury's）、渣打银行（Standard Chartered）和联合利华（Unilever）等大型银行和企业组成的财团进行开发。

该模型建立在与现有可持续供应链金融结构相同的理念基础上，不

① FinTech Futures, Can automation transform trade finance? [EB/OL]. (2018 - 12 - 17). https: //www. bankingtech. com/2018/12/can - automation - transform - trade - finance/17th December 2018.

同之处是，它利用区块链和 smart contracts 等技术来收集和记录供应商的社会或生态数据，作为回报，供应商可以优先获得贸易融资。因此，Trado 有望解决现有绿色贸易融资在供应链透明度方面面临的挑战。

2019 年该模型进行了初步测试，分析了使用区块链技术跟踪马拉维农民种植的茶叶被出售给联合利华。并由法国巴黎银行（BNP Baribas）进行资助，它是由社会企业 Provenance 开发基于以太网的区块链技术完成的，其帮助企业使用区块链跟踪其供应链。而 Halotrade 是一家金融技术公司，其使用智能合约将供应链可持续性数据转换为自动获取贸易融资的方式。

试点项目中，数据收集公司 Meridia 收集了一系列供应茶叶的个体小农数据，这些数据都经过可持续发展非政府组织 IDH 的验证，包括民主数据（如性别和教育水平）、经济数据（如运输类型和收入来源）、金融数据（如储蓄和借贷）和农作物的农业数据，所有的信息都是利用 Provenance 公司的开发成果记录在区块链上的。此外，生产数据（质量、数量、日期、价格和样品批准）由联合利华的直接供应商提供。在案例中，数据是由当地的一家茶叶厂记录在区块链中，并与 Halotrade 的系统进行共享，以便发票能够比平时更快获得批准。作为回报，当地工厂提前获得联合利华的供应链融资计划，这就是 Trado 模型所指的“数据换收益”：供应链上的可见性提高，让买方有信心指示其银行尽早释放供应商融资，即在货物生产后立即释放（根据传统的供应链融资方案，只有在货物登上船只并且买方收到发票和提单等相关文件后，买方才批准为供应商融资）。此外，在生产货物和装运货物之间的时期，供应商通常需要依赖更昂贵的本地融资。然而，使用 Trado 模型，一方面，供应商可以在货物生产后，以买方较低的利率从买方银行更快地借款；另一方面，通过让联合利华看到合同履行的全过程，使其获得极大的信任度和透明度，也更愿意承担装运前风险，甚至在货物离开工厂之前就可以向其银行支付货款。

但是，到目前为止，Trado 模型只是探索了提前向供应商付款的可能性，而不是提供比银行传统报价更低的价格。事实上，该报告指出，Trado 模型“不会对一切照旧的银行业务流程造成任何实质性干扰”，这意味着基础风险评估没有变化。然而，通过该模型生成的数据可以进行分析，以确定从可持续性角度来看，信用风险是否对表现良好的供应商更有利。

专栏6－1　金融科技创新助力中国贸易数字化和绿色化发展

2018 年 1 月 23 日，中国成为全球首例使用区块链平台完成农产品交易的国家，这是继 2017 年底中国中化集团完成第一单区块链原油进口交易试点之后，开拓的第一例大宗商品区块链交易试点。如今区块链技术在全球范围内已被广泛运用到金融、能源市场、大宗商品交易、供应链认证和知识产权管理等领域。

本次大豆贸易结算通过 Easy Trading connect（ETC）区块链平台进行，该平台旨在数字化和标准化商品交易，且这种新型的 ETC 平台可以适应农产品部门复杂而严格的文件链流程，不仅涵盖融资方面，还包括与交易有关的全套相关文件。由于农产品市场的文件要比能源市场复杂得多，效率也是能源市场的数倍。与传统的贸易流程处理从信用证到产品质量文件等大量纸质文件和繁琐的行政程序不同，这里每笔交易都会对常规文书进行数字化处理，避免人工重复性工作，使得交易速度缩减至从前的五分之一，效率得到了极大提高。

正是基于贸易数字化带来的种种好处，全世界的交易商和金融机构都在积极布局抢占即将到来的贸易融资新时代高地。区块链提供一个更快、更便宜、更安全的解决方案。所谓更快和更便宜在于使用区块链技术，机构们可以获得更顺畅的贸易清算和结算流程，减短结算窗口，提高交易速度，避免大量的资金和运营成本，降低资金流转周期；所谓更安全是指增强安全性与互信，减少欺诈，降低信用风险。由于每笔交易都单独加密，且这样的加密被区块链上其他各方验证，任何试图篡改、删除交易信息的行为都会被其他各方觉察，做到实时监控运作流程，确保流程的完整性。

但是，区块链技术很大程度上依赖于各个利益者的协作，只有在各方都想使用该技术情况下才能更好运行，还需要技术上的支持，且技术本身仍存在不完善的地方，从试点项目推广到广泛使用是有困难的，这种情况下，中美首单使用区块链技术的大豆贸易显然给金融科技创新领域的推广提供了很好的范本，起到了引领作用。

中国作为世界最大的大豆进口国，超过35%的大豆进口来自美国，同时中国也是棕榈油等其他大宗商品的主要进口国。大豆是具有重要战略意义的软性大宗商品，贸易总金额占比小但隐含碳排放却非常高。中国作为负责任的大国，在利用金融科技创新推动绿色贸易融资发展方面发挥着积极的促进作用。尤其是党的十九大报告中提出中国坚定走生产发展、生活富裕、生态良好的文明发展道路，为全球生态安全作出贡献，始终做世界和平的建设者、全球发展的贡献值和国际秩序的维护者。中国积极推动区块链技术进行大豆贸易结算，表明中国已经意识到像区块链这样的创新技术的发展，在可持续供应链的转型中可以发挥重要作用，可以追踪供应商的资质，确保其贸易产品符合国际可持续生产标准，大宗商品的供应商可以在区块链平台上提供符合本国规定的可持续标准认证文件和质量证明等文件。通过将贸易融资渠道与可认证的可持续性生产要求和透明的供应链联系起来，除了提高贸易双方的交易效率、减少腐败降低诈骗风险之外，更重要的是还可以利用金融科技创新推动全球的绿色贸易发展，构建绿色贸易融资体系。

因为大宗商品生产其自身对环境污染、毁林和碳排放影响巨大，且涉及的贸易文件较多，未来区块链技术在大宗商品贸易领域的应用将获得较大收益，可以将效率与生态功能相结合，实现金融科技创新下的贸易融资的数字化与绿色化。可以说，中国作为积极的参与者和推广者，在绿色金融领域所达成的政策承诺和实践引领已处于全球领先地位，绿色贸易融资尽管还处于起步阶段，对于国内外来说都是一个新的课题，但是金融科技创新为贸易的绿色化发展提供了可操作和监督实施的平台。[①]

6.3 绿色供应链业务

根据国际商会银行委员会发布的 2018 年全球贸易金融调查报告——《全球贸易：保障未来增长》，2017 年贸易金融领域处理了 3100 多万笔交易，金额超过 9 万亿美元，将近四分之一的被调查银行表示 2017 年提供的贸易金融额超过 100 亿美元，有 8% 的银行表示超过 1000 亿美元。251 家受访机构提供的贸易融资额的中位数大约为 12 亿美元，约 6000 笔交易。受访机构在 2017 年提供的传统贸易金融总额超过 4.6 万亿美元，供应链金融额是 8130 亿美元，两者在总额中占比大约是传统贸易金融 85%，供应链金融 15% 的比例。

在《供应链金融技术标准定义》中的八种供应链金融技术中，业务活动主要集中在四种最受欢迎的技术：应付账款融资、应收账款贴现、保理和对应收账款的贷款或放款。北美洲地区应用最多的是应付账款融资（有 52% 的受访机构提及），而中东欧地区应用最多的是保理（有 57% 的受访机构提及）。[②] 目前，全球范围内，以供应链技术进行融资的比例正在快速上升。

贸易是供应链的主要动力，贸易融资与供应链融资是实现大多数贸

① 孙瑾，丁冉，李传仁. 我国绿色贸易融资的发展 [J]. 新理财（政府理财），2019 (6).

② 国际商会银行委员会. 2018 年度全球贸易金融调查报告——全球贸易：保障未来增长 [R]. 2018.

易功能的基础，推动国际买卖双方的互动。二者均为融资工具，但供应链融资仍有不同于贸易融资的特点。

第一，从融资产品来看，在银行的贸易融资产品中，信用证仍然占据主流地位，在此银行用自身的信用保证了交易顺利进行。但是，在供应链融资中，由于交易双方基于长期合作所产生的了解与信任，对银行信用中介的需求有所降低，赊销贸易成为主要的形式，因此，供应链融资产品在存在大量赊销情况的前提下去满足供应商的融资需要，从而保理业务、存货质押融资和应收账款质押融资等资产支持型贷款成了主要的供应链融资产品。

第二，从融资风险来看，供应链融资比贸易融资具有更大的风险。以存货质押融资为例，贸易融资的存货主要是原材料和产成品，其产品价值比较可以通过市场价格得到体现，而且当出现信贷风险时也可以通过担保物品的销售来收回贷款。但是，供应链融资中的存货大部分是中间产品，具有很强的专用性，因此不容易通过市场来评估其价值，也不容易在市场上变现。

第三，从风险控制来看，贸易融资强调的往往只是特定交易环节供需双方企业的信用状况和贸易的真实背景；而供应链融资不仅要强调这一点，而且更加强调整个供应链风险的监控与防范，针对各个交易环节潜在的风险都要加以识别与控制，所以供应链融资的风险控制更加复杂、所需要的措施也更加全面。

目前中国贸易融资绿色化是一个长期战略，国内外在这个领域的研究和实践还处于起步阶段。但国际组织、国外银行和中国国内银行一直没有停止对贸易融资绿色化理论到实践的探索。

由于贸易融资与供应链融资均涉及贸易进行，贸易融资所提供的条款可能会影响供应链参与者的行为。因此，发展绿色贸易融资有利于绿色供应链模式的推广。一般来说，绿色供应链体系是指利用绿色可持续发展理念设计和优化供应链上的各个环节，使产品从物料获取、加工、包装、仓储、运输、使用到报废处理的整个过程中，对环境的影响（负作用）最小，资源效率最高。根据 Gema Perez（2012）对绿色供应链融资进行的初步论述，描述了绿色供应链的基本框架，假想公司绿色供应链融资的业务模式如图 6－3 所示。商业银行以该公司为核心企业，通过上下游供应链的买卖关系，辅以环境绩效信息，为核心企业及其供应商提供金融服务。有了这样的服务，供应商在提供订单信息和自身环境绩效信息后可以得到商业银行的融资支持（预付货款）。供应商的融资成本可能会取决于买家（核心企业）所提供的增信措施（如担保、回购协议等），以及供应商自身环境绩效的优劣。供应商环境绩效的优劣会影响到供应商自身持续经营的能力（绩效越好，因为污染问题被关停整改的风险越低），也会影响到买家购买的意愿和力度（诸如苹果这样的大品牌会对绿色产品有更多偏好）。

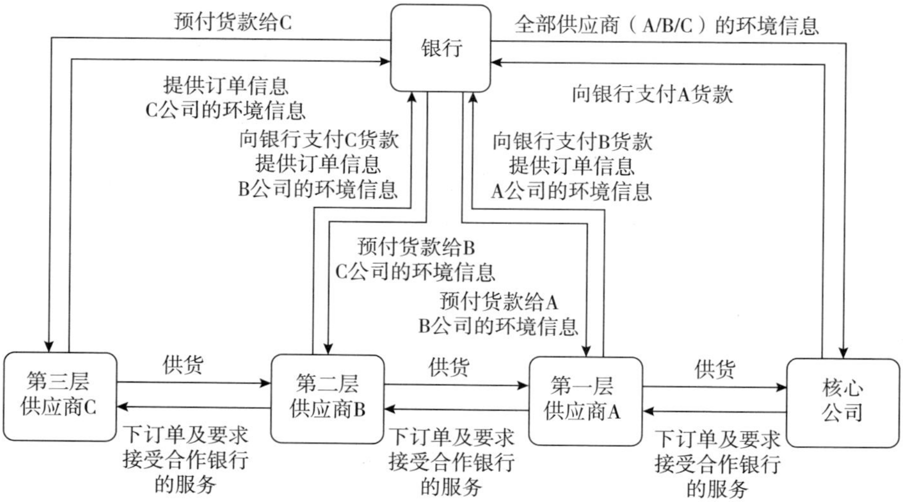

图 6－3　绿色供应链融资的业务模式

同时 Gema Perez（2021）在文中分析了各方通过绿色供应链融资所能获得的收益来证明了绿色供应链的可行性。如表 6－2 所示，买家

（一般是供应链融资中的核心企业）可以用更具成本优势的方式管控供应链的环境风险；卖家（供应商）拓宽了融资渠道、改善财务状况；金融机构（一般是商业银行）可以推出新产品、获取新客户以及有效降低信贷业务的环境风险。[①]

表 6－2　　绿色供应链融资模式中各方收益

买家的收益	供应商的收益	金融机构的收益
用更有成本优势的方式管控供应链的环境风险	取得更大的比较优势[②]	获得更多与风险管控相关的信息，因为环境绩效会影响经营风险
改善合作供应商财务状况	拓宽融资渠道，改善财务状况	获得新客户，创新型的绿色金融产品
从源头追踪整个供应链	可以获得与环境管理相关的培训与辅导	提升品牌形象

国外绿色供应链融资的实践目前还处于起步阶段。首先，对于相关国际组织来说，国际金融公司（IFC）在这一领域进行一些前沿探索，其环球金融市场部（Global Financial Markets）曾推出绿色供应链融资服务，服务对象主要是世界各地的地方金融机构，这些地方金融机构希望推动绿色供应链并从中获利。IFC 的主要角色是提供风险分担的金融工具，以及技术支持（以资助方式提供支持）。[③] 表 6－3 描述了 IFC 参与的一个有机咖啡农户融资项目，从中可以了解到项目参与各方的角色及项目的实施框架。

---

① Perez G. Sustainable Supply Chain Financing：How Financial Institutions Could Enhance Supply Chain Sustainability［J］. *Georgetown University－Graduate School of Arts & Sciences*，2012.

② 比较优势，主体由先天的要素禀赋或后天的学习创新形成较高附加值的相对优势，包括相对竞争优势与相对合作优势。

③ 绿色供应链融资助力中小企业绿色转型［EB/OL］. 中国金融信息网［2016－07－01］. https：//www. cnfin. com/greenfinance－xh08/a/20160701/1648192. shtml.

表 6-3　　有机咖啡农户融资项目

目的	IFC 为地方金融机构提供可持续金融的打包服务，支持地方金融机构为咖啡农户提供贷款。打包服务包括技术支持，以便咖啡农户能够满足国际买家的有机认证标准
出借方	地方金融机构
担保人	咖啡贸易商、咖啡买家
受益人	个体农户或农业合作社
IFC 角色	中长期授信支持、短期贸易融资、通过第三方提供技术辅导、农业保险
投资回报期	7 年
可持续效益	提升供应商的长期发展能力和产品品质；为买家更可靠的供应有机咖啡；所有参与方的品牌声誉；为地方金融机构提供可复制的新产品和未开发的新市场

资料来源：IFC。

2017 年 7 月，旨在通过促进企业碳排放信息的披露，推动商界应对气候变化的行动，总部设在伦敦的国际机构碳信息披露项目（CDP）表示即将启动绿色供应链融资计划，把金融机构引入供应链碳信息披露项目中。在开展供应链调查项目的时候，CDP 发现融资难是供应商所面临的普遍问题，因为这些供应商很多是中小企业，在金融机构面前的议价能力相对较弱。CDP 即将启动的绿色供应链融资计划正是针对提升这些中小企业供应商的融资能力。为了加强对英国出口的支持，2018 年国际商会银行委员会会议探讨了从全球金融监管到供应链管理创新等问题，以寻求进一步开展贸易融资行业合作的途径。会议成员指出，无论数字化采取何种形式，贸易的未来将从根本上依赖于可持续供应链，且绿色贸易融资的首要标准是符合绿色价值观，然后是要在供应链中建立可追溯性。①

其次，对于国外银行来说，荷兰 ING 银行早在 2010 年就开始提供

① International Chamber of Commerce Banking Commission Annual Meeting、Navigating trade in a world of disruption [EB/OL].（2019.06.17）. https：//www.globalbankingandfinance.com/navigating-trade-in-a-world-of-disruption/.

供应链融资服务，但在后期为了回应对可持续金融的承诺，ING 银行选择使用该工具奖励那些优先考虑可持续的供应商。2018 年英国出口信贷机构（UKEF）扩大了政府支持的贷款和债券支持的资格，从之前只对英国出口商开放到纳入供应链，位于 Wakefield 的 Green's Power 是第一家受益于这项新融资的公司。英国出口信贷机构 UKEF 能够为 Green's Power 提供 80% 的债券保证，使得汇丰银行可以在没有 Green's Power 的额外担保的情况下提供债券，从而允许 Green's Power 保留营运资金以交付合同，并增强其为英国和海外其他订单提供融资的能力。①

2019 年 4 月，世界上最大的零售商之一沃尔玛与汇丰银行合作推出一项新计划，后者将为沃尔玛全球供应商提供与其可持续发展绩效挂钩的融资利率。沃尔玛表示，通过与汇丰银行的新安排，在沃尔玛供应链中展示减少碳排放进展的公司将能够申请更优惠融资方案，这对于沃尔玛的供应商是一个诱人的机遇，也是沃尔玛履行先前宣布与供应商合力实现“10 亿吨减排目标”进程的一部分。② 咨询巨头麦肯锡（McKinsey）的研究表明，典型的消费品公司供应链占其温室气体排放量 80% 以上。汇丰银行贸易和应收账款融资全球负责人娜塔莉布莱思表示，贸易融资因此在减少碳排放和实现联合国可持续发展目标（SDG）方面发挥着“至关重要的作用”。③

在国内，通过出台与绿色供应链相关的法律政策，政府也正努力营造良好的制度环境，调动企业参与绿色供应链管理工作的积极性。2014

---

① Geis, R. Yorkshire green energy firm first to benefit from government's new finance offer [EB/OL]. [2018-04-06]. https://www.export.org.uk/news/395291/Yorkshire-green-energy-firm-first-to-benefit-from-governments-new-finance-offer.htm.

② 沃尔玛承诺2030年前在中国减排五千万公吨 [EB/OL]. 联商网, [2018-03-29]. http://www.linkshop.com/news/2018399560.shtml.

③ Cuff, M. HSBC and Walmart launch green finance programe to drive carbon cuts in retail supply chain [EB/OL]. [2019-04-23]. https://www.greenbiz.com/article/hsbc-and-walmart-launch-green-finance-program-drive-carbon-cuts-retail-supply-chain.

年 12 月，商务部、原环境保护部、工业和信息化部联合印发的《企业绿色采购指南（试行）》，明确提出通过绿色采购带动绿色供应链建设。2017 年 10 月，国务院办公厅发布的《关于积极推进供应链创新与应用的指导意见》，强调了打造绿色供应链的重要性，明确了开展绿色供应链管理的重点领域以及相关配套工作。2018 年 4 月，商务部、工业和信息化部、生态环境部、农业农村部、人民银行、国家市场监督管理总局、中国银行保险监督管理委员会、中国物流与采购联合会八部门共同发布的《关于开展供应链创新与应用试点的通知》，其中将发展全过程全环节的绿色供应链体系作为一项重要内容。2019 年 2 月，中共中央、国务院印发的《粤港澳大湾区发展规划纲要》，作为指导粤港澳大湾区当前和今后一个时期合作发展的纲领性文件，同样明确提出了在制造业领域“打造绿色供应链”①。

除了国家主动推进外，一些绿色金融业务走在前列的金融机构在现有绿色金融产品中也开始应用供应链融资的思路。比较典型的例子是商业银行，如兴业银行、浦发银行等在推行能效融资产品时植入设备供应商融资的模式，即以设备和节能收益作为抵押或质押，由商业银行为用能企业（买家）提供信贷支持，采购设备进行节能技改，取得节能效益。此外，宜信公司与公众环境研究中心（IPE）发起“蔚蓝贷”绿色保理项目，与道和环境与发展研究所（IED）发起“绿色宝”绿色保理项目，同样是绿色供应链融资的试验。以“蔚蓝贷”项目为例，申请项目的企业必须位于 IPE 绿色供应链项目内的优质企业供应链上，同时能够积极主动进行环境信息公开并接受社会监督，在持有优质企业的应收账款且账期及回款历史良好的情况下，以相对优惠的利率获得保理服务。这个

① 中国绿色供应链发展报告（2019）［EB/OL］. http：//imgs. h2o - china. com/news/2020/07/1594367310610836. pdf.

项目推出时间不长，能否持续实施还有待市场检验（见图6-4）。①

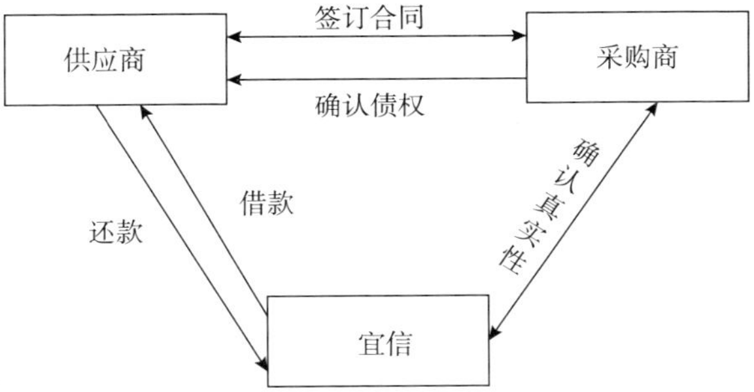

图6-4 宜信公司与公众环境研究中心合作发起“蔚蓝贷”

以兴业银行为例，其在国内率先制定并发布了《绿色供应链金融业务指引》（以下简称《指引》）。《指引》在明确绿色供应链金融概念的同时，界定了绿色供应链金融业务范畴，全面搭建绿色供应链金融产品体系，并从行业、客户等多维度细化绿色供应链金融业务发展策略，有效提高了业务开展的可操作性。根据《指引》，兴业银行将从信贷规模支持、财务资源配置、差异化授权管理等方面多措并举支持绿色供应链金融业务快速健康发展，按照“绿色行业供应链金融、绿色产品供应链金融、绿色供应链金融生态圈”“三步走”发展策略，为客户提供全方位绿色供应链金融服务，实现企业商业效益与生态环境保护共赢发展。

兴业银行交易银行部总经理表示，“绿色供应链金融作为绿色金融②与供应链金融③的有机融合，在强调交易基础的同时关注环境保护，将成

① 郭沛源．绿色供应链融资助力中小企业绿色转型［EB/OL］．https：//www. sohu. com/a/100438838_119663.

② 绿色金融是指为支持环境改善、应对气候变化和资源节约高效利用的经济活动，即对环保、节能、清洁能源、绿色交通、绿色建筑等领域的项目投融资、项目运营、风险管理等所提供的金融服务。

③ 银行围绕核心企业，管理上下游中小企业的资金流、物流和信息流，并把单个企业的不可控风险转变为供应链企业整体的可控风险，通过立体获取各类信息，将风险控制在最低的金融服务。

为商业银行践行绿色可持续发展的新途径新方式”。

作为国内绿色金融先行者，兴业银行于2006年首推能效项目融资产品后，在绿色金融领域不断创新，绿色设备与绿色产品买方信贷、保理等绿色供应链金融产品不断涌现，引领市场发展潮流。目前兴业银行已在电力生产、光伏发电、轨道交通等多个绿色产业领域实现了绿色供应链金融产品的应用落地，以产业链条不同节点的交易背景为基础引入贸易融资相关产品，实现了对绿色行业领域中小企业客户的融资支持。

一直以来，中国加强“一带一路”绿色供应链建设的举措不断。2017年4月，四部门联合发布了《关于推进绿色“一带一路”建设的指导意见》，指出要加强绿色供应链国际合作与示范。2018年4月，生态环境部成立了“一带一路”绿色供应链合作平台，旨在促进“一带一路”相关国家和地区绿色发展，推进各国开展绿色供应链交流与合作。剑桥大学可持续领导力学院（CISL）副院长Ian Ellison曾表示，中国在加强供应链的可持续性上，有着独特的优势。“因为中国正在快速发展，从而建立了许多崭新的供应链。比起在供应链发展定型之后再进行改造，从供应链发展初期就开始进行可持续性设计要容易得多”。Ellison提到，尤其是对于“一带一路”中的基础设施建设项目来说，从项目设计时就把绿色供应链考虑进去是非常重要的。他表示，相比普通消费品，基础设施的生命周期更长，更加需要从可持续性的角度来考虑项目的每个环节。“对于企业来说，他们设计和建造的项目要存续很长时间，这便需要更详尽、更有可持续性的计划，以及更多的投资”。①

2017年9月，中国金融学会绿色金融专业委员会与联合国环境规划署等五家机构共同主办的绿色金融国际研讨会发布《中国对外投资环境风险管理倡议》（以下简称《倡议》），其中第十一条提出，“金融

---

① 绿色“一带一路”兴起　绿色供应链及金融产品正加大应用［EB/OL］. 21世纪经济报道，［2018-11-15］. http：//finance. eastmoney. com/a/20181115985161194. html.

机构应推动贸易融资和供应链融资绿色化，降低绿色供应商的融资成本，提高融资可获得性”。[①] 实际上，绿色贸易融资是该《倡议》的重要践行途径，相关金融企业通过对绿色供应链中融资企业进行风险控制管理，对绿色供应商提供针对性资金融通服务，同时引导其加强对供应链、关联方的环境与社会风险管理，可以促进企业的绿色化转型升级，推动绿色生产、绿色采购与绿色消费的发展。

案例6-3　中国工商银行积极创新绿色供应链融资

中国工商银行在中国绿色金融改革创新试验新区的广州市积极创新绿色供应链融资产品。为了通过绿色金融助力东风汽车有限公司东风日产乘用车公司，工商银行花都支行在试验区创新推出绿色供应链融资方案助力汽车销售。东风日产的销售主要通过经销商实现，目前全国约有1000家经销商，以中小企业为主，许多企业面临融资难融资贵的困境。对此，工商银行花都支行创新推出了“一点对全国”的东风日产供应链融资方案，即由东风日产向工商银行推荐经销商名单，工商银行按照经销商经营实力、销售品牌、履约情况、所在区域等实施分类管理和不同的风险控制手段，为东风日产特约经销商提供专项银行承兑汇票融资用于向东风日产采购车辆。

通过“保证金+汽车和合格证质押+第三方驻店监管+股东担保”的方式锁定业务风险，解决了经销商融资难融资贵的难题，助力东风日产布局销售和资金回笼网络。实际上，汽车绿色供应链的核心是实现环境污染最小化以及资源利用最大化，因此，探索合理的环境责任分摊和减排成果分享机制也是汽车绿色供应链的重要内容。目前，在汽车绿色供应链中，东风日产在提升环境效益的过程中，经销商作为要求的提出

① 中国碳交易网：http：//www.tanjiaoyi.com/article-22520-1.html.

者，不断帮助供应商识别和发现节能减排机会，供应商也在不断寻找适宜的技术和融资机会，实现协同减排。同时，东风日产通过低利率资金把部分成本节约下来后，用于改进生产技术和发展新能源汽车，计划近5年内投入600亿元到电动车生产中心、研究开发和环境保护领域，主要用于电动车型的生产和销售。①

案例6－4　海尔智家与渣打银行签署《可持续供应链金融全球战略合作协议》

为促进海尔全球供应链的快速发展，推进海尔智家的可持续性业务稳步发展，海尔智家股份有限公司于2019年7月与渣打银行签署《可持续供应链金融全球战略合作协议》。该合作是海尔智家基于拓展境外市场的战略发展需求，为使海尔集团上下游供应商更容易获取境外融资，而与渣打银行开展供应链金融合作，并强调在该链接业务中各部分的可持续发展理念，通过构建绿色可持续供应链金融体系发挥金融的激励引导功能，鼓励与更多绿色可持续供应商开展合作。通过该战略合作协议，海尔集团与渣打银行拓展了意大利家电企业“CANDY”、美国GEA和海尔印度供应链上下游供应商和经销商的融资渠道，并建立深度合作关系，打造高效的数字化金融，推动海尔可持续性体系建设获得更多供应链方面的支持。

海尔智家与渣打银行的可持续供应链金融的模式特别适合倾向于构建参与全球产业链和供应链的企业和拓展全球业务的金融机构。由于全球产业链涉及不同的政治制度、法律规范和贸易方式，通过与全球化的银行开展供应链金融合作，可以帮助致力拓展全球业务的企业更快参与全球市场，提升自身竞争力；强调供应链金融的绿色和可持续水平，在

① 广州多举措建设环境权益市场　创新绿色供应链融资产品［EB/OL］. https://www.cnfin.com/greenfinance－xh08/a/20180607/1763905.shtml.

全球应对变化和加强可持续发展国际合作达成统一意向的情况下，能降低跨境合作可能面临的气候和环境风险，以推动企业可持续发展。[①]

专栏6－2　绿色营销的供应链融资

随着全球气候变暖、资源过度消耗、生态环境失衡等问题持续发酵，人们开始意识到生产和消费的不匹配对环境造成的危害。环境政策的颁布、消费者的绿色期望、环保理念的加强，使得他们改变了购物清单，更加倾向于绿色环保产品（Yenipazarli 和 Vakharia，2015）。环境的可持续性、绿色化等问题引起相关政府部门和绿色供应链管理研究学者的广泛关注（HaoxiongYang 等，2019；Moktadir 等，2018；Lin－ton 等，2007）。

目前，已有研究证实，绿色营销在促进绿色产品实现绿色供应链可持续性方面发挥着关键性作用（Cui 等，2020）。绿色营销源自欧美发达国家对各种行业出台的环境法规和政策，从环境的角度，是指对产品或服务的设计、生产、包装、推广等所做的营销努力，包括产品规划、绿色广告、绿色定价、生态标签等方式（Lampe 和 Gazda，1995）。绿色营销一方面可以通过开发绿色产品促进清洁生产，另一方面可以通过成功的营销促进可持续消费（Dangelico 和 Vocalel1i，2017）。如沃尔玛是首家制订减排计划的零售商，并同2015年通过的《巴黎协定》保持一致，根据减排计划，沃尔玛将采用节能措施与使用50%的可再生能源相结合的方式，实现2025年减排18%的目标。同时承诺与供应商一同减少商品和包装浪费，保护自然资源，到2025年前实现自有品牌可100%可收回包装。另外，沃尔玛采用新技术改造现有门店，打造绿色

① 陈思悦，黎峥．绿色供应链金融国内外经典案例分析及发展建议［EB/OL］．［2021－08－27］．https：//mp. weixin. qq. com/s？ __biz = MzI0MjU3Njg5MA = = &mid = 2247503700&idx = 1&sn = e7aa88ada1664c2e36828825e6f9b2c6&chksm = e978b3c1de0f3ad7a546743d5c882304f3aa9c8c6718ed082258c37d1d991650ee917bcb2011&scene = 27.

能效商场。这种绿色营销手段可以将消费者的绿色环保意识转化为实际的购买行动（Rahbar 和 Wahid，2011）。消费者认定产品的环境属性是通过产品绿色度来衡量，埃森哲的一项全球调查显示，超过 80% 的受访者在做出购买决定时考虑的是产品的绿色度（Hong 和 Guo，2019）。市场上消费者对绿色产品的强烈需求将会改变世界，因此，企业迫切采取绿色营销战略来竞争绿色机会（Ahmad 和 Zhang，2020）。

在两级绿色供应链中，制造商负责绿色产品的开发与生产，满足可持续性绿色消费，激励零售商绿色营销，也是企业履行社会责任的一种表现形式，在市场中树立绿色企业形象更具有竞争优势（Ko 等，2013）。如零售商可以采取环保广告或环保教育来推广绿色产品，当下比较流行的带货直播绿色营销策略，更是极大地吸引了消费者的眼球。海尔集团通过场景直播带货，促使下游零售商海尔智家短短一个半小时成交金额超 1.6 亿元，央视 Boys 携手京东直播三小时销售额 13.9 亿元。这种媒体宣传、零售商线上线下渠道展示，是大多数消费者了解、判断并最终选择绿色产品的主要途径，我们称为绿色营销努力（Chang 等，2019）。由此可见，有效的绿色营销努力可以帮助消费者理解绿色产品的意义，体验绿色产品的效果（Joshi 和 Rahman，2015），引导消费者增强绿色环保理念，刺激对绿色产品的需求，扩大市场需求，提高市场占有率（Chang 等，2019），因此，考虑零售商的绿色营销努力，是可行且非常有必要的。

但是突如其来的新冠疫情导致绿色供应链运营面临资金中断的风险，资金短缺致使供应链参与方不能执行最优运营决策，减少各方及供应链整体的利润。可见，资金短缺的零售商面临的最重要的决策之一是如何为其运营融资（laoxiongYang 等，2019）。为了解决这一问题，制造商可以采用银行贷款或贸易信贷的形式进行融资，以维持其正常运营。与此同时，政府和金融机构也不断加大金融业务创新力度，鼓励零售商向其上游资金充足的制造商进行贸易信贷融资（HonglinYang 等，

2017)，这实际上也是一种有效的营销努力，可以显著提高产品知名度和市场需求（Pramanik 等，2017)。比如，丰田公司会采取延迟付款的方式，以占有更大的市场份额。因此，贸易信贷成为参与供应链竞争最受欢迎的融资方式之一，甚至可以优化供应链融资环境和提高经济效益（A1 jazzar 等，2018)。

“绿色营销”一词首次提出是在 1975 年美国市场营销协会开展的讨论会上，又被称为生态营销、环境营销、可持续营销（Po1 onsky，2011)，是指针对所有消费者的行动，并包括一系列广泛的营销活动（如价格、计划、过程、生产、促销)，这些活动旨在追求企业目标的过程中，将对环境的负面影响降到最低（Groening 等，2018)。可持续发展是未来绿色营销的主题，Q. Zhu 和 Sarkis（2016）总结了绿色营销在中国的可持续消费的社会变化，强调了绿色营销的重要性。不同的企业可以实施不同的可持续发展战略，如制造商可以通过减少碳排放、绿色创新等手段生产绿色产品，与制造商不同的是，零售商可以通过广告、促销等绿色营销努力来实施环保（Chang 等，2019)。

迫于环境的压力，更多的消费者喜爱绿色产品，并将其作为保护环境的一种有效方式（Yenipazarli 和 Vakharia，2015；Juvan 和 Dolnicar，2017)。Ko 等（2013）从消费者的角度研究绿色营销在产品和销售中的作用，研究表明绿色营销行为对塑造企业社会责任形象具有良好的效果，能够提高市场份额。消费者的这种偏好会迫使零售商采取绿色营销，促进企业承担社会责任。Phan 等（2019）证实了市场需求受零售绿色商营销努力影响。Mondal 和 Giri（2020）构建了单个制造商和单个零售商组成的两周期绿色闭环供应链模型，研究了绿色创新、营销努力和废旧产品回收率对供应链决策的影响，指出制造商和零售商分别可以通过提高绿色创新和增加营销力度来增加市场需求。Sana（2020）构建了基于企业社会责任的绿色产品营销的报童模型，该模型探讨了绿色营销与非绿色营销竞争的定价策略。绿色营销对企业形象和经营绩效具有积极影响，企业想要保持竞争优势，特别是新零售领域，采取绿色营销最符合它们的利益（Mukonza，2020）。因此，绿色营销对绿色供应链的影响是值得关注与研究的。①

专栏6－3 供应链金融与贸易融资的区别

供应链金融始于贸易融资，但又在贸易融资基础上结合信息化、大数据、云计算等技术手段，打通了供应链金融各方信息，使得供应链金融模式标准化、规范化、规模化。

贸易融资是点对点、单对单通过贸易来进行融资的。贸易融资，实际上是基于对存货类动产作为担保的不得已的接受，仅从财务能力等传统视角审视用款主体，仍然是对用款主体的授信行为，对供应链中的广大中小企业并不友好，能获得金融支持的实属微乎其微。

真正意义上的供应链金融，从依托核心企业的线下“1＋N”模式开始，首先为中小企业融资的理念和技术瓶颈提供了解决方案，中小企业信贷市场不再可望不可即；其次，它提供了一个切入和稳定高端客户的新渠道，供应链金融的经济效益和社会效益非常突出，借助“团购”式的开发模式和风险控制手段的创新，中小企业融资的收益—成本比得以改善，并表现出明显的规模经济。②

专栏6－4 供应链业务实践

从国际实践来看，彪马公司（PUMA）、法国巴黎银行和国际金融公司于2016年推出了绿色供应链融资计划，类似可持续应付款融资模式，根据PUMA和供应商自身的信用状况提供短期融资的分层定价，

---

① 张晓莉，修国义，王金龙．零售商绿色营销的供应链融资研究综述——以外文文献为例［J］．商业经济，2021.

② https：//baijiahao. baidu. com/s？ id＝1652817269042133859&wfr＝spider&for＝pc.

并为 PUMA 供应商（PUMA 公司内部评级系统评定其得分为高可持续性）提供较低成本的融资。两个金融机构对特定细分市场的支持——法国巴黎银行为发达市场（主要是欧洲）的 PUMA 供应商提供资金，国际金融公司为发展中国家的 PUMA 业务合作伙伴提供融资——这种互补使得金融机构可以向更多的 PUMA 供应商提供绿色供应链融资。2019 年沃尔玛和汇丰银行也采用类似的模式展开绿色供应链金融合作。

我国的绿色供应链金融属于刚刚起步阶段，可从三个模式和方向发展。

一是“供应链金融 + 绿色金融”融合模式：通过运用供应链金融的产品和模式，加大对绿色金融领域的绿色产业、绿色项目的金融支持，实现供应链金融与绿色金融的有效融合。

银行一方面可以运用绿色供应链金融服务支持绿色设备生产商的生产与销售、下游企业购买绿色设备；另一方面可以发展绿色产品贸易融资，如用票据、控货融资、绿色产品买方信贷、保理、应收账款质押融资等供应链金融工具，支持下游贸易商或企业采购绿色标识产品，这也是目前绿色信贷的重要方向之一。

二是“绿色供应链 + 供应链金融”融合模式：银行依托核心企业（品牌企业），在给其上游供应商提供供应链融资服务的过程中，除了考虑财务、技术和市场等因素，对产业链的中小企业加入环境绩效的考虑，即实现绿色供应链与供应链金融的融合。

“绿色供应链 + 供应链金融”融合模式主要围绕核心企业进行，并且主要由核心企业自发主导，核心企业通过设定供应商的绿色准入标准或者绿色认证等级为供应商提供不同程度的奖励，并将该评估结果作为商务采购授信的评估内容之一，以此来激励供应商的绿色行为。同时，与金融机构合作，为不同绿色等级的供应商提供差异化的供应链融资，并且由核心企业向银行担保。在该种模式下，供应商得到了融资便利；核心企业降低了自身的环境风险；供应商得到金融机构的支持后，财务成本降低，也在一定程度上可降低核心企业的采购成本；金融机构在不需要进行额外审查工作的前提下降低了自身的环境风险，同时也提升了自身的社会责任价值。

除了依托核心企业绿色供应链管理对供应商的绿色评级、评价进而提供差异化的融资外，还有一个方式是银行自己建立针对融资企业的通用性及行业性的环境绩效相关标准和指标，并将其纳入相关的融资标准中，同时积极考虑运用大数据和第三方的力量。这一方式对银行短期和中长期融资工具都可以运用，相较供应链金融基本属于短期融资工具范畴，银行中长期的融资工具更需要关注环境与社会风险。

三是“绿色供应链＋绿色金融”融合模式：银行加大对绿色供应链管理企业的支持，以金融的手段促进我国绿色供应链管理的发展，实现绿色供应链与绿色金融的有机融合。

绿色供应链是将环境保护和资源节约的理念贯穿于企业从产品设计到原材料采购、生产、运输、存储、销售、使用和报废处理的全过程，使企业的经济活动与环境保护相协调的上下游供应关系。绿色供应链的核心理念之一就是，通过供应链上核心企业对其上游供应商的环境约束及合作来实现整条供应链的环境共赢，而绿色金融一个重要的内涵就是银行要加大对绿色产业与绿色经济的支持。两者的目标具有一致性，因此通过创新绿色金融的产品和服务来支持绿色供应链的管理有其合理性。为了激励更多的行业和企业实施绿色供应链管理，建议可以借鉴能效融资贷款的方式，以损失分担的商业模式或建立绿色供应链担保基金的方式，激励金融机构将更多资源投入绿色供应链管理的企业中去。①

① 鲁政委，钱立华，方琦．绿色供应链金融三大发展模式［J］．中国银行业杂志，2019（8）．

6.4 绿色产业投融资业务

据麦肯锡研究报告显示，未来10年中国绿色产业投融资及交易潜在资金规模需求在25万亿元左右，而资金缺口预计在6万亿~8万亿元左右。根据2018年深交所总经理出席由联合国贸易与发展会议（以下简称“贸发会”）举办的世界投资论坛发言，深交所作为中国资本市场的核心机构，通过多层次市场建设，为绿色产业发展提供了畅通的融资渠道，同时也较早地开展环境信息披露与绿色指数编制，引领市场“绿色发展”成效显著。截至2018年，深交所2126家上市公司中，从事绿色产业相关业务的共有116家，融资规模约2130亿元。绿色固定收益产品累计发行128只，募集资金815亿元，还有13只正在发行过程中，拟融资197亿元。此外，创新推出绿色ABS、绿色PPP[①]等产品，融资超过150亿元，基础权益包含垃圾焚烧、污水处理、风电、生物发电等。早在2008年，深交所就推出中国第一条环保指数，2017年又与卢森堡交易所等机构合作，在中欧两地同步发布绿色债券指数。[②]

2017年6月，国务院决定在浙江、江西、广东、贵州、新疆五省（自治区）选择部分地区设立绿色金融改革创新试验区（试验区），承担五大任务，以加快绿色金融体制机制创新、推动经济绿色转型和在5年内初步构建绿色金融服务体系。2019年5月13日，中国人民银行发布了《关于支持绿色金融改革创新试验区发行绿色债务融资工具的通知》（以下简称《通知》），意在根据绿色产业发展过程中面临的金融问

---

① PPP，指政府采用竞争性方式选择社会资本方，双方订立协议明确双方的权利和义务，由社会资本方负责基础设施和公共服务项目的投资、建设和运营，并通过使用者付费、政府付费、政府提供补助等方式获得合理收益的活动。

② 张忆. 深交所：为绿色产业融资开绿灯［EB/OL］.［2018-10-26］. http://www.sohu.com/a/271391565_115124.

题进行有意义的尝试，巩固完善试验区绿色金融政策、措施、实践等层面取得的经验，以期在全国等更大范围内进行推广，促进绿色产业的发展。[①]《通知》第一大亮点是放宽了绿色债务融资工具募集资金的用途，主要用于企业绿色产业领域的业务发展，可不对应到具体绿色项目，让绿色企业可以更加灵活有效地运用募集资金。借鉴《通知》的做法，绿色贸易融资对象可以拓宽至绿色产业进出口贸易层面，而不仅仅限于绿色项目，以便于进出口企业利用募集资金投资于技术改进、生产管理等多方面绿色化改进中。

专栏6－5　绿色PPP的介绍

政府和社会资本合作（Public－Private－Partnership，PPP），即政府采取竞争性方式择优选择具有投资、运营管理能力的社会资本，双方按照平等协商原则订立合同，明确责任权利关系，由社会资本提供公共服务，政府依据公共服务绩效评价结果向社会资本支付相应对价，保证社会资本获得合理收益。

政府和社会资本合作模式是公共服务供给机制的重大创新。民营资本的加盟拓宽了PPP项目的资金来源渠道，有利于减轻财政支出压力，充分发挥民营资本市场化、专业化优势，提升公共服务的供给质量和效率，实现公共利益最大化。在PPP模式的推进中，作为地方政府的刚性需求，生态环境保护领域一直是重点和优先发展领域之一。绿色PPP项目市场潜力巨大，在生态修复、污染治理等多个领域应用广泛。在绿色投资领域，政府部门可以借助PPP模式鼓励和引导更多的民营资本参与。

1. 政策发展历程

目前，绿色PPP项目均是以PPP相关政策为基础开展。财政部于

---

① http：//www.pbc.gov.cn/jinrongshichangsi/147160/147171/147358/147400/3824914/index.html.

2016年10月发布《关于在公共服务领域深入推进政府和社会资本合作工作的通知》中明确提出在垃圾处理、污水处理等现金流稳定且市场化程度较高的公共服务领域，各地新建项目强制应用PPP模式。自此，绿色项目与PPP模式结合的优势开始逐渐体现。在中央政策的支持和引导下，各地方政府不断深化探索PPP模式的推广与创新，完善PPP项目的运行管理与奖惩制度等政策（见图6－5）。

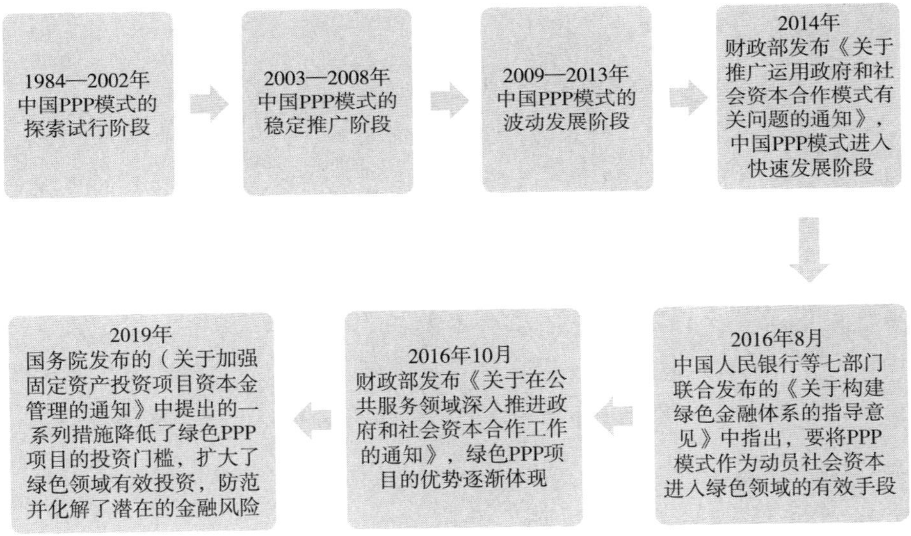

图6－5 中国PPP模式探索进程

2. 绿色PPP项目规模发展现状

我国绿色PPP的投资规模不断扩大，在PPP领域的地位不断提高。根据财政部政府和社会资本合作中心统计，2020年，新入库污染防治与绿色低碳项目319个，投资额3478亿元占全部新入库项目的43.8%，净入库项目160个、投资额2056亿元。2021年上半年，新入库污染防治与绿色低碳项目182个、投资额1810亿元，占全部新入库项目的31.6%，预计2021年全年的投资额将继续上升。

3. 绿色PPP运营模式现状

绿色PPP项目的运营模式主要有BOT模式，BOO模式，TOT模式，ROT模式，MC模式，OM模式等。在2014—2020年，BOT模式是PPP项目的主要运作模式，项目数量占项目总数的78.28%，其后依次为“TOT＋BOT”模式，TOT模式和ROT模式。2014—2017年，PPP项目投资额呈现上升趋势，其中较为突出的是BOT模式的项目有很大的增长。2017年的投资量最大，占8年来总投资额的30.3%，其中BOT的总投资额达到了3.8万亿元。

4. 民营企业参与绿色PPP现状

尽管我国绿色PPP项目的数量在不断增加，但民营企业参与PPP项目的比例却不容乐观。2015—2019年，民营企业参与PPP项目的规模与项目数总体上均呈现出逐年下滑的趋势。从数量上看，民营企业参与项目数由2015年的53%降至2019年的38%；从规模上看，民营企业参与项目规模整体不高，在2015年也未超过30%，在2019年更是骤降至10%。可以看出，虽然绿色PPP项目投资额逐年增加，但民营资本PPP项目参与度却整体下降。其中存在的问题值得研究并进一步并解决。①

6.5 贸易融资业务创新

展望未来，以下几种新型国际贸易融资业务值得重点关注，主要包括外汇结构型国际贸易融资、新型离岸国际贸易融资、升级转型供应链金融和技术驱动普惠型贸易融资。

6.5.1 外汇结构型国际贸易融资

2021年12月召开的国务院常务会议提出：“鼓励银行有针对性开

① 财政部政府和社会资本合作中心．财政部PPP网站［EB/OL］．http：//www.cpppc.org/.

展远期结售汇业务，提升外贸企业应对汇率风险能力”。这一部署对下一步银行外汇结构型贸易融资发展具有重要意义。

结合在岸、离岸外汇衍生产品差异和特点，综合利用在岸、离岸两个市场的两种资源，在传统贸易融资业务中镶嵌外汇远期合约、互换、期权等外汇衍生品交易服务，一直是银行协助外向型企业减少交易成本、降低经营风险、锁定收益、促进进出口贸易发展的重要手段之一，也一直是贸易融资一大创新来源。近几年这类业务受多种因素影响，总体发展相对缓慢。

未来，由于鼓励措施的出台，以及产品特征对贸易具有促进作用，搭载外汇衍生品交易结构的贸易融资将会获得新的发展动力，相关创新将有所增加。但与 2015 年“8・11”汇改前相比，这种创新与发展将体现得更有针对性，预计各方在推进业务的同时，会更加兼顾发展与风险控制的关系。商业银行应及时把握政策动态，提高外汇业务交易、产品创新能力，落实好相关政策部署，助力“稳外贸”，抓住发展机遇。

6.5.2　新型离岸国际贸易融资

2021 年 12 月，中国人民银行、国家外汇管理局联合发布《关于支持新型离岸国际贸易发展有关问题的通知》（银发〔2021〕329 号），鼓励银行为诚信守法企业开展真实、合规的新型离岸国际贸易提供跨境资金结算便利。此前，国务院办公厅发布《关于加快发展外贸新业态新模式的意见》（国办发〔2021〕24 号），倡导银行为企业真实合规的离岸贸易提供更优质的金融服务。

随着 2022 年 1 月 1 日《区域全面经济伙伴关系协定》（RCEP）正式生效，银行运用各类新型贸易融资产品更好地服务离岸贸易，也符合自身发掘新客户、拓展新业务的内在需要。银行一方面应立足于服务实体经济，重点支持关系国家长远发展的关键行业和核心产业；另一方面要有针对性地改进对系统和产品的管理能力，提高风险控制能力，如建立离岸贸易融资客户白名单制度，对客户进行有效的分类管理，在业务准入、监测、事后管理中高度关注贸易流、资金流、船舶轨迹等各类数据的自洽合理性，根据离岸转手买卖、全球采购等不同类型的新型离岸国际贸易特点制定分门别类的风险管理措施，实现银行业务的高质量发展。

6.5.3 升级转型供应链金融

2021年11月，银保监会召开专题会议，专门研究部署推动银行保险业深化供应链融资工作。2021年“两会”发布的《政府工作报告》，也专门提及“创新供应链金融服务模式”。在贸易融资领域，供应链金融并非新近热点，其能弥补传统贸易融资方案的部分缺陷也已基本成为业内共识，尤其是在系统风险预警与控制、基于银企深度合作的一揽子贸易解决方案提供、授信服务效率与质量改进等方面，供应链金融被业内寄予了厚望。

但供应链金融本身同样存在若干尚待解决的问题或不足，如外界对核心企业的期待与其实际意愿和动力经常存在偏差、各参与方数据交互和数据处理能力参差不齐、信息共享水平有待改进等。其中，银行端的问题集中体现在部分银行的综合业务处理能力、系统应对能力，与理论界、监管部门、企业对供应链金融服务的高期待、高要求存在差距，一些现实的问题可能在短期内无法完全解决。

面对客户和外部的期待与诉求，运用供应链金融理念发掘贸易融资业务潜力将成为业内的重点方向之一。银行可考虑基于整体、全流程的业务逻辑（而非单业务思维）进行推广，第一要务是捋顺银行前台营销、信贷审查和信贷管理、中后台操作、科技系统支撑等方面的关系，打破“部门墙”，形成合力。在此前提下，围绕核心企业，整合合同流、物流、资金流、信息流形成风险监控措施的闭环，更多依赖贸易的自偿性特征，对整个供应链上下游企业提供高效的结算、融资（预付款融资、保理、保单融资等）、外汇衍生交易等服务，形成并利用供应链数据湖泊，为企业经营提供更多有附加值的服务，协助企业运营，增强供应链条的整体竞争力。

6.5.4　技术驱动普惠型贸易融资

2021年12月，国家外汇管理局召开会议传达中央经济工作会议精神，提出将“完善跨境金融服务平台，助力中小微企业和民营企业更好开展跨境贸易和投融资活动”作为2022年需重点抓好的工作之一。银保监会此前亦发布《关于2021年进一步推动小微企业金融服务高质量发展的通知》（银保监办发〔2021〕49号），不仅鼓励银行为小微企业提供贸易融资服务，还指出金融机构要积极运用金融科技力量，增强服务能力和服务效率。这都为普惠型贸易融资的未来发展方向和发展模式打下基础。

中小微企业融资难、融资贵的问题长期存在，其中部分原因是由于银企信息不对称所致，如何做到既较好控制风险，又降低服务成本、提升服务质效，一直是银行重点思考的问题。目前来看，随着信息科技水平的高速发展和科技应用的全面推广，数字技术在普惠型贸易融资方面的作用可能进一步放大。

更好发挥金融科技的作用，为中小微企业提供更高质量的服务，将是今后贸易融资发展的主题之一。银行对此应秉持“实质重于形式”的观念，增加技术创新的资源投入，强化技术对中小微企业贸易融资的支撑作用。

国务院办公厅于2021年12月印发《加强信用信息共享应用促进中小微企业融资实施方案的通知》，从具体内容看，未来在政府部门（海关、税务等）、金融机构、企业之间，与中小微企业相关的信用信息的整合和共享力度将大大升级，数据潜能将得到更好开发，综合利用效能水平将得到根本性的改进。银行应该积极运用大数据、区块链、云计算等技术，实现数据共享和互联互通，提高智能响应、平台运作、线上高效交易等方面的能力，做到更精准画像，为中小微企业贸易融资的审查审批提供便利的支撑条件，推动普惠型贸易融资业务的数字化转型，为解决中小微企业融资难、融资贵问题提供更优解决方案。[①]

① 汤志贤．银行贸易融资回顾与展望［J］．中国外汇，2022（2）．

第7章　绿色贸易融资的相关模型与指标

7.1　理论模型初步探究

整理相关研究发现，绿色金融和绿色贸易的发展是2016年后才开始兴起，目前没有完善的理论框架，学术上的深入研究还需要借鉴传统的贸易及金融领域的模型。绿色贸易融资结合了国际贸易、贸易融资与绿色金融，属于交叉学科的前沿研究领域，发展尚处于初期，相关理论研究尚不完备。可考虑基于国际贸易、贸易融资、绿色金融等领域的经典模型，然后进行模型改进，融入绿色贸易融资要素，创新性构建绿色贸易融资理论模型。本书在此提供一个绿色贸易融资的理论模型初探的例子，希望给广大读者、学者以借鉴启发，共同促进绿色贸易融资领域的发展。

为了给“绿色贸易融资”这一全新理念构建理论框架，借鉴 Manova（2013）[①] 将贸易融资因素引入 Melitz（2003）[②] 经典贸易模型的思路，进一步尝试将绿色贸易融资因素引入并重构模型，以从异质性企业角度解释绿色贸易融资与企业绿色贸易行为的作用机理，并阐释绿色贸易融资与绿色贸易发展的促进关系。

假设全世界有J个国家和S个部门，其中存在一系列企业生产差异性产品，且消费者具有对于产品多样性的偏好。i 国的效用函数和 i 国 s 部门的消费函数如下所示。

---

① Manova K. Credit Constraints, Heterogeneous Firms, and International Trade [J]. *The Review of Economic Studies*, 2013, 80 (2): 711 – 744.

② Melitz M J. The Impact of Trade on Intra – Industry Reallocations and Aggregate Industry Productivity [J]. *Econometrica*, 2003, 71 (6): 1695 – 1725.

$$C_{is} = [\int_{\omega \in \Omega_{is}} q_{is}(\omega)^{\alpha} d\omega]^{\frac{1}{\alpha}} \tag{1}$$

$$U_i = \prod_s C_{is}^{\theta_s} \tag{2}$$

其中，$q_{is}(\omega)$ 指 i 国在 s 部门的消费种类 ω，Ω_{is} 是可供选择的一系列消费种类组合。参数 θ_s 表示每个部门在总支出 Y_i 中的比重，且 $\sum_s \theta_s = 1$，$0 < \theta_s < 1$。如果 P_{is} 是部门 s 的价格指数，$\varepsilon = 1/1 - \alpha > 1$ 代表不变的替代弹性则 i 国在价格 $p_{is}(\omega)$ 下的需求为

$$q_{is}(\omega) = \frac{p_{is}(\omega)^{-\varepsilon} \theta_s Y_i}{P_{is}^{1-\varepsilon}} \tag{3}$$

$$\text{其中 } P_{is} = [\int_{\omega \in \Omega_{is}} p_{is}(\omega)^{1-\varepsilon} d\omega]^{\frac{1}{1-\varepsilon}} \tag{4}$$

企业支付 $c_{js} f_{ej}$ 的贸易沉没成本以进入某一行业，之后可以从符合 $[a_L, a_H]$（$a_H > a_L > 0$）的累计分布函数 $G(a)$ 中得出企业生产水平为 $\frac{1}{a}$。令一单位产出的成本为 $c_{js}a$，其中，c_{js} 表示各国各部门中要素投入组合最小化时的成本，由于 c_{js} 可以用来衡量国家间总生产率，要素价格以及要素密集度的差异，因此 $G(a)$ 并不取决于 j 或者 s。众多研究结果表明，信贷约束会扭曲企业的投资以及生产决策，并且这种影响是跨部门的（Rajan 和 Zingales，1996①；Braun，2003②；Fisman 和 Love，2007③）。相较于国内生产来说，为了更加聚焦其对于出口的影响，假定企业利用日常运作的现金流为国内生产经营活动提供融资，参照 Manova 的模型假设，本研究进一步假定服务于本国市场时不存在固定

① Rajan R G, Zingales L. Financial Dependence and Growth [J]. *The American Economic Review*, 1996, 88 (3): 559－586.

② Braun M. Financial Contractibility and Asset Hardness [D]. University of California－Los Angeles mimeo, 2003.

③ Fisman R, Love I. Financial Development and Growth Revisited [J]. *Journal of the European Economic Association*, 2007 (5): 470－479.

成本，即所有行业内的企业都在本国生产。并且由于j国的企业可以通过每期支付固定成本$c_{js}f_{ij}$以出口至i国，其中$f_{ij}>0$，$i\neq j$，$f_{jj}=0$。此外，为了使一单位的某种产品可以到达进口国，出口商同时也要支付$\tau_{ij}>1$单位的产品的运输费用。

企业面临在国际贸易中生产与运输支出融资方面的信贷约束。本书假定出口商可以在内部为可变成本融得资金，但仍旧要从外部募集到固定贸易成本的d_s（$0<d_s<1$）的资金。因此j国s部门的生产商为了出口需要的借款额为$d_s c_{js} f_{ij}$。其中，潜在的假设条件是企业不能使用往期利润为未来企业运作进行融资，实际上，这个假设是客观存在的，如企业不能保存收益，而是要在每期期末将所有利润分配给股东，此时，d_s可以指在所有留存收益被分配尽后，支出花费中需要进行外部融资的比重，或者可以类比到企业经历流动性紧缩时，其只能在获得利润之后才能偿还沉没成本的情形。此外，参数d_s可以准确地体现每个产业由于自身特质而导致的部门间沉没成本的差异，并且很好地衡量了外部融资的依存度。

在贸易融资过程中，进行绿色贸易的企业可以在有关政策的支持下得到众多形式与渠道的资金融通。如1995年，中国人民银行颁布《关于贯彻信贷政策与加强环境保护有关工作问题的通知》，要求为加强银行环境管理，规避环境风险，促进商业银行进行环保产品投资①。

假定企业可以根据符合绿色贸易融资的程度，获得$\lambda_{js}(0<\lambda_{js}<1)$比例的利息减免，$\lambda_{js}$作为本书研究的核心解释参数，可以被定义为绿色贸易融资中的利息优惠因子。λ_{js}由j国s部门绿色贸易融资的强度而决定，在模型中是外生的，用以突出绿色贸易融资受到各国对于绿色贸易融资的重视程度不同以及部门间由于自身特质导致的得到绿色贸易融资的比例不同等方面的影响。绿色贸易融资的过程，具体如下：每期期

① 法律图书馆网．关于贯彻信贷政策与加强环境保护工作有关问题的通知［EB/OL］．［1995-02-06］．http：//www.law-lib.com/law/law_view1.asp？id=59781.

初，各企业出示所需融资金额，则融得资金后按照规定须支付 F 的利息，并获得相关利息减免，在贸易产生利润后在每期期末偿还利息。

j 国的企业需要决定在 i 国市场的出口价格和数量以实现利润最大化：

$$\max_{p,q,F(a)} \pi_{ijs}(a) = p_{ijs}(a)\, q_{ijs}(a) - q_{ijs}(a)\, \tau_{ij}\, c_{ij}a - (1 - \mathrm{d}_s)\, c_{js} f_{ij} - \lambda_{js}F(a) \tag{5}$$

$$q_{ijs}(a) = \frac{p_{ijs}(a)^{-\varepsilon}\, \theta_s\, Y_i}{P_{is}^{1-\varepsilon}} \tag{6}$$

$$A_{ijs}(a) \equiv p_{ijs}(a)\, q_{ijs}(a) - q_{ijs}(a)\, \tau_{ij}\, c_{js}a - (1 - \mathrm{d}_s)\, c_{js} f_{ij} \geqslant F(a) \tag{7}$$

$$B_{ijs}(a) \equiv - \mathrm{d}_s\, c_{js} f_{ij} + \lambda_{js}F(a) \geqslant 0 \tag{8}$$

利润方程（5）的表达形式体现了企业为所有可变成本以及 $(1 - d_s)$ 比例的固定成本进行内部融资，并支付投资者 $\lambda_{js}F(a)$ 的利息额。在没有利息减免时，出口商仅需要通过满足方程（6）给出的需求条件以实现利润最大化，而在存在外部融资时，则存在方程（7）、方程（8）两个条件以约束企业的决策。融资时，企业最多可以支付其净收益（net revenues）$A_{ijs}(a)$ 给借方，此外，后者只有在其净回报（net return）$B_{ijs}(a)$ 不为零时才会进行投资。其中，考虑绿色贸易融资的利息减免政策的滞后性，以及部门内企业是否可以获得绿色贸易融资的不确定性，约束方程（2）提高融资基础条件，要求企业的净利润必须大于所需偿还的利润总额而非实际所需偿还的利息减免后金额。由于在竞争性的借贷市场中，所有投资者的互相竞争以致得到为零的预期利润，即均衡时 $B_{ijs}(a) = 0$，此时可以转化为没有利息减免且满足时 $F(a)$ 不多于企业净收益的流动性约束时的利润最大化问题。因此，如 Melitz 模型中描述的一样，最佳情况是各个企业选择相同的出口数量和价格，且得到相同的出口收入及利润：

$$p_{ijs}(a) = \frac{\tau_{ij}\, c_{js}a}{\alpha} \tag{9}$$

$$q_{ijs}(a) = \left(\frac{\tau_{ij}\, c_{ij}a}{\alpha}\right)^{-\varepsilon} \frac{\theta_s\, Y_i}{P_{is}^{1-\varepsilon}} \tag{10}$$

$$r_{ijs}(a) = \left(\frac{\tau_{ij} c_{js} a}{\alpha P_{is}}\right)^{1-\varepsilon} \theta_s Y_i \tag{11}$$

$$\pi_{ijs}(a) = (1-\alpha)\left(\frac{\tau_{ij} c_{js} a}{\alpha P_{is}}\right)^{1-\varepsilon} \theta_s Y_i - c_{js} f_{ij} \tag{12}$$

由于企业生产效率提高会促使利润增加，以及贸易的进行必然引致固定成本增加，因此所有生产率在特定水平上的企业可以在出口中获利，λ_{js} 若为 1 则为标准 Meliz 模型的表达，且生产率门槛值 $\frac{1}{a_{ijs}^*}$ 可以由 $r_{ijs}(a_{ijs}^*) = \varepsilon c_{js} f_{ij}$ 得到，即当满足如下条件时，生产率临界值为 $\frac{1}{a_{ijs}^*}$：

$$r_{ijs}(a_{ijs}) = \left(\frac{\tau_{ij} c_{js} a_{ijs}}{\alpha P_{is}}\right)^{1-\varepsilon} \theta_s Y_i = \left(1 - d_s + \frac{d_s}{\lambda_{js}}\right)\varepsilon c_{js} f_{js} \tag{13}$$

以上表示出口商生产率临界值的表达式表明，在考虑绿色贸易融资行为后，λ_{js} 与 $r_{ijs}(a_{ijs})$ 呈反向相关关系表明，当绿色贸易融资的利率优惠因子越小时，只有生产率越高的企业才能够进行出口，因此，仅从生产率角度考虑，绿色贸易融资的强度可以有效降低出口商绿色贸易行为的门槛，刺激更多生产率达到门槛值的企业进行绿色贸易，为绿色贸易的发展起到关键性的推动作用，从而可以进一步带来出口总量增加、环境改善等一系列联动效应。

7.2　实践模型探索应用

对于贸易融资业务来讲，业务的风险程度不仅要考虑财务状况等因素，还要考虑境外贸易合作方所在国、代理行、物流、贸易标的物国际市场状况、贸易对手信用等诸多因素，而绿色贸易融资相对于常规贸易融资业务来说，业务规范化和风险把控难度更大，因此对于金融机构业务能力提出了更高的要求，对此，可以考虑建立以下实践模型应用至绿色贸易融资业务之中。

7.2.1 业务审核模型

当前对于贸易背景真实性审核已成为贸易融资业务领域最重要工作之一，因此可以考虑通过建立专业化的业务审核模型，在分担人工审核压力的同时，提升审核效果的全面性、准确性与可靠性。以一笔出口应收账款融资为例，在模型设计中，将贸易合同中的贸易双方注册地、发货地、收货地、收货地址、收货人信息等与出口单据资料匹配程度通过模型进行核对，并对绿色贸易认定书、贸易合同金额、预收、应收账款比例、发货日至收款日期与融资期限匹配性等进行比对，如果出现要素信息不一致或可疑信息则立即发起预警，以此增加对绿色贸易背景真实性进行客观审核的准确性。

7.2.2 绿色贸易商品市场模型

在贸易金融领域中，以全球大宗商品作为贸易标的物的融资规模占有较大比例，且多数大宗商品进口企业往往以货权向银行质押作为融资条件。而全球大宗商品贸易与毁林之间存在着千丝万缕的联系，尤其是大豆、棕榈油和牛肉等农产品，具有极高的毁林风险，已经引起广泛关注。对大宗商品的市值监控、仓储核查等成为大宗商品绿色贸易融资业务受理中的重要环节。

目前来看，此项工作采取人工盯市的现象较为普遍，在一定程度上加大了人力成本，因此建议在业务操作流程中加入大宗商品绿色贸易融资监控模型，模型要素涵盖货物质押率、商品实时价格、环境风险、供应商绿色指数、下游销售周期等，商品价格下跌时或者生产未达到绿色标准时通过模型处理发起预警，提示信贷业务人员通过及时追加质押货物等相关补偿措施，甚至终止交易。

7.2.3 环境与社会风险识别模型

绿色贸易融资风险是指金融机构在经营过程中，由于环境、社会等不确定因素的存在而导致银行蒙受直接或间接损失的可能性。国际金融公司（IFC）发布的《环境与社会可持续绩效标准》涵盖了环境和社会风险的各个方面，包括劳动和工作条件、污染预防和控制、社区健康和安全、土地征用和非自愿迁移、生物多样性的保护和可持续自然资源的管理、土著居民、文化遗产。

而在2012年2月银监会印发的《绿色信贷指引》第四条中明确提出了环境和社会风险的定义①，这是官方首次正式提出“环境与社会风险”这一概念，也是目前为止国内最为权威的定义。从发展绿色贸易融资和保护相关机构利益的角度，有必要研究建立相应风险识别模型，将环境和社会风险敞口降到最小。

下一章将详细阐述绿色贸易融资的各种风险，包括一般风险以及环境和社会风险的识别、提示、评估与监管等。

7.3　绿色贸易融资数据指标

目前学术界尚未建立完善的绿色贸易融资数据指标，本书尝试以绿色金融指标构建为基础，将其与贸易水平紧密结合，从而创新地构建绿色贸易融资水平测算方法。

7.3.1　绿色金融指标的测度

7.3.1.1　绿色金融发展指数文献综述

目前绿色金融方面的研究主要分为两种：一是通过几个统计数据可获得的二级指标初步构建绿色金融发展指数，将研究重点放在绿色金融的经济、环境效应方面；二是综合考虑政府政策推动和市场落实，选择

① 指银行业金融机构的客户及其重要关联方在建设、生产、经营活动中可能给环境和社会带来的危害及相关风险，包括与耗能、污染、土地、健康、安全、移民安置、生态保护、气候变化等有关的环境与社会问题。

范围广泛、划分详细的三级指标测量绿色金融发展程度。

在绿色金融实证文献中，绿色金融指标的测算方法大同小异。吕鲲等（2022）① 在探究绿色金融与政府干预对区域创新能力的交互作用时，选取绿色信贷、绿色投资、绿色保险和政府支持作为绿色金融指标的二级指标。四个二级指标的表征指标分别采用高能耗产业利息支出占比、环境污染治理投资占 GDP 比重、农业保险收入占农业总产值比重和财政环境保护支出占比衡量。蔡强和王旭旭（2022）② 在绿色金融的二级指标选取方面将政府支持替换为用碳排放占 GDP 总量衡量的“碳金融”，新增了用环保企业市值占比衡量的“绿色证券”作为二级指标，并且用农业保险赔付率丰富了绿色保险的三级指标。Shi（2022）③的绿色金融指标二级指标的表征方式与上述研究相同。

在绿色金融发展测度精准化方面，王遥和马庆华（2019）④、王遥等（2021）⑤、王遥等（2023）⑥ 综合考虑政府角度的政策推动情况与市场角度的政策落实情况，较为细致且系统地构建了地方绿色金融发展指数。该指数的二级指标以及下属三级指标选择范围广泛、划分详细，能够较为全面地体现绿色金融的发展情况。但不足之处在于：由于指标构

---

① 吕鲲，潘均柏，周伊莉．政府干预、绿色金融和区域创新能力——来自 30 个省份面板数据的证据［J］．中国科技论坛，2022（10）．

② 蔡强，王旭旭．空间视角下绿色金融对经济高质量发展的影响［J］．江汉论坛，2022（6）．

③ Shi T. The Spatiotemporal Evolutionary Trend and Driving Factors of the Coupling Coordinated Development between Regional Green Finance and Ecological Environment［J］．International Journal of Environmental Research and Public Health，2022，19（10）：6211 - 6211.

④ 王遥，马庆华．地方绿色金融发展指数与评估报告（2019）［M］．北京：中国金融出版社，2019.

⑤ 王遥，刘倩，黎峥．中国地方绿色金融发展报告（2021）［M］．北京：社会科学文献出版社，2021.

⑥ 王遥，任玉洁，刘倩，等．中国地方绿色金融发展报告（2022）［M］．北京：社会科学文献出版社，2023.

建方法发表较晚，目前测算完毕的地方绿色金融发展指数仅包括 2019 年至 2021 年。

7.3.1.2　绿色金融指标的构建

综合参考上述实证文献的测度方法，绿色金融指标的分级指标设计情况详见表 7－1。为避免专家赋予权重的主观性，各指标的权重设置采用熵权法进行计算。数据来源参考《中国统计年鉴》、各省份《统计年鉴》《中国保险年鉴》《中国工业统计年鉴》《中国环境统计年鉴》、WIND 数据库、EPS 数据库、国家统计局。

表 7－1　　绿色金融指标构建①

一级指标	二级指标	三级指标	指标说明	指标属性
绿色金融	绿色信贷	高能耗行业利息支出占比	六大高能耗行业利息支出/工业总利息	−
	绿色投资	环境污染治理投资占 GDP 比重	环境污染治理投资/GDP	+
	绿色证券	环保企业市值占比	环保企业 A 股市值/A 股总市值	+
		高能耗行业市值占比	高能耗行业企业 A 股市值/A 股总市值	−
	绿色保险	农业保险②规模占比	农业保险收入/财产保险收入	+
		农业保险赔付率	农业保险支出/农业保险收入	+
	政府支持	财政环境保护支出占比	财政环境保护支出/财政一般预算支出	+

① 各三级指标的数据来源如下：高能耗行业利息支出占比数据来源于 2009 年至 2021 年的《中国工业统计年鉴》；环境污染治理投资总额数据来源于 EPS 数据库；环保企业市值占比和高能耗行业市值占比数据均来源于 Wind 数据库；农业保险收入、农业保险支出、财产保险收入数据均来源于 2009 年至 2021 年《中国保险年鉴》；GDP、财政环境保护支出、财政一般预算支出数据均来源于 2009 年至 2021 年《中国统计年鉴》以及各省份《统计年鉴》。

② 我国 2013 年末开始强制推行企业环境责任险，农业是受自然环境影响较大的行业，这里用农业保险规模和赔付率的可获得数据近似反映绿色保险指标情况。

图 7－1 展示了 2008 年至 2020 年全国平均绿色信贷、绿色投资、绿色证券、绿色保险和政府支持的变动情况。从折线的位置分布可以看出，当前中国的绿色金融发展主要依靠绿色信贷与政府支持，而在绿色证券、绿色投资和绿色保险方面还有很大的发展空间。从折线的变动趋势可以看出，绿色信贷和绿色保险在 2008 年至 2020 年呈现出波动中缓慢增长的趋势，而政府支持、绿色证券和绿色投资基本呈现围绕原水平上下波动的状态。因此，当前国家发展绿色金融的战略任务，是要在保持绿色信贷主导地位的同时，发掘其他二级指标的发展空间，提高其他绿色融资手段的比重，促进绿色金融全面化发展。将绿色信贷与绿色金融水平变动趋势进行对比可以看出，与绿色信贷相比，绿色金融的增长更为稳定，但二者的变动趋势基本相同，均呈现缓慢增长趋势，具有一定的相关性。

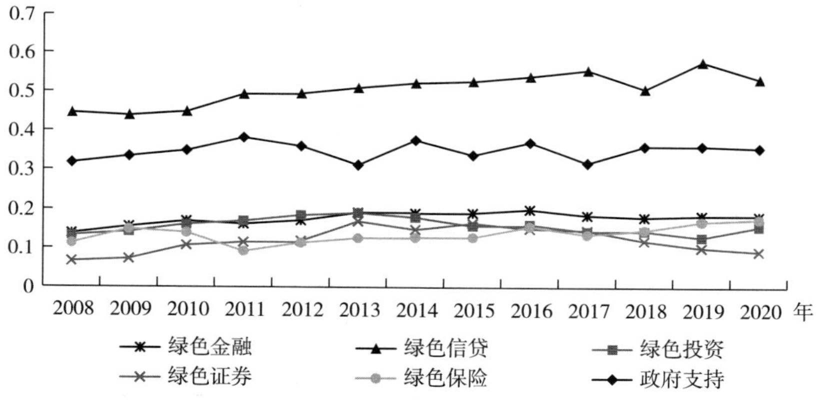

图 7－1　2008—2020 年绿色金融及其二级指标变化趋势

7.3.2　绿色贸易融资指标的测度

7.3.2.1　绿色贸易融资指标构建

由于目前研究阶段缺乏系统地衡量绿色贸易融资额度的指标，本书在构建绿色金融发展指标的基础上，将绿色金融细化到贸易领域，融合贸易测度指标来创新性地构建地方绿色贸易融资水平的测度方法。

由于融资便利度越高，区域贸易总额越高（安苏等，2011）[①]，贸易测度指标的选取采用对外贸易依存度作为贸易融资水平的替代指标。在非贸易生产水平不变的情况下，贸易融资水平越高，对外贸易依存度越高。在理论上，对外贸易依存度与贸易融资水平呈正相关关系。

考虑到对外贸易依存度一定程度上代表了贸易企业在国民生产总值中的贡献度，可以象征地区的贸易容量。综合上述分析，采用各省绿色金融发展水平与对外贸易依存度的乘积作为各省绿色贸易融资发展潜力和水平的测度（GTF），具体测算方法如式（14）所示：

$$GTF = GFI \times FTD\# \tag{14}$$

其中，绿色金融发展水平（GFI）用绿色金融指数衡量，对外贸易依存度（FTD）＝贸易总额/（国内贸易生产总值＋国内非贸易生产总值），用该省进出口总额与 GDP 比值乘 100 衡量。

7.3.2.2　指标测算结果

我国各省份绿色贸易融资发展水平指标从高到低依次排列，结果如图 7－2 所示，深色柱状图对应绿色贸易融资水平，浅色柱状图对应相应地区的绿色金融水平。在绿色贸易融资水平方面，北京、上海两座直辖市稳居前二，其次广东、天津、浙江、江苏、福建、辽宁、山东、海南的绿色贸易融资水平相对较高。这些省份的共同特点为沿海或贸易发达，贸易企业在这些地区能够较为容易的接触绿色融资便利条件。再观察各省份对应的绿色金融水平，不难看出，绿色金融发展水平较高的地区未必绿色贸易融资同样发达，如黑龙江、湖北、吉林、宁夏、内蒙古

① 安苏，王茂斌，吴亮．金融约束差异与省区对外贸易：基于面板数据的研究［J］．金融发展与研究，2011（10）．

等省份。这是因为这些省份虽然绿色金融工具的可得性较强，但区域贸易依存度不高。

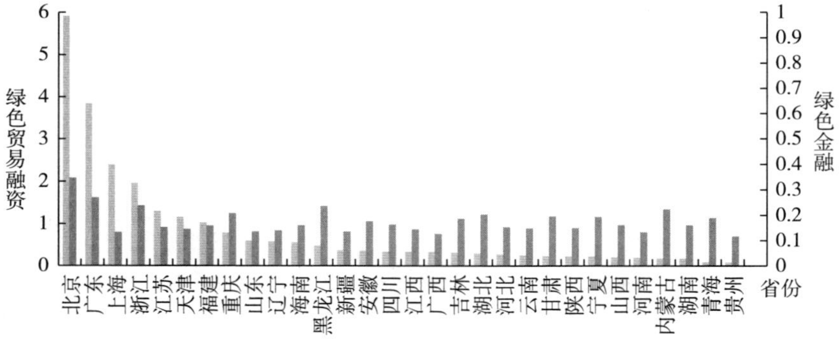

注；绿色贸易融资数据基于绿色金融数据测算，而绿色金融数据是用标准化数据测算出来的指数，没有单位。

图 7-2　2008—2020 年中国各省份平均绿色贸易融资水平

第8章　绿色贸易融资风险

绿色贸易融资和传统贸易融资的不同之处主要在于环境和社会风险，但是传统贸易融资所面临的几大常见风险对绿色贸易融资也适用，同样需要加以关注，本章阐述了贸易融资的一般风险以及环境和社会风险的识别、提示、评估与监控。

8.1　传统国际贸易融资一般风险

8.1.1　产品风险

产品风险指卖方被迫自动接受的风险，是卖方必须承担的责任。首先，产品风险涉及产品自身或已达到的交货条件，如规定的履约保函或达成的维护或服务义务。

许多例子表明，买方国家新出现的或未估计到的经营环境，会导致卖方不能很好地履行交货义务：既可能是由于对操作程序或限制条件方面的疏忽、处置上的马虎或缺乏及时的维护，也可能是由于气候或环境的原因造成的损失。

这样的合同签订后，会导致当事人发生纠纷，增加交货的总体成本。对于卖方来讲，重要的是在合同中特别是支付条件中有这样的措辞：任何由于买方或源自买方国家的行为所导致的环境变化，都要自动给予卖方在合同义务方面的补偿或合同的相应改动。这些内容可以在双方同意的范围内，落实在合同的经济条款上。

产品风险也包括制造过程本身的风险要素，这些风险经常出现，当贸易产品属于专用或具有独特规格的产品时，如果达不成交易，卖方通常无法立即找到其他买家，卖方因此被迫承担调整合同的成本费用。

上述风险主要发生在产品生产规划的早期阶段，但通常由于产品的特殊性，从那时起风险就难以防范和化解。买方也经常面临特殊风险。买方在早期被迫履行支付义务，而直至交货和安装买方才能得到产品。对于项目总体较大或更复杂的合同，风险愈加复杂多样，这些一般需要较长时间完成，涉及商务当事人相互间更复杂的责任和义务，不仅牵扯到买方和卖方，而且经常与买方国家的第三方当事人有联系，涉及更多的商业和政治风险。

专栏 8－1　运输风险和货物保险

从一般的风险角度来看，不仅要分析产品的风险，还要评估货物从卖方转移到买方的风险，根据所销售货物的性质、交货数量、买方及买方国家以及实际运输路径，开展风险评估。国际贸易的大多数货物，除小件和廉价货物外，都要投保货物保险，投保货物在运输途中的损失。所保货物的运输方式包括陆运、海运、空运或者多式联运。

一般标准保险单会规定货运保险（cargo insurance）[①] ［海上保险（marine insurance）[②] 的分支］的承保范围，承保的措辞由伦敦保险公司协会（或美国海上保险公司协会）制定，称为协会保险条款。许多条款适用于不同的货物，最宽泛的承保范围是协会货物条款 A［协会货物条款（空运）适用于航空运输］，协会货物条款 B 和协会货物条款 C 则对承保范围有所限制。

谁来安排货物保险？答案是要由买卖双方达成的交货条件决定。关于交货条件，《国际贸易术语解释通则》中有明确的规定。交货条件明

---

① 货运保险指对船载货物所投保的保险，保险的范围并不包括船只本身。

② 海上保险指对从事海上运输的船舶极其货物所投保的保险。如果货价是到岸价格（CIF），保险费由出口商承担；如果是船上交货价格（FOB），则保险费由进口商承担。

确了货物运输途中的主要风险环节，风险由卖方转移到买方；交货条件还明确了货物从卖方所在的指定地点（工厂交货[①]）到买方所在的指定地点（完税后交货[②]）的各个交货环节，这些重要的节点决定了卖方和买方安排保险的责任。

然而，卖方应该关注另外一种风险。在按照交货条件由买方安排保险的情况下，如若交货条件要求买方投保，如船上交货、而买方没有按规定的方式投保，则货物在目的港发生损坏时会出现没有足够的保额（insurance coverage）[③] 的情况。如若同时支付条件允许交货付款，这时风险事实上由卖方承担，卖方交易结束但未能获得偿付，在目的港货物受损而没有保险。这样的结果显然是由于卖方同意的支付条件里没有包含实际的商业风险。但这种风险在大多数情况下可以通过卖方单独投保卖方利益险来弥补。

从卖方的角度来看，通常有三种不同的投保货物保险方式。一是开口保险单（open policy）[④] 是卖方在事前与保险公司谈妥的条件范围内，保险公司承保大部分或所有货物风险。开口保险单是目前国际贸易最普遍使用的保险方式，每年进行重新审核，如遇贸易环境出现恶化的情况，保险单有 30～60 天的取消条款。开口保险单最节省保费，同时具有显著的操作效率优势，在保额范围内，可以自动为每笔货物贸易办理

---

① 工厂交货指卖方在其所在或其他指定的地点（如工场、工厂或仓库）将货物交给买方处置时，即完成交货，卖方不办理出口清关手续或将货物装上任何运输工具。在这种方式下卖方承担的责任最小，买方必须承担在卖方所在地受领货物的全部费用和风险。

② 完税后交货指卖方在指定的目的地办理完进口清关手续，将在运输工具上尚未卸下的货物交给买方完成交货，卖方必须承担将货物运至目的地的一切风险和费用（包括在需要办理海关手续时在目的地应交纳的任何税费），承担办理一切海关手续，交纳海关手续费、关税、税款和其他费用的责任和风险，在这种方式下卖方承担的责任最大。

③ 保额指被保险人对保险财产的投保金额，是保险公司承担保险责任的标准和计收保险费的基础，在保险财产发生保险责任范围内的损失时，保险金额就是保险赔偿的最高限额。

④ 开口保险单（预约保险单）指一种长期性保险单，在一个总金额限度内，对预先约定的货物种类范围内的保险。

实际的保险业务；二是卖方投保的卖方利益险，通常作为开口保险单的辅助险，或作为特定财产保险单的必要部分，并且针对买方而言投保不对外透露。这种保险主要承保以下风险：货物到达目的地发生货物损坏，造成买方拒绝支付（即使根据交货条件卖方承担风险），或者由于商业或政治的原因买方不能或不愿意支付货款，包括买方没有拿到进口许可证。在这种情况下，保险公司承保货物损失或货物损坏的风险，但不担保买方信用风险（包括商业或政治风险），买方信用风险要通过支付条件的其他安排来抵补；三是特定财产保险（specific insurance）①，通常是为特殊的货物所投的保险，由卖方与保险公司单独协商，保险承保范围超出开口保险单规定的保险标准。

货物保险是专业性的业务，保额和保险条件根据商品或运输的货物、运输路径和运输方式而不同，这就是为什么开口保险单是国际贸易最普遍使用的保险方式。但正常的风险管理程序总是依照如下要求：发生新的和相反条件及/或额外的风险，投保人必须向保险人报告或得到保险人的批准，保险单一般不承保由于投保人恶意或不充分行为、货物包装或集装箱储存不当所造成的损失或损坏。

货物保险单可以直接从保险公司获得，现在通常通过运输公司或办理货物运输手续的运输行获得。利用独立的货物保险经纪人在一些国家相当普遍，这些经纪人可以根据每笔货物交易的特定情况和贸易结构，来为客户选择最省保费的一揽子保险安排。

然而，卖方总是要保证所选择的保险公司拥有办理索赔和结算手续的国际网络，这通常也是买方的要求。如果合同中没有明确规定，这些要求也会在以后的文件中出现，如信用证上的保险规定。更多关于货物保险条款和保险范围的信息，可以从国际贸易保险代理或运输公司获得。

---

① 特定财产保险是指指定承保财产具体项目的财产保险。

8.1.2　商业风险

商业风险也称为购买方风险，通常定义为买方破产或不能履行合同义务而产生的风险。卖方首先会考虑买方的支付义务，但正如以上所讲的，商业风险还包括买方履行合同义务的风险，因为买方的履约情况影响卖方执行和完成合同的程度。

卖方如何评价买方的履约能力？在大多数经济合作与发展组织内的工业化国家，获得买方公正的信用信息相对容易，可以研究买方公开的财务报告，或向独立征信机构索取买方客户的信用信息。征信机构所提供的关于买方客户风险的信息资料更为可靠，通常不仅仅只包括一些经济数据，还会提供更广泛的有关买方及其业务情况的信息，因为单凭简单的数据，卖方无法作出对买方客户的评估决定。

专栏8－2　信用信息

出口贸易是潜在业务发展的重要增长力量，但开展国际业务的风险较高：近十年来，世界贸易环境发生了巨大变化，在这样的商业环境下，全球征信机构成为信用知识和专业的主要来源，它们拥有丰富的客户信息，收集客户开展业务、履行合同义务以及不同市场及其变化的信息。

卖方对其客户的了解越多，就越能满足每个客户的要求及应对不同的商业环境。征信机构可以帮助卖方接触新客户，使卖方与客户建立成熟和持久的业务关系。信用信息对于卖方如何发展潜在出口业务，特别是使用何种支付条件起着重要的作用。有的信用信息可以在互联网上随时查找，费用低廉且信息内容标准，但有时则要求提供客户研究报告。

卖方通常要求提供最新的与商业风险相关的信息，这些商业风险涉及潜在买方及其业务，以及尚未实现的出口应收账款，但建议卖方至少应审查征信机构所提供信息的框架；选择的征信机构所提供的信息服务，应适合卖方，而且价格合理。

卖方应该知道，不同的征信机构，其所提供信息内容及其准确性有所不同，有时卖方会对信息是否最新产生质疑，特别是当信息涉及的客户不处于高度发达的工业化国家时。

若买方来自非经济合作与发展组织国家，卖方就很难对所获的买方信息进行评估，很难判断信息是如何产生的，对信息资料进行分析也就有困难。在这种情况下，信息的价值受限，其他风险（诸如政治风险）会增大，卖方被迫对反映多种风险的支付条件进行选择。

卖方也会寻求外部机构的帮助，如本国出口或贸易委员会或类似的机构，以及海外使馆的商务机构，这些机构可以协助卖方开展市场调研或其他研究工作。银行还可参与客户调查，向分支机构或代理银行出具征询函，卖方可获得当地商业环境的最新信息，以及对买方资信及商谈业务的咨询意见。

8.1.3 政治风险

政治风险或国家风险通常定义为：由于买方国家、其有关当局或其他外国的政策措施，致使商业交易不能履约所造成的风险。

无论买方的可靠程度如何，买方在履行合同义务、用本地货币支付以及根据合同规定对卖方承担相应义务时，都离不开买方国家当时的商业环境或货物的运输方式。

然而，实践中公司很难区分商业风险和政治风险。当地的政治决策或其他类似的行为，也会影响当地公司履行合同的能力。如有的国家会改变税收、关税或货币管理政策，通常这些政策会立刻执行，这样就会阻碍或破坏已签合同的执行。

其他常用的措施包括进口限制或意在促进当地产业发展和节省外汇的其他管理规定。仅就这些措施的风险而言，同样会对交易本身和买方履行自己的合同义务产生负面影响。

从广义上讲，政治风险由以下几个方面构成：

- 政治稳定；
- 社会稳定；
- 经济稳定。

政治稳定（如当地政治结构和意识形态与其他国家的对外关系结合在一起）通常是真实政治风险的重要衡量标准。政治稳定总体上表现为，对于恐怖行为、战争、国家内部族群动乱和其他国家的制裁或封锁，国家卷入或受到影响的可能性。

经济政策发生突然未预料的变化、具有政治不稳定后果的类似措施，会影响社会稳定。遗憾的是，这种政治、社会不稳定的例子，在世界许多国家现在仍然相当常见。

对于保持对一国及其经济的信心，经济稳定也同样重要。薄弱的基础设施、对单一出口或进口商品的依赖、高的负债负担以及原材料的缺乏，与其他情况一样，容易在短时间内改变国家的经济稳定性，甚至货币限制和其他间接货币管制，如引入或废除不同形式的钉住其他货币的比率制度（通常是美元），也会对经济产生严重的后果。

专栏8－3　其他政治风险

除了已经讨论的真正的政治风险外，买方国家政府当局采取的其他措施也会影响买方自己及其履行合同义务的能力或意愿。如对产品标准的要求、采取新的或改变环保要求，这些措施或许有真实的目的，或许是部分用来作为贸易壁垒，以促进本国行业或重要产业的发展。无论出于何种目的，这些行动通常称为“非关税壁垒”，这些措施一般会立即执行并生效，因而会对已经达成的商业交易产生一定的负面影响。此外，也会实施一些公开的措施，通常公布后会很快生效。如为阻止从新兴市场国家迅猛增加的进口，保护欧盟自身的产业，防止贸易伙伴有更多的时间适应新的贸易方式，欧盟就曾经实施过这样的措施。

同时，也要考虑货物运输经过的国家，以及合同分包商或主要零配件供应商所在的国家情况。这些情况可能不属于政治风险，但需要充分考虑。如有关劳工市场的罢工或停业，可能会中断零配件的供货，而及时执行已签订的销售合同却需要这些货物。

最后是一般不可抗力条款带来的风险。虽然这些风险不属于政治风险，但是不可抗力超出了商业当事人可控的范围，当其他当事人利用这些条款时，如在合同期内解除分包商交货的义务，也会对卖方有影响。在合同期内的正常情况下，不可抗力条款会影响银行保函或其他以卖方为受益人的承诺的使用效果，在当事人引用该条款时，就可以抵销相应的合同承诺义务。同样的情况也适用于信用证项下的交单业务，虽然单据效期是在（由于不可抗力）中断业务期间，但银行还是不接受过期交单。

然而，在合同违约时，卖方可以利用这些条款保护自己，由于外在不可抗力事件，卖方不能履行合同义务，这种情况一般称为“合同落空”（frustration of contract）[①]，典型的条款是：由于火灾、洪水、地震、其他自然灾害、不可抗力、行业纠纷或超出公司可控范围的事件（不可抗力条款），导致公司未能或延误履行合同义务，公司概不负责。

8.1.4 汇率风险

汇率风险，也称货币风险。如若出口结算收入的货币，不是卖方货物成本所支付的货币，就会产生新的货币风险。在大多数情况下，卖方货物成本主要是以本币支付，而出口贸易用另一种货币结算，相应地就产生了货币风险，风险的大小取决于出口收入货币本身以及货币敞口的

① 合同落空是指由于发生事先未能预料的事件，如政府法规变动、战争、意外事故等客观原因，以致不能继续执行合同，因而当事人可以得以免除责任。

时间。

尽管没有统计数据显示国际货物贸易和服务贸易使用的货币情况，但人们可以预测到以小币种计价的出口在减少，而对大币种的使用在增加，这种趋势可能会持续下去，大多数出口商习惯用外国货币结算并且管理货币风险敞口。

专栏 8-4　货币风险评估

虽然通常本国货币是最优先选择的货币，但传统上货币有“强货币”和“弱货币”之分，这一看法影响着贸易货币的一般概念。美元、欧元和其他货币可能被视为强货币，而大多数其他货币会被当作中性货币、弱货币或不稳定货币。

然而从长期看，当本国多年维持（或未能维持）经济和政治稳定、本国强劲的经济实力、低通货膨胀和对未来保持政策稳定的信心时，强弱货币的区分还是有其合理性的。但是，日益增长的贸易不平衡、国家债务以及旨在增强本国出口竞争力的竞争性货币贬值，导致近年来外汇市场汇率出现剧烈波动。

大多数国际贸易当事人对货币长期走势并不是很感兴趣，而是关注货币的短期波动，关注的时间范围也仅局限于贸易交易期间直至货款收到为止，原因是短期货币波动可能出现逆转，会与长期趋势完全相反。从短期来看，现实的或预测的其他因素更加重要，如利率的变化、政治新闻事件、基础商品价格大的波动、中央银行的货币干预、报告和统计数据，所有这些因素连同货币市场参与者的主观评估，不断形成新的短期货币市场走势。

为满足跟踪短期货币走势的需要，大多数银行和金融或货币机构定期对未来货币市场走势进行分析和评估。但这些信息并不是准确的市场预测，只能作为参考。

8.1.5 财务风险

在实务中，每笔国际贸易交易都包含财务风险要素。货物购买、生产和运输都对卖方产生财务风险，交易的不同阶段直至款项付清为止，都影响着卖方的资金流动性，要求卖方选择不同的支付方式，决定采用何种融资方式。如若交易没有按照预先设想的方式结算，就会发生额外的财务风险。就分包商来讲，它们不承担交易的任何风险，只是根据独立的分包合同要求付款。如果卖方被迫提供较短或较长的供应商信贷，风险会相应增加。随着交易金额增大以及交易更加复杂，财务风险愈加显现。卖方面临的主要问题之一是，为所需要的融资和担保函而争取银行担保。即便货物已经生产和交货，当发生不可预见事件和延迟支付时，卖方仍面临财务风险敞口，财务风险持续至货款最后收到为止。

买卖双方在业务往来中有时很难断定延迟支付的原因，卖方也很难指责买方违约。如果卖方在草拟合同时仔细注意，认真审核支付条件，就可能根据合同条款找到延误支付的原因。有许多延迟付款的理由，如开立信用证太晚、货物规格改变时间晚、货船晚到、港口拥挤，以及改变运输航线，不胜枚举。货物运输距离越远以及相应的成本越大，则真实的风险越大。许多国家贸易手续繁琐、银行效率不高，也是导致延迟支付的原因，卖方收到货款会晚于合同计划的时间。

除了货物生产和交货期间的普通透支融资外，贸易所需的融资也取决于卖方须向买方提供的贸易信贷，这构成了贸易交易的一部分。如果贸易实务如此，伴随持续存在的经济及/或商业风险，卖方的财务风险会增大。

专栏 8－5　财务风险和现金管理

其他的财务风险更明显。如卖方错误地判断交易中的风险，致使支付条件存在风险敞口，但是没有采取化解真实风险的措施，或者错误地签订了贸易合同，而没有采用严格的风险保护措施。这种误判无疑会导致严重的后果，延迟贸易付款甚至导致资本损失。

财务风险一般与支付条件的构成紧密相关，支付条件越安全可靠，相应的财务风险就越低。支付时间越准确，就能越好地评估交易的流动性（liquidity）[①]，事实上这就是最基础的现金管理。

买卖双方要达成较安全的支付条件，通常需要支付较高的费用。如若支付条件包括银行的担保，如信用证或银行保函，将会减少买方在其银行的可用授信额度。

然而，对于买方认为是卖方过分要求的支付条件，若买方认为不符合当地惯例或买方不能接受，买方通常不会接受由此产生的过高费用和使用自己的银行授信额度。卖方就要对交易进行评估，分析其他供应商的潜在竞争，最终卖方将被迫接受买方提出的支付条件，但是试图用其他方法抵补残存的风险。如通过独立的出口信用保险，或者针对额外产生的费用向买方妥协，给予一定的补偿。[②]

8.1.6　不良业务风险

不良业务包括所有的负面业务，不仅常见，而且在一些国家还相当普遍。这类业务不仅对个别交易产生严重后果，而且对一般交易和卖方财务资信及其道德声誉有不良影响。

提到不良业务，通常是指在许多国家发生的各种各样的腐败，特别与大额合同和项目相关的腐败事件：贿赂、洗钱和各种各样的通融费。

贿赂原则上指为影响具有公共职务的人或私营公司的雇员执行其职

---

① 流动性指公司拥有相当多的流动资金，特别是速动资产，不仅有足够能力清偿其流动负债，而且具有较大的财务灵活性，不至于失去新的投资机会。

② 安德斯·格拉思. 国际贸易融资［M］. 北京：中国人民大学出版社，2015：13－27.

责，使他们接受或向他们提供不正当的利益、诱使他们作出违背诚信和廉洁原则的事。该定义引自一个英国政府部门，虽然不是法律上的定义，但是对这个问题给出了准确的解释。贿赂通常是强迫卖方获得不正当利益的一种方法，而洗钱通常的目的恰恰相反，邀请卖方做一笔交易，表面上似乎对卖方非常有利，但真实的意图却是掩盖交易款项的真实来源。洗钱涉及刑事犯罪活动、腐败和违反金融法规。不良业务包括办理或帮助办理来自刑事犯罪、恐怖活动或非法贩毒活动的资产。

犯罪集团和恐怖组织积累了大量现金，这些现金需要进入银行、公司和贸易融资渠道，银行和贸易商如果不进行谨慎尽职审查，就会成为这些违法活动的无辜受害者。不良业务通常使用的方法包括虚增发票金额或放大交易金额、向第三方支付或不支付，卖方完全不了解其中隐藏着洗钱欺诈交易。卖方在接受现金支付时应特别谨慎注意，应了解大部分国家要求遵守的反洗钱规定。洗钱组织利用有声望的机构，将洗钱交易伪装成良好的业务，直接以自己的身份或间接通过欺诈手段操作洗钱交易。洗钱组织很容易进入发展中国家，通常这些国家金融体系内部反洗钱制度薄弱，为洗钱犯罪活动提供了更多的机会。

一般来讲，可疑交易是指从卖方的角度来看交易超出正常范围，特别是涉及新客户时；可疑交易还可能是老客户用不正常方式改变交易内容。可疑交易包括：

- 不正常的支付结算；
- 不正常的划款指令；
- 掩盖交易事实；
- 账户内款项快进快出；
- 大额划款；
- 复杂的账户结构。

贿赂、洗钱和其他腐败行为是业务发展的祸害，这些行为扭曲了正常业务的运行方式，给参与者创造了不公平的竞争环境。对于卷入的国家也极为有害，通常会对脆弱的社会结构产生伤害，摧毁这些国家的经济，对贸易和进入本国的投资产生不利的影响。

从长期来看，不良业务阻碍社会和经济的稳定及发展，对不发达国家和地区尤其可能产生消极影响，即使不良业务经常发生在公共部门或私营部门的职员身上，这些业务也都是非法活动，更何况这些国家缺乏手段和资源来有效地处置这些问题。

8.2　绿色贸易融资中环境和社会风险

相较于金融机构面临的传统违约风险，绿色贸易融资风险具有其独特性。一方面，与传统融资业务风险相比，绿色贸易融资企业注重绿色发展、高质量发展，总体而言，企业质量较优，具有较高的融资信用，违约风险更小。

另一方面，绿色贸易融资过程中，绿色风险即环境和社会风险较为突出。因其涉及面广、复杂性强、专业化程度高等问题，银行业金融机构在相关方面建设不足，风险控制体系不完善，错误的风险识别极易导致环境风险转变为金融风险，因此，本节重点阐释这一类风险控制，从风险识别、提示、评估和监控四个维度进行阐释。

8.2.1　环境和社会风险识别

根据2012年银监会发布的《绿色信贷指引》的相关内容，环境和社会风险是指银行业金融机构的客户及其重要关联方在建设、生产、经营活动中可能给环境和社会带来的危害及相关风险，包括与耗能、污染、土地、健康、安全、移民安置、生态保护、气候变化等有关的环境与社会问题。

适时、准确地识别风险是风险管理的最基本要求，对于环境和社会风险也是如此，这也对银行业金融机构的风险管理水平提出了严峻的挑战。首先，随着经济发展模式的转变和社会责任意识的逐渐增强，目前金融机构普遍缺乏相应的全面管理经验。其次，环境和社会风险涉及面广、复杂性强、专业化程度高，对于金融机构的人才储备要求也更为严格，同时也极大地增加了相关风险识别的难度。最后，环境和社会风险的严重性更大，可以直接或者间接影响到银行面临的信用风险、市场风险、操作风险、法律风险、声誉风险等，且目前环境和社会风险的受关注程度越发突出，延误或者错误判断，都将直接导致信息的传递和决策失败，给金融机构造成极大的风险损失。①

此外，根据2017年G20汉堡峰会上，G20绿色金融研究小组提交汉堡峰会的《2017年G20绿色金融综合报告》（以下简称《报告》），绿色金融进一步发展所面临的挑战之一就是金融机构对环境因素可能转变为金融风险的认识不足，且许多金融机构尚不具备识别环境风险和量化评估其影响的能力。《报告》指出，若金融机构不能有效地考虑环境因素，就可能无法对环境相关的金融风险进行适当定价，从而可能高估污染性和高排放行业的价值和投资机会，低估绿色行业的投资潜力，不利于绿色金融的进一步发展。为鼓励金融业开展环境风险分析，《报告》同时提出了五项可选措施：提升对环境风险分析重要性的认识、改善环境数据的质量和可用性、鼓励公共机构评估环境风险及其财务影响、评估并明确金融机构在应对环境问题方面的责任、加强金融业环境风险分析的能力建设。因此，有必要建立有效的环境风险检测预警机制，帮助银行实现风险管控前移，及时采取相应的风险防范措施。

此外，也可以参考国际商会制定的《关于可持续贸易的客户尽职调查准则》②，该文件的制定旨在通过识别与银行客户及其供应链内生

---

① 中国银行业协会东方银行业高级管理人员研修院．绿色信贷［M］．北京：中国金融出版社，2014.

② 资料来源：https：//iccwbo. org/publication/sustainable – trade – criteria – customer – due – diligence – guidelines/。

产的商品或服务相关的高环境、社会或治理（ESG）风险，以及提出可行的缓解措施，促进贸易融资的可持续性。更好地了解这些风险及其潜在的对于声誉、信贷和监管的影响，将有助于发挥银行在可持续贸易融资和鼓励可持续做法方面的作用，有助于推动银行内部实施可持续性政策和标准。

8.2.2 环境与社会风险提示

要有效开展环境和社会风险管理，信息来源渠道是首要考虑的问题。《2017 年 G20 绿色金融综合报告》（以下简称《报告》）强调，公共环境数据是金融业开展环境风险分析的重要信息来源。所谓公共环境数据，是指由公共部门机构（如政府部门、科研机构等）提供和报告，且能用于金融分析的环境数据。公共环境数据能够帮助金融和非金融企业评估各类环境风险发生的概率及其影响，并识别绿色投资机会。《报告》给出了九类公共环境数据的例子，并指出，由于多种原因，许多金融机构尚未有效利用公共环境数据。为改善公共环境数据的可得性和可用性，《报告》提出了四项可选措施：推动环境风险分析和环境成本与收益分析方法的共享、改善公共环境数据的质量和可用性、支持联合国环境署和经合组织开发公共环境数据指南、各国在国内推动支持金融分析的公共环境数据共享。[①] 另外，在中国，银监会 2012 年发布的《绿色信贷指引》也明确指出，各银监局要加强与节能减排、环境保护、安全生产、工业和信息化等主管部门的沟通联系，及时向银行业金融机构反馈重大环境、安全生产违法违规企业名单和未完成年度节能目标的“万家企业名单”及贷款信息，及时揭示辖内主要环境和社会风险，督促银行业金融机构做好风险防范工作。同时加快升级信息共享电

① 中国人民银行官网.2017 年 G20 绿色金融综合报告发布［EB/OL］.［2017－07－13］. http：//www.pbc.gov.cn/goutongjiaoliu/113456/113469/3344238/index.html.

子网络平台建设，提高共享信息的及时性、准确性和完整性，为银行业金融机构提供更完善的监管信息服务。但是，由于环境和社会风险信息来源的渠道不稳定，国内金融机构对于环境和社会风险的认识也不够深入，建立成熟、完善的环境和社会风险信息平台是一项任重道远的任务，需要银行、政府部门、金融监管部门、中介市场的共同努力。目前，联合国环境规划署作为宣传环境知识与信息的机构，已经在地区和全球层次上推进和协调大量环境信息的研究和报告工作。通过组建“全球资源信息数据库”世界性中心网络，环境署推动并协调地区层次上的可能的最好数据和信息的收集和传播。联合国环境规划署全球环境信息交流网是一个全球性环境信息交流网络，由超过175个国家中的联合会组成，可以提供综合环境情报信息。[①]

8.2.3 环境与社会风险评估

值得指出的是，环境和社会风险评估是整个风险管理流程的核心，通过评估，可以准确鉴别客户的环境和风险状况，对环境和社会表现更好的客户，在同等条件下信贷资源上给予优先支持，对环境和社会表现较差的客户，则执行较其他客户更为严格的信贷准入和授信条件。一般来说，评估环境和社会风险的步骤包括：建立准入门槛，拒绝与存在重大环境和社会风险隐患的客户开展业务；引入信用评级，全面评价客户的环境和社会风险状况；应用模型分析，准确量化客户环境和社会行为对还款能力造成的影响；设置承诺条款，要求客户在授信期限内达到一定的环境和社会目标等。[②]

而国际主流银行采用的环境和社会风险评估方法，主要有信用评

① 中国人民大学重阳金融研究院，中国人民大学生态金融研究中心．绿色金融与“一带一路”［M］．北京：中国金融出版社，2017.

② 中国银行业协会东方银行业高级管理人员研修院．绿色信贷［M］．北京：中国金融出版社，2014.

级、整合分析、承诺条款三类。信用评级的原理是按照授信客户及项目的环境和社会风险程度，对所有与银行建立信贷关系的授信客户的贷款余额予以标识，并将此标识作为客户评级、市场准入、经济资本分配、贷款定价、信贷管理和退出的重要依据；整合分析是指，在授信分析过程中，将借款人的环境和社会风险视为一项重要的风险来进行评估，原理是，将环境和社会风险视为信用风险来源的一种，同销售、供应、财务等其他众多风险因素一样，都会影响到借款人的还款能力，因此都应被纳入信贷评审过程中，在贷前、贷中、贷后的信贷全流程中进行管理；承诺条款是指环境和社会风险评估结果不对信贷决策或贷款定价产生直接影响，而是在银行和客户签订的贷款合同中增加相应条款，要求借款人必须完成一定的环境和社会目标。综合运用以上各种评估方法，可以完善绿色贸易融资的环境和社会风险评估机制，这对于工作的进一步开展，起到了基础性和决定性的作用。[①]

具体来说，可参考以下机构对于环境与社会风险评估的办法。

世界银行《业务策略》（Operational Manual）中的 OP/BP（Operational Policies/Bank Procedures）4.01 是世界银行为确保融资项目的环境友好性和可持续发展性而设置的，世界银行在此指导下从项目的选择、选址、规划、设计和实施等多方面协助融资项目实现方案优化。对于亚洲开发银行来说，“经济评价”是其评估项目环境效益的重要措施，要求在环境评估报告的经济分析中具体阐明：（1）环境影响的成本和效益；（2）缓解措施的成本、效益和成本效率；（3）涉及不能以货币价值描述的环境影响，应尽可能进行量化讨论。

中国进出口银行在投资项目审查阶段便执行严格的评审标准，建立并实施“环保一票否决”制，要求支持的项目须符合我国及项目所在

① 中国银行业协会东方银行业高级管理人员研修院．绿色信贷［M］．北京：中国金融出版社，2014.

国的相关环保政策和法律法规，并取得我国有权审批机关及项目所在国的审批，相关审批手续完备，还可以根据客户和项目的环境和社会风险的性质和严重程度，确定合理的授信权限和审批流程[①]。通过进行项目环境效益评估，可以判断项目是否符合国家政策标准，或对此提出环境影响的减缓措施，以约束投融资项目的环境行为。

此外，汇丰银行也设计和制定了环境和社会风险管理政策——可持续性风险政策（Sustainability Risk Policy）。该政策最初于 2002 年发布，内容涉及农业、化工业、能源、林业、水利、采掘业、世界遗产和湿地七大类，适用于除资产管理业务外的主要融资产品，如贷款、贸易融资、债务和股权资本市场服务等。可持续性风险政策将关注两类风险活动：一是该政策不予支持的禁止性业务；二是需要对项目风险管理水平做进一步确认后，才能通过风险审批，获得融资的限制性业务。根据客户的实际情况与可持续性风险政策间的差距，最终客户可能获得超出标准、符合标准、接近标准、不符合标准 4 类评价结果，对于不符合可持续风险政策要求的客户，汇丰银行将终止与其合作关系。[②]

在开展对外投资项目授信评审时，国家开发银行（以下简称国开行）也建立了一套针对国际业务的环境和社会影响评价体系。国开行提出在信贷准入环节，应将企业环境和安全事故风险作为信贷准入评审的重要内容；同时，应对项目建设的环境风险进行分析，研判项目是否符合当地相关法律法规；要求借款方在借款合同签订前，必须获得所在国（地区）政府正式批准的环评文件，否则不予贷款；对于国际合作项目贷款评审，要求必须获得境外律师对包括环评在内的书面同意文件。该体系还对可能为环境和社会带来负面影响的客户和企业，设置了一定的惩罚措施。如对于那些因环境问题受到处罚的客户，国开行将降

① 张俊杰．“一带一路”投资绿色标尺［M］．北京：人民出版社，2018.

② 赵峥，袁祥飞．于晓龙．绿色发展与绿色金融——理论、政策与案例［M］．北京：经济管理出版社，2017.

低这些企业的信用评级；对于违反环境保护相关法律或重大安全事故的企业，则会被下调资产质量等级，面临限贷甚至停贷的后果。①

案例 8-1　花旗银行环境与社会风险管理体系

花旗银行作为绿色金融领域探索的先驱者，是全球最早的 10 家赤道银行之一。2003 年，花旗银行制定了环境与社会风险管理（Environmental and Social Risk Management，ESRM）体系，并嵌入信贷系统，适用于全球范围内的交易，对环境和社会风险评估形成一个严格的流程约束。

该体系主要包括三个环节：第一，参考赤道原则的风险分类，将项目分为 A、B、C 三类；第二，全面审查，包括明确 ESRM 要求，聘请独立财务顾问，制订环境与社会行动计划；第三，资产组合经理对所有项目进行年度信用审查、内部设计尽职调查和合规性审查通过严格的约束流程，把风险控制在萌芽状态。同时，即便项目暂时不能交易，被评估的项目也会被储存在系统中，将来条件成熟可以考虑再次交易时，可以节约人力、物力和财力，降低将来的调查和评估成本。②

8.2.4　环境和社会风险监控

风险监测是指动态捕捉风险指标的异常变动，判断其是否已经达到引起关注的水平或者已经超过正常阈值。因此，对于环境和社会风险的监测是一个动态而连续的过程，一般包括两个方面：一是已经识别到企业存在潜在环境和社会风险隐患，但是还未造成实际损失；二是环境和社会风险已经爆发，且产生相应的遗留风险和新增风险。对于风险进行

① 赵峥，袁祥飞．于晓龙．绿色发展与绿色金融——理论、政策与案例［M］．北京：经济管理出版社，2017.

② 寓意于利——商业银行绿色金融探索与实践［M］．北京：中国金融出版社，2018.

实时监测的意义在于，监测越及时，越有利于在风险产生实际损失或者损失进一步扩大前及时止损，避免损害融资双方的核心利益。对于高污染、高耗能、过剩产能、落后产能等环境和社会风险较大的行业，金融机构可运用限额管理等手段，压缩行业贷款余额；对于存在严重污染环境、发生重大安全生产事故等行为的环境和社会风险客户，金融机构可视风险程度及整改进度，对客户终止贷款、加固担保、终止贷款直至减持退出。①

案例8-2　大宗商品毁林风险与破局——以中国肉类行业为例

风险：难以逆转的需求

大豆、牛肉等大宗商品贸易与热带雨林毁林问题的关联，也在逐步引起中国肉类行业的关注。2020年中国全年的猪牛羊禽肉产量7639万吨，豆粕消费量达7683万吨——饲养猪牛羊禽需要大量豆粕作为饲料原料。据统计，全球饲料大豆占大豆总产量的80%左右。我国产生豆粕的大豆主要来自进口。海关总署公布的数据显示，2020年1—12月，中国大豆进口量达到创纪录的10032.7万吨，同比增长13.3%。其中，自巴西进口的大豆6427.70万吨，占比约64%；自美国进口的大豆2588.85万吨，占比约25.8%。

除进口大豆作为养殖业饲料蛋白来源，进口牛肉也在为中国肉类供应链嵌入环境风险。2020年受新冠疫情、非洲猪瘟等各种因素的影响，中国大幅增加了肉类进口，2020年1—12月总计进口肉类991万吨，同比增长60.4%，其中牛肉212万吨，比上年增加27.7%，创历史新高。巴西冷冻食品协会（Abrafrigo）发布的报告显示，巴西2020年牛肉出口创新高达201.6万吨，中国是巴西牛肉的最大买家，2020年输华

① 中国银行业协会东方银行业高级管理人员研修院．绿色信贷［M］．北京：中国金融出版社，2014.

(包括内地和香港)牛肉达118.2万吨,占比为58.6%。

世界经济论坛在2020年发布的《新自然经济报告Ⅱ:自然与商业之未来》中指出,主要的进口型新兴市场(中国和印度)和主要的生产/消费型新兴市场(巴西和印度尼西亚)对与毁林相关的四类大宗商品(大豆、牛肉、棕榈油和林产品)的需求约占全球总需求的40%。到2025年,这一比例还将进一步上升。当前,中国城乡居民的收入水平仍在持续上升,对猪牛羊禽等优质蛋白的需求还将持续增加,可以预见中国肉类消费量将持续上升。"十四五"规划提出要推动农业供给侧结构性改革,保障包括肉在内的重要农产品的供给安全。为此,大豆、牛肉等大宗软性商品中潜藏的供应链环境风险已变得不容忽视。

破局:中国肉类行业的率先之举

令人欣喜的是,在可持续发展这一人类最大共识和生态文明与人类命运共同体的理念指引下,中国肉类协会对肉类产业贸易的绿色、可持续认知,正在从意识逐步转化为行动。

2016年,中国肉类协会与世界自然基金会(WWF)开始接洽关于推动中国肉类行业可持续发展的合作;2017年10月,双方联合64家中国肉类企业共同发布《中国肉类可持续发展宣言》,倡议并承诺在生产加工贸易范畴内提高供应链管理的透明度和可追溯性,逐步向绿色供应链转型,推动中国肉类行业向可持续的方向发展。对此,世界经济论坛在前述报告中评价称,新兴市场的行业企业围绕可持续发展作出共同承诺,能够激励可持续的生产实践,正如《中国肉类可持续发展宣言》的发布,展现了良好发展前景。

此后,中国肉类协会在推动行业可持续发展方面迈出迅猛步伐,从原计划的《肉类产业绿色采购指南》,直接进阶到发布协会团体标准——2021年5月12日,在由中国肉类协会与世界自然基金会(瑞士)北京代表处联合举办的"中国肉类产业绿色贸易与全球可持续肉类供应链峰会"上,中国肉类行业首个有关绿色发展的团体标准《肉类产业绿色贸易规范》(以下简称《规范》)正式发布。

《规范》标示的适用范围包括肉类全产业链各类组织生产经营所需产品及相关原料的绿色贸易，包括但不限于饲料、畜禽养殖、肉及肉制品的生产加工及贸易。标准在“基本要求”部分，基于《中国肉类可持续发展宣言》核心内容，增加了“企业应避免供应/采购来自亚马逊热带雨林与赛拉多稀树草原、非洲刚果盆地、澳大利亚大堡礁等毁林高风险地区的产品”等内容。

《规范》的发布为中国肉类行业企业实现国际化的影响提出了新思路。《规范》对肉类行业来说是引领性的、倡导性的，在大家承诺遵守绿色贸易的前提下，这些条款是强制性的，有助于提升中国肉类产业供应链的韧性和自然向好的发展。①

---

① 邓茗文．逆向驱动：绿色供应链建设推动“零毁林”［J/OL］．可持续发展经济导刊，http：//sdg－china．net/portal/article/index/id/706/cid/7．html．

第9章　绿色贸易融资机构与监管体系

绿色贸易融资是一个创新交叉领域①，商业性银行、政策性金融机构、国际组织、研究机构等众多主体参与其中，发展不断完善。本章将对绿色贸易融资发展过程中的主要参与机构与研究机构进行梳理介绍，希望未来有越来越多的机构参与其中，共同助力绿色贸易融资的蓬勃发展。

9.1　主要参与机构

国际绿色金融的主要参与机构包括国际组织、各国政府、政策性金融机构、商业银行和其他中介机构。国际组织通过提出全球性倡议、推动标准制定、提供资金支持、加强国际合作等方式推动绿色金融发展；各国政府为本国绿色金融的发展提供了法律和政策环境，引导金融机构开展绿色金融实践；金融机构是国际绿色金融发展的重要实践者，发挥着动员民间资本参与绿色产业的重要作用；中介机构为绿色金融市场主题提供咨询、服务、工具等方面的支持②。相应地，绿色贸易融资作为绿色金融实践中的一种重要形式，其发展同样离不开上述机构的参与。

9.1.1　商业性银行

作为融资活动中最主要的参与者之一，商业性银行在世界各地都有着广泛的境外分支网络和丰富的全球运营经验，而且顺应世界绿色化发

---

① 孙瑾．绿色贸易融资是可持续发展的助推剂［EB/OL］．国际环保在线［2018－10－14］．https：//www. huanbao－world. com/a/renwu/2018/1014/49569. html.

② 马骏．国际绿色金融发展与案例研究［M］．北京：中国金融出版社，2017.

展潮流，商业性银行逐渐“染绿”。自 2003 年赤道原则[①]提出，截至 2022 年 2 月，已有遍布全球 38 个国家的 127 家金融机构采纳该原则，走在了绿色融资业务提供的前列。这些金融机构大概占据了新兴市场 70% 以上的项目融资份额，其中有众多知名商业性银行，如汇丰银行、花旗银行、瑞穗银行等，而在中国，目前共有兴业银行、江苏银行、湖州银行、贵州银行、重庆农商行、重庆银行、福建海峡银行、绵阳市商业银行和威海市商业银行九家银行已经宣布采纳赤道原则，成为中国接受可持续金融国际标准的先行者。

9.1.1.1　汇丰银行

汇丰银行（HSBC）是较早开展可持续金融业务的国际商业银行，也是最早接受赤道原则的金融机构之一。汇丰银行重视金融在促进可持续增长方面的关键作用，致力于走在通往可持续未来之路的前列。作为世界规模最大的银行与金融服务机构之一，汇丰银行志在成为全球领先的合作伙伴，为客户提供融资，助其管理并塑造低碳转型。对于汇丰银行而言，可持续发展意味着要在每一项经营决策中平衡社会、环境和经济三方面的影响。进一步来看，国际上，应在此基础上推动建立绿色贸易融资专营机构，机构应实行单列融资计划、单配人力财务资源、单独核算考核的运行机制，研究并制定具有权威性纲领性文件，制定相关原则和标准，并帮助发展中国家开展建设。国内应探索建立绿色贸易融资相关的法律制度和执法体系，对采用绿色贸易方式进行的融资活动采取激励性措施，使约束性法律责任和激励性经济措施一起形成市场导向机制，同时引导公众参与，使相关机构有压力和动力去实施绿色贸易融资，如为了调动企业和机构的积极性，英国政府出台的《贷款担保计划》中规定小企业可向金融机构借贷最高可达 7.5 万元英镑的款项，政

① 赤道原则（Equator Principles，EPs），由荷兰银行、巴克莱银行、西德意志州立银行和花旗银行在 IFC 环境和社会政策基础上共同起草的一套针对项目融资中有关环境与社会风险的指南。

府担保80%。但在担保过程中，政府会要求企业对自身的环境影响等进行评估，并根据评估结果对环境友好的企业进行担保。这项政策激励了英国中小企业的融资，对污染型中小企业产生了明显的抑制作用。

9.1.1.2 花旗银行

作为赤道原则发起者之一的花旗银行，十分重视绿色金融的发展。运营管理方面，花旗银行设立了专门的物业服务机构，来管理公司在运营中的环境足迹并实行目标管理。为了实现低碳的目标，花旗银行主要采取了以下措施：第一，加强对绿色项目，即有利于环境保护和减少气候变化的项目的融资，如资助城市进行环境友好和节能型基础设施改造；第二，环境及社会风险管理，制定了新的投资标准和环境和社会风险管理（ESRM）体系，管理和控制项目可能带来的环境及社会问题，从信贷与声誉两个角度来把控环境与社会风险，这为其在全球近五十个国家及地区的业务经营树立了良好的口碑和社会形象，规避了很多政策风险；第三，运营及产业供应链管理，尽可能降低行业运营以及供应链上下游运营带来的环境和社会影响；第四，注重监督执行，花旗集团在操作过程中注意同非营利性组织、客户及投资者的合作，共同监督计划的执行。

9.1.1.3 瑞穗银行

瑞穗银行总部位于日本，是亚洲第一家赤道银行（2003年采纳）。为贯彻赤道原则，瑞穗银行在日本东京总部成立了“可持续发展室”，并要求银行的各个网点根据集团的框架和方针制订包括环境保护在内的社会责任计划。在要求的国际项目融资方面，瑞穗银行严格执行赤道原则，对达到一定规模的发展中国家项目融资，必须按照可持续发展室的标准进行严格评审。具体为：首先是尽职调查，即在项目申请时认真按照对环境的影响大小分为A、B两类；其次是制订方案，包括具体的融资方案、环境和社会影响协议等，在此基础上根据融资方案和协议与客户沟通，经协商一致后达成协议；最后是监督机制，协议达成后，银行会对客户是否遵守赤道原则及所在国环境法规进行监督并及时向社会披露。通过采用赤道原则，瑞穗银行在经济发展和环境保护之间取得平衡，并履行一家金融机构的社会责任。从项目行业构成上看，瑞穗银行主要的投资项目集中于能源上，也包括了采矿、石化、基础设施等；从地区上看，项目主要集中在美国、加拿大和日本等发达国家。同时，瑞穗银行注意与各国当地政府合作，共同开展绿色金融业务。如 2010 年，瑞穗（中国）与天津经济技术开发区管委会合作签订了节能环保合作备忘录，以协助引进先进的环保技术，并推进在节能环保领域的合作。

9. 1. 1. 4　兴业银行

兴业银行从 2006 年开始以节能减排融资业务为切入点，率先开拓国内绿色金融市场，2008 年，正式宣布采纳赤道原则，成为国内首家“赤道银行”。2010 年，绿色信贷的相关概念和内涵被纳入《2010—2015 年企业金融业务发展战略规划》，强调了可持续发展理念的重要性。2011 年，兴业银行制定了新的战略体系，包括全面的风险管理战略，涉及环境及社会风险管理等 8 个子战略。2019 年，该行提前一年完成了 2016 年定下的融资余额突破一万亿元，客户突破一万户的“两个一万”绿色金融中期发展目标。截至 2020 年 9 月末，兴业银行已累计为全国 2. 925 万家企业提供绿色金融融资 2. 7033 万亿元，融资余额 1. 1490 万亿元。近年来，兴业银行绿色金融融资余额和客户数均实现了近 30% 的年均复合增长率，并且依托赤道原则建立的全面的环境和社会风险管理体系，绿色信贷不良率约为银行平均资产不良率①的 1/4，

① 不良资产比率 = 年末不良资产总额/年末资产总额 × 100%。不良资产，主要是指不良贷款，包括贷款到期限未还的贷款、逾期两年以上的贷款和需要核销的收不回的贷款三种情况。其他还包括房地产等不动产组合。

保持了较高的资产质量。兴业银行创新推出了一批像“绿创贷”“节水贷”“环保贷”“绿票通”等绿色金融产品和服务，并在内部配套了一系列措施，如在信贷规模紧张的情况下安排专项绿色信贷规模和专项风险资产，在项目审批上优化授信政策，对分行进行差异化授权，开设绿色通道，绿色项目优先审批等，确保绿色金融项目及时落地。在体制机制方面，兴业银行总行设立环境金融部，在全国 33 个一级分行设立了环境金融中心，并在二级分行配置专职的绿色金融产品经理，以便绿色项目更好落地①。

作为一家全国性股份制商业银行，同时也是国内首家赤道银行、国内绿色金融领域的先行者，兴业银行一直都秉承“寓义于利”的可持续发展理念，目前已形成涵盖绿色融资、绿色租赁、绿色信托、绿色基金、绿色理财、绿色消费等多门类的集团化绿色金融品与服务体系。在“清新福建”的建设中，兴业银行立足绿色发展理念，将绿色金融理念、项目评价标准、社会与环境风险要求等融入福建技改基金专业化主动管理和投资中来，优先重点支持制造业企业节能减排改造与绿色生态发展，为加快福建产业结构绿色转型升级，推动实现福建生态环境的“高颜值”和经济发展的“高素质”发挥了积极作用。从 2005 年成立能效金融专业团队，到 2006 年率先在国内推出了首个绿色信贷产品——节能减排贷款，兴业银行十余年来植绿不辍，努力开拓绿色金融“蓝海”，并落地多笔市场首单绿色金融产品，创新推出一批像“绿创贷”“环保贷”“绿票通”“节水贷”等绿色金融产品，用实际行动践行“绿水青山就是金山银山”的绿色发展理念。②

① 新华网．兴业银行拓展绿色金融渐入佳境［EB/OL］．［2020－11－06］．http://www.xinhuanet.com/money/2020－11/06/c_1126706837.htm.

② 新华网．兴业银行：绿色金融如何“点绿成金”？［EB/OL］．［2020－11－06］．

9.1.2 政策性金融机构

9.1.2.1 泛美开发银行

泛美开发银行（Inter－American Development Bank，IDB，以下简称泛美银行）成立于1959年12月30日，总部设在华盛顿，是由美洲及美洲以外的国家联合设立的向拉丁美洲国家提供贷款的区域性金融机构，也是世界上历史最久、规模最大的地区性政府间开发金融机构，其宗旨是促进拉丁美洲及加勒比地区经济和社会发展。泛美银行通过努力减少贫困和为不平等的国家提供财政和技术支持，帮助改善健康和教育，促进基础设施建设。2009年1月12日，中国正式加入泛美开发银行集团，成为泛美开发银行集团下属的泛美开发银行、泛美投资公司和多边投资基金的第48个成员国。泛美银行的目标是以可持续、气候友好的方式实现发展，其较早关注经济增长之外的社会公平、社会发展、气候变化、环境保护等议题，是第一个引入环境条款的多边发展银行。1979年，泛美银行就发布了环境保护政策（OP－703）。从20世纪80年代末期到20世纪90年代早期，泛美银行又积极支持和接受了可持续发展原则，将其融入自身的环境条款。2005年，泛美银行制定了新的环境和保障政策，为确保工作的可持续性提供了一个手段。在接下来的几年里，泛美银行制定了一系列新的政策、创新计划和项目以及出版物等，使得泛美银行成为环境和社会可持续发展的领导者①。

9.1.2.2 英国绿色投资银行

由于目前具有政府背景的金融机构是推动绿色金融发展的重要力量，对此，英国成立了绿色投资银行（Green Investment Bank，GIB），是世界上第一家专门致力于通过解决融资问题来发展绿色经济的投资银

① 中国人民大学重阳金融研究院，中国人民大学生态金融研究中心．绿色金融与“一带一路”［M］．北京：中国金融出版社，2017.

行，主要解决限制英国绿色基础设施项目融资的市场失灵问题。该银行对于绿色投资原则、绿色投资政策、绿色影响报告准则、负责任投资原则、企业环境政策、内部组织结构等都有较为完善的规定[①]。其使命是“打造一个独立于政府运作的可持续性金融机构，促进英国向绿色经济转型。发挥“绿色影响力”和实现“盈利”是GIB的基本任务。“绿色影响力”是指投资活动应限制在“绿色项目”，即那些符合英国政府的环境保护和可持续发展目标的项目。英国政府提出的五个绿色目标为：减少温室气体排放；提高自然资源的使用效率；保护或美化自然环境；保护或加强生物多样性；促进环境可持续发展。“盈利”目标凸显了GIB作为一家独立、可持续运营的金融机构的设计。同时，GIB不与私营部门融资争夺市场，而是作为一种“额外的”投资。GIB主要在四个方面发挥融资机制作用。第一，建设股权投资。GIB针对已经获得社会资本股权融资的项目，为前期或建设期的资金缺口提供股权融资。这种股权投资将承担所有典型股权风险，同时也享有典型的针对少数股东权益的公司治理安排。第二，长期贷款。GIB为海上风电、碳捕获与封存（CCS[②]）和能效项目提供长期贷款。第三，针对海上风电和CCS项目的中期有抵押次级债务（次于由商业银行提供的优先有抵押债务）。第四，针对能效项目的违约风险保证产品，主要针对小规模能效、微型发电和智能电网项目[③]。

GIB是政策性绿色金融机构的探路者，在其发展过程中也遇到一些问题。一是营利性和投资限制。由于欧盟对于国家干预市场有严格的限制，GIB的投资必须满足市场化和只能投资于出现市场失灵的领域。因此，目前GIB的大部分投资仅限于政府界定的三大重点领域（海上风

---

① 马骏．国际绿色金融发展与案例研究［M］．北京：中国金融出版社，2017.

② CCS，Carbon Capture and Storage 指将 CO_2 从工业或其他能源产业的排放源中分离出来，输送或封存在地质构造中，长期与大气隔绝的过程。

③ 绿色投资银行官网：https：//www. greeninvestmentgroup. com/。

电、垃圾发电、能效)。同时,GIB 只能直接投资项目,不能投资企业,这使得 GIB 缺乏可投资项目。3.5% 的投资回报率要求对于可再生能源项目来说并不算高,但是由于使用公共资金投资,每一个项目的损失都会带来公众压力。二是撬动社会资本问题。传统投资者认为,因所需资本的使用成本很高,所以绿色项目的投资者需要政府补贴来弥补低于平均水平的投资回报。而 GIB 没有补贴性质,因此吸引投资的能力有限。三是绿色目标定义与绩效评价问题。除了财务回报,"信息不对称"也经常被认为是绿色项目投资难以达到社会最优水平的因素之一。政府授权中"绿色"目的定义过于宽泛,难以使 GIB 投资的项目真正担负起绿色责任。如简单地将火电转变为生物质和垃圾焚化,并不能保证环境的收益。四是配套政策问题。作为政策性银行,GIB 的投资绩效也与政府的产业政策息息相关。如果政策力度不足,就难以激发社会资本发展绿色产业的信心,GIB 投资绿色技术的前景也会受影响。

9.1.2.3 中国进出口银行

中国进出口银行(The Export - Import Bank of China,CEXIM)成立于 1994 年,是国家出资设立、直属国务院领导、支持中国对外经济贸易投资发展与国际经济合作、具有独立法人地位的国有政策性银行。进出口银行坚持将贯彻落实国家绿色发展理念与实现自身可持续发展相结合,不断完善绿色信贷制度流程,积极创新绿色金融产品服务,为推动绿色发展提供强有力的金融支撑。

为更好满足企业的绿色、低碳融资需求,进出口银行建立了以转贷款、节能环保贷款、转型升级贷款、传统优势信贷产品为核心的绿色信贷产品体系,发起设立了以中日节能环保基金为代表的多只股权投资基金,推出了以碳资产咨询顾问业务为重点的碳金融业务。在最为成熟的绿色信贷方面,中国进出口银行结合国家环保政策和行业具体特点,逐年制定并发布行业授信政策,提出有针对性的行业绿色信贷标准和环境与社会风险管理要求。另外,中国进出口银行还建立并不断完善绿色信贷统计系统。2018 年将绿色信贷标识嵌入信贷系统，从而实现数据自动抓取功能，进一步提高绿色信贷统计管理能力。同时，按季度统计支持节能减排数据及是否贷款支持涉及环境保护违法和淘汰落后产能企业，持续监控并敦促企业整改。在流程管理方面，为有效防控信贷业务的环境与社会风险，进出口银行制定了覆盖信贷业务全流程的绿色信贷标准，建立环境和社会风险问责机制，以推动绿色发展理念和绿色金融制度更好落地，并于 2017 年对信贷业务尽职调查操作规程、贷款发放与支付审核操作规程等制度进行了修订，不断强化在业务流程各个环节对环境和社会风险的监控和管理要求①。

目前，进出口银行已形成涵盖绿色信贷、绿色基金、绿色咨询等在内的多元化绿色金融服务体系，充分发挥了政策性银行在推动经济增长方式转变、促进经济可持续发展中的导向作用。而从贸易融资角度来看，进出口银行提供买方押汇、汇出汇款融资、提货担保、进口双保理、打包贷款、卖方押汇、福费廷等多种贸易融资服务，充分体现了其对中国经济贸易发展的支持。尽管在绿色融资和贸易融资两方面均有较为成熟的业务基础，但目前进出口银行的贸易融资业务与绿色可持续发展目标的结合尚不完善，还未形成专业的绿色贸易融资业务，但未来进出口银行仍然是最有希望在绿色贸易融资业务提供上取得突破的一家政策性银行。

9.1.2.4　国家开发银行

国家开发银行（China Development Bank，CDB）成立于 1994 年，是国家出资设立、直属国务院领导、支持中国经济重点领域和薄弱环节发展、具有独立法人地位的国有开发性金融机构。国家开发银行积极履行社会责任，践行绿色可持续发展理念，持续加大对生态环保、

① 中国进出口银行官网．绿色金融和社会责任白皮书［EB/OL］．http：//eximbank.gov.cn/info/WhitePOGF/.

节能减排等领域的支持力度，努力提升绿色金融自律合规意识，参与国家绿色金融标准建设，研究绿色融资项目评估规范、绿色银行评价指标体系和地方绿色融资项目对接标准，统筹环境、社会和金融等全要素资源。

国家开发银行是中国绿色信贷第一大贷款行，为众多绿色项目提供了融资支持。为了加强可持续投融资制度建设，2014 年通过制定《国家开发银行风险识别与评估管理办法》，国家开发银行构建了环境与社会风险管理制度体系，完善相关信贷政策制度和流程管理，有效识别、监测、控制业务活动中的环境和社会风险。该体系将具体要求纳入贷前、贷中、贷后管理，在项目规划开发、授信尽职调查、项目评审、合规审查、授信审批、资金支付以及贷后管理等阶段，都深入贯彻可持续发展观念，全流程管理环境和社会风险①。

作为国家开发性金融机构，除了我们所熟知的为绿色基础设施项目提供融资外，国家开发银行还提供外汇固定贷款、外汇流动资金贷款等绿色信贷支持，而这类资金支持恰恰可以成为绿色贸易融资的资金来源。尽管目前开发银行尚未形成专门的绿色贸易融资服务，但现有的绿色信贷、绿色债券、绿色基金等的确可以成为企业绿色贸易融资的一种选择。而且，国家开发银行也深入贯彻落实国务院关于加强金融服务民营企业、小微企业的决策部署，提升小微企业金融服务可得性，把自身资金优势和商业银行市场优势相结合，以“批发资金转贷”② 的形式与地方中小银行合作，为小微企业提供融资服务。此种举措更是为民营企业、小微企业寻求绿色贸易融资拓宽了渠道。

---

① 国家开发银行官网 .2019 国家开发银行可持续发展报告［EB/OL］. http：//www. cdb. com. cn/shzr/kcxfzbg/shzr_2019/.

② “批发资金转贷”，主要利用开发性政策性银行发挥资金量大、资金成本低的优势，通常以基准下浮 15% 到 20% 的利率水平将资金贷给商业银行，属于同业授信范畴，商业银行再将其转贷给小微企业。

9.1.3 国际组织

9.1.3.1 联合国环境规划署

联合国环境规划署（United Nations Environment Programme，UNEP，以下简称环境署）成立于1972年，总部设在肯尼亚首都内罗毕，是联合国系统内负责全球环境事务的牵头部门和权威机构。环境署激发、提倡、教育和促进全球资源的合理利用并推动全球环境的可持续发展。所有联合国成员国、专门机构成员和国际原子能机构成员均可加入环境署。

联合国环境规划署的使命是“激发、推动和促进各国及其人民在不损害子孙后代生活质量的前提下提高自身生活质量，领导并推动各国建立保护环境的伙伴关系。”任务是“作为全球环境的权威代言人行事，帮助各政府设定全球环境议程，以及促进在联合国系统内协调一致地实施可持续发展的环境层面。”

联合国环境规划署的宗旨是：促进环境领域内的国际合作，并提出政策建议；在联合国系统内提供指导和协调环境规划总政策，并审查规划的定期报告；审查世界环境状况，以确保可能出现的具有广泛国际影响的环境问题得到各国政府的适当考虑；经常审查国家和国际环境政策和措施对发展中国家带来的影响和费用增加的问题；促进环境知识的取得和情报的交流。

联合国环境规划署的主要职责是：贯彻执行环境规划理事会的各项决定；根据理事会的政策指导提出联合国环境活动的中、远期规划；制订、执行和协调各项环境方案的活动计划；向理事会提出审议的事项以及有关环境的报告；管理环境基金；就环境规划向联合国系统内的各政府机构提供咨询意见等。

在国际社会和各国政府对全球环境状况及世界可持续发展前景愈加深切关注的21世纪，环境署受到越来越高度的重视，并且正在发挥着不可替代的关键作用。

9.1.3.2 世界银行

世界银行（World Bank，WB）是世界银行集团（World Bank Group）的简称，成立于1945年，1946年6月开始营业，是联合国经营国际金融业务的专门机构，同时也是联合国的一个下属机构。由国际复兴开发银行、国际开发协会、国际金融公司、多边投资担保机构和国际投资争端解决中心五个成员机构组成。

按照《国际复兴开发银行协定条款》的规定，世界银行的宗旨是：

通过对生产事业的投资，协助成员国经济的复兴与建设，鼓励不发达国家对资源的开发；

通过担保或参加私人贷款及其他私人投资的方式，促进私人对外投资。当成员国不能在合理条件下获得私人资本时，可运用该行自有资本或筹集的资金来补充私人投资的不足；

鼓励国际投资，协助成员国提高生产能力，促进成员国国际贸易的平衡发展和国际收支状况的改善；

在提供贷款保证时，应与其他方面的国际贷款配合。

世界银行的主要任务是，向成员国提供贷款和投资，推进国际贸易均衡发展。为全世界设定了到2030年要实现的两大目标；

终结极度贫困，将日均生活费低于1.25美元的人口比例降低到3%以下；

促进共享繁荣，促进每个国家底层40%人口的收入增长。

环境保护方面，世界银行设有“环境和自然资源全球实践机构”（Environment and Natural Resourses Global Practice），提供专门知识、技术援助和资金来帮助中低收入国家以可持续的方式管理土地、海洋和淡水自然资源，帮助创造就业机会、改善生计、加强生态系统服务（如碳封存、授粉或水调节），减少污染并增强对气候变化的抵御能力。能够帮助发展中国家建立一个清洁、绿色的弹性经济和健康社区增长轨迹。该机构通过分析和使用环境经济学、自然资本①会计等方法作出明智决策，这使得各国在配备证据和数据时，能更有力地抓住增长机会、衡量污染成本和气候风险、确定协同效应、了解政策和投资选择的影响，以支持可持续发展。环境和自然资源全球实践机构共监督 170 个项目的投资组合，价值约 74 亿美元。

国际金融公司（International Finance Corporation，IFC）是世界银行的附属机构之一。1956 年 7 月 24 日成立，1957 年 2 月成为联合国的一个专门机构，总部位于美国华盛顿特区，股东是 184 个成员国，公司的政策由成员国共同决定。宗旨是：辅助世界银行，通过贷款或投资入股的方式，向成员国特别是发展中国家的私人企业提供资金，以促进成员国经济的发展。该行资金来源主要有：

（1）成员国认缴的股金。最初为 1 亿美元，分 10 万股，后经几次增资，达到 6.5 亿美元；

（2）公司积累的利润、成员国偿还的款项及出售国际金融公司的投资所得；

（3）必要时可向世界银行借到不超过本身认缴资本与公积金之和 4 倍的贷款。对于所有新投资项目，国际金融公司先确定有关可持续性发展的预期效果；对于成熟项目，国际金融公司则对已实现的发展效益质量做出评价。为了最大限度地发挥可持续性发展的影响力，国际金融公司特别强调以下五大战略重点：

（1）加强对边缘市场，特别是中小型企业部门的关注；

（2）与发展中国家的新兴全球商业机构建立长期的伙伴关系；

（3）通过可持续性发展将国际金融公司与其竞争对手加以区分；

（4）解决私营部门投资在基础设施、健康和教育等领域的限制；

---

① 自然资本是指能从中导出有利于生计的资源流和服务的自然资源存量（如土地和水）和环境服务（如水循环）。自然资本不仅包括为人类所利用的资源，如水资源、矿物、木材等，还包括森林、草原、沼泽等生态系统及生物多样性。

（5）通过制度建设和应用创新的金融产品开发国内金融市场。

在绿色融资方面，国际金融公司与金融机构合作，将环境、社会和治理标准以及风险管理引入其贷款做法，努力促进发展中国家金融体系的稳定，将资金引向负责任的公司。此外，IFC 还与监管机构和证券交易所合作，向市场引入环境、社会和治理标准，以帮助解决超出公司单独解决能力或责任的挑战。IFC 注重可持续供应链的构建，管理整个供应链的环境和社会问题，并纳入供应商和供应商之间的可持续性标准，同时最大限度地提高产品产出，为小型供应商提供融资机会，通过提供各种金融产品（如信贷额度或股票投资）来解决公司面临的环境问题，这些金融产品以符合可持续资格标准为条件[①]。

案例 9－1 欧洲复兴开发银行在绿色贸易融资领域的实践

欧洲复兴开发银行（European Bank for Reconstruction and Development，EBRD）的成立设想最早于 1989 年提出，得到了欧共体（European Community）各国以及其他一些国家的支持，并在国际金融公司（The International Finance Corporation，IFC）的帮助下于 1991 年正式成立，最初的目标是帮助欧洲进行战后重建和经济复兴，后逐渐演变为帮助和支持中、东欧贫困国家的市场经济化。其主要业务包括：技术援助和人员培训；帮助受援国政府制定政策及措施以推动其经济改革；为基本建设项目筹集资金；参加筹建金融机构及金融体系；帮助支持筹建工业体系。

在主要的融资业务领域，EBRD 的优点在于其可在私有及公有部门运作。EBRD 结合商业银行及开发银行之原则与实务，对私有或可私有化企业及私有企业所必需之基础建设计划等提供资金，并依据特订计划案的需求，弹性地设计各种融资工具，包括贷款、股本投资及担保。在

① IFC：https：//www. ifc. org/wps/wcm/connect/Topics_Ext_Content/IFC_External_Corporate_Site/Sustainability－At－IFC/Company－Resources/Sustainable－Finance/.

融资计划基础上EBRD也会设定各种适合融资条件，以便透过共同融资方式与其他国际金融机构及公私金融机构进行合作。

EBRD同时也是绿色金融的积极参与者和重要推进者。在2017年巴黎联合国气候变化大会COP-21上，EBRD提出了绿色经济改革（Green Economy Transition，GET）方针。该方针计划在2020年以前将EBRD绿色项目投资从24%提高至40%的占比，具体实施路径包括减缓气候变化的项目、适应气候变化的项目以及其他有利于环境的项目[①]，并根据不同路径创造了两种新型绿色债券——环境可持续性债券（Environmental Sustainability Bonds）和气候适应性债券（Climate Resilience Bonds）。

近年来，随着在融资领域和绿色金融领域的逐渐深入，EBRD创造性地认为贸易融资可以为与GET方针相关的技术以及与解决气候变化相关的技术转让等提供急需的投资与支持，由此为全球气候变化应对问题作出巨大贡献。2019年，在日内瓦举行的世界贸易组织公共论坛上，EBRD代表团介绍了该银行如何推动这一进程，EBRD金融机构董事总经理Francis Malige表示："绿色经济不再只是环境的需要，它也有经济意义。凭借我们的绿色贸易便利化计划，EBRD可以为跨境所需的绿色技术融资提供一个覆盖面广、建立良好的银行网络。"在绿色贸易融资领域，绿色贸易便利化方案（Green Trade Facilitation Programme，TFP）是EBRD贸易支持的一部分，旨在促进其投资国家之间的对外贸易，即通过该方案向外国保兑银行提供担保，以减轻与跨境贸易相关的风险，并向EBRD地区的特定银行和保理公司提供短期现金预付款，用于向当地出口商、进口商和分销商转贷。截至2019年10月，EBRD已提供了超过4.25亿欧元的绿色贸易融资，在15个业务国家资助了近600笔绿色贸易便利化方案交易，相当于每年节省能源733130兆瓦时，节水162

---

① EBRD于2020年12月发布的公开报告*Report on Environment*。

万立方米，减少二氧化碳排放31万吨。目前EBRD正在致力于将该种做法向其他地区复制，以期推动各国更好地适应气候变化，更快地向低碳经济过渡①。

9.2 主要研究机构

9.2.1 国际商会

作为全球领先的银行业规则制定机构，国际商会（ICC）银行委员会通过探索如何设计一个“可持续贸易原则”系统在行业从业者中试图达成“绿色金融”或“可持续贸易”的共识。② 这些探索绿色和可持续实际意义的努力不仅可以促进更多的企业和金融机构进行绿色贸易活动，而且加速了经济社会的绿色转型。为此，国际商会（ICC）银行委员会成立了“可持续贸易融资工作组”，该工作组汇集了行业参与者，用以促进宣传工作并提高贸易融资市场的可持续性意识。根据国际商会银行委员会2018年巴黎发布的2018年度全球贸易金融调查报告——《全球贸易：保障未来增长》，其将“可持续贸易”定义为“能够在推进全球可持续发展的同时，符合使各方获益、并使负面影响最小化的环境、社会和经济标准的大宗商品、货物和服务买卖的商业行为或活动”，进一步将可持续贸易融资定义为：为在生产过程中，对环境、社会的不利影响和风险最小化的，或是促进了环境保护或社会福利的货物或服务提供的金融支持。

---

① EBRD. Green Trade Finance In A Changing World [EB/OL]. https://mondovisione.com/media-and-resources/news/ebrd-green-trade-finance-in-a-changing-world/.

② Geis, R. How banks can lead the way to sustainable trade', Forum for International Trade Training [EB/OL]. [2019-06-14]. http://www.tradeready.ca/2017/topics/international-trade-finance/banks-can-lead-way-truly-sustainable-trade/.

该工作小组分为三个分组，以探究金融部门能够为可持续贸易注入动力的主要领域。

工作小组的第一分组主要研究标准、商标和认证。许多商标和认证机构要求向农民、符合国际惯例的劳动法以及环境保护支付公平报酬。银行面临的挑战在于评估众多认证方案中何种方案具有有效降低相对高风险的标准。工作小组已经拥有一套完整的自动化尽职工具，该工具具有能够放大、超越现有数据基础和分析方法。全球农业商品生产环境和社会风险地图（GMAP）由国际金融公司和世界自然基金会共同开发，该地图使用户能够查询到某个具体产品是否对原产地造成了社会和环境危害，多个地区的高风险大宗商品包括大豆、棉花、可可豆、咖啡豆和棕榈油。[①] 应用GMAP分析系统时，用户可以通过选择国家和商品的组合，直观分析应用给出的风险分数、分析报告、风险管理指南，以及在全球贸易中心可持续地图数据库中相关的可持续标准清单。其中，各个评价指标选取来自国际金融公司（IFC）绩效标准（Performance Standard）的第二版和第六版，风险分数共有低风险和高风险两类，分别为0分和100分，并以绿色和红色区别开来。通过阅读报告可以理解风险分数如何评估，并了解商品生产的更详细信息以及如何管理生产风险。以中国生产的油菜籽为例，其环境和社会风险总分数为67分，表9－1解释了更为详细的打分结果，且GMAP附有每一项打分的详细解释供查询用户知晓。通过与这些国际组织合作，工作小组将设计出一个单一完整工具的概念验证，该工具可使银行人员很容易地检查社会和环境风险，以及评估某一认证要求是否能将这些风险降到最低。该信息能帮助银行决定是否进行一笔交易，该交易涉及的大宗商品是否产于有高风险历史的国家。

① GMAP官网：https：//gmaptool.org/tool。

表 9 -1　　国际金融公司（IFC）绩效标准

序号	考核方向	得分
1	雇用童工	84（红色 - 较高风险）
2	童工相关法律	88（红色 - 较高风险）
3	利用强迫劳动	72（绿色 - 较低风险）
4	强迫劳动相关法律	88（红色 - 较高风险）
5	生产条件	36（绿色 - 较低风险）
6	保护工人重大安全问题的相关法律	72（绿色 - 较低风险）
7	侵占自然区域的比率	20（绿色 - 较低风险）
8	对保护区的影响	32（绿色 - 较低风险）
9	存在和影响较高的或独特的陆地生物多样性	92（红色 - 较高风险）
10	存在和影响较高的或独特的淡水生物多样性	100（红色 - 较高风险）

第二分组正在制定关于分析贸易金融社会和环境风险的最佳方法指引。和受益于赤道原则指导的项目融资以及由绿色债券准则支持的绿色债券市场不同，贸易金融行业尚无关于评估可持续性的指引。为强调这项需求，工作小组设计了一份调查表，贸易银行可将其融入它们对客户的尽职调查过程中，作为对现有风险管理和了解你的客户①（详见专栏 10 -1）尽职审核的补充。

指引的开发与调查表相匹配，调查表强调了其他资源、索引和数据库，这些可用于检验顾客的可持续政策、承诺和实践。通过这些信息，银行可以应用体现其风险偏好的内部政策，风险与其可能产生社会、环境、声誉、信用、市场或合规风险的交易有关。

第三分组的工作是就可持续贸易对银行人员展开教育和培训。国际商会银行委员会中的国际发展银行开发了教育项目，受益于此，工作小组正在收集材料和培训模板，这些材料和培训模板可以促进银行和其客

① KYC 规则（Know your customer），是指了解你的客户原则，也叫“投资者适当性管理体系”、KYC 法则，原意是指金融机构如不能清晰识别客户身份，便不愿贷款给客户。后来延伸到在营销领域，指销售人员在营销初期最重要的是了解客户，而不是急于介绍产品。

户应用可持续政策和实践。该分组还在为贸易金融专家们开发教育工具，该工具强调了与交易相关的潜在可持续风险，并介绍了用于降低这些风险的指引的使用方法。银行人员可以和其企业客户就可持续贸易金融中的共同利益进行深入交谈。

此外，工作小组认为新的信息来源对发展来说至关重要。企业的可持续报告正在改进，而新技术不断出现。如跟踪和回溯方案，该方案可以精确定位供应链中货物的产地、位置和状态。通过减少对已获得可信赖证明确认的交易审批，以及向认证供应商提供更好的融资条件，区块链可促进农业大宗商品交易中的可持续操作。这些发展将有助于提高贸易金融交易透明度。[①]

9.2.2　剑桥大学可持续领导力学院

剑桥大学可持续领导力学院（Cambridge Institute for Sustainability Leadership，CISL）在世界各国政府、公司、民间组织正在致力于发展可持续生产的背景下，认为银行可以推进商品供应链向可持续软商品供应链方向转变。为此，其在银行环境倡议（The Banking Environment Initiative，BEI）下成立了可持续贸易金融委员会以探索如何促进以可持续方式生产商品的贸易，创新性地提出了软商品契约和可持续装运信用证等办法（CISL，2016）[②]。与CISL进行合作研究的中央财经大学绿色金融国际研究院绿色贸易融资实验室进一步证实了以上观点，即绿色贸易融资是可持续发展的助推剂，关联整个供应链企业，只有使供应链企业受益，才能推动贸易可持续发展。

---

① 中国国际商会．国际商会2018年全球贸易金融调查报告［R/OL］．2018. http：//www. ccoic. cn/cms/content/16100.

② Cambridge Institute for Sustainability Leadership（CISL）．Incentivising the trade of sustainably produced commodities［EB/OL］．［2019－06－20］．https：//www. cisl. cam. ac. uk/resources/publication－pdfs/incentivising－the－trade－of－sustainably－produced. pdf.

自从2017年国际商会决定在全球贸易金融调查中对“可持续贸易金融”（指主动将社会和环境因素纳入考虑范围的贸易金融）投入更多的关注后，剑桥大学可持续领导力学院认为全球的行业领导者对这一议题的兴趣日益浓厚，事实也的确如此，75%的调查对象表示，他们的银行正在积极跟进这一议题。学院认为将可持续性纳入银行贸易金融活动的战略和经营，只会随着时间推移变得愈发重要。然而，目前可持续贸易金融实践仍处于初级阶段。学院在《国际商会全球贸易金融调查报告》中发布了文章《可持续性贸易金融——关于市场现状的观点》（ICC金融调查报告连载十一），从风险和机会两个角度，阐述了为什么可持续性对贸易金融从业者越来越重要，其中考虑了（包括主要的新兴市场，如中国）不断变化的监管趋势、客户偏好和风险管理的影响，并审视了当前单个银行可以采取的行动和行业普遍优先考虑的事项。文章内容如下：

第一，贸易金融变化的背景是怎样的？

监管趋势：巴黎协议、金融稳定委员会和G20峰会

过去的几年里，全球政策或监管趋势在将经济增长引入可持续或“绿色”发展的轨道上，取得重大进展。如在巴黎召开的联合国气候峰会上，各方达成了“要把全球平均气温较工业化前水平升高控制在2摄氏度之内”的共识。这个承诺意味着，在21世纪末，政府、企业和其他利益相关者必须在繁荣经济的同时，实现温室气体净零排放。

同时，金融稳定理事会气候相关金融信息披露工作组也在2015年底成立，旨在规范企业和金融机构进行气候相关的金融风险披露。这反映了一个基本理念，在日常决策中，市场需要更透明和更可靠的信息来对气候风险作出判断。在金融理事会工作的基础上，G20峰会（2016年在中国举办）成立了一个绿色金融研究组，来探究全球最具影响力的财政部和中央银行如何让绿色金融成为金融决策的主流理念。

即使这些监管努力对贸易金融可能还未带来实质性的影响，但其重要性应当铭记于心。如全球温室气体排放总量的约15%源于热带森林

砍伐，而农业用地清理，被公认为是造成森林砍伐的最主要原因之一。如果不转变依赖于向森林土地扩张农业的发展方式，世界各国政府将因此无法达成其气候目标并养活不断增长的人口。

进口趋势：消费品论坛和中国

继续聚焦于农业这一议题，农产品的主要进口商并未忽视上述趋势。2010年，消费品论坛（CGF）董事会通过了至2020年达到在其供应链中“森林净零砍伐”的决议。该决议是一个拥有约400家消费品公司、联合销售额达2.5万亿欧元的行业网络，认识到农业用地的扩张对森林砍伐、当地社区和生态系统的重大影响后作出的。

为促进这些公司的采购政策与此目标相适应，消费品论坛为大豆、棕榈油、纸浆和纸业制定了“可持续采购指南”。它还与包括政府和银行业在内的各方伙伴合作，开展更广泛的行动来促进改变。在BEI赞助下运营的国际银行小组，与消费品论坛共同议定了“软大宗商品”条约。这是一个以客户为导向的倡议，旨在将银行业的服务与“至2020年，在软大宗商品供应链中实现森林净零砍伐”的目标对接起来。2013年，“软大宗商品”条约获消费品论坛董事会批准，目前已被占据50%的全球贸易金融市场的多家银行所接受。

然而，仅关注消费品论坛会忽略这样一个事实，绝大部分农产品被进口至亚洲主要新兴市场。如全球约60%的大豆进口到中国。不过，这里也有一个转变的趋势。2015年，受中国银行业监管机构之邀，BEI可持续贸易金融委员会、一些商品进口商、交易商和贸易金融领导者与中国的银行开展合作，探究如何将可持续性纳入支撑中国大宗商品进口的贸易金融。这项工作的最终成果已于2016年9月初公布。

风险趋势：声誉与信用

不可持续的软大宗商品生产和贸易带来的风险日益凸显。随着消费观念的转变，声誉风险可以说是首当其冲。一家全球性银行负责声誉风险管理的人士透露，他对同行们未识别贸易融资业务暴露的风险并采取适当措施表示非常惊讶。在国际商会最近的调查中，有迹象表明该行业正在变化，将近三分之二的调查对象表示，银行正考虑关于贸易金融交易更严格的环境和社会标准。我们猜测他们的出发点是管理声誉风险。

然而，我们却花费大量时间和行业领导者就信用风险进行协作。尽管监管和进口趋势的转变，并不总是影响单个交易，但最近的事件已经表明可持续发展理念在客户层面正变得愈发重要。举一个具体的例子，2016 年初，一个马来西亚主要的棕榈油生产商被业界广泛认可的可持续发展标准机构（the RSPO）叫停，因为其未能遵守该机构的某些标准。随后，该公司的许多客户立即声明他们将不再采购该公司的棕榈油。该事件促使信用评级机构穆迪，宣布考虑下调该公司评级。无独有偶，从被叫停到穆迪干预不到两个月的时间内，该公司的股价也跌了近 10%。虽然这只是一个例子，但它表明企业若与大趋势背道而驰，后果是不言而喻的。由于大部分贸易金融从业者寻求与客户建立长期关系，并向其交叉销售多种金融服务，因此，信用风险中，不断提升可持续性因素的重要性值得我们关注。

第二，当前单个银行能够采取什么措施？

我们与全球贸易金融业领导者的合作表明，只要银行决心去做，至少可以在三个层面采取行动。目前有多家银行围绕这三个层面开展举措。

第一个层面是客户参与，这涉及把可持续性风险考虑整合到现有的流程中，如客户登记手续办理和尽职调查。它还涉及与客户合作，管理已识别的风险。国际金融公司农产品生产环境和社会风险全球地图（GMAP）之类的工具对其很有帮助。

第二个层面是风险筛查，这意味着从可持续发展的角度，确保银行不被卷入更坏的情况或更高的风险中。有趣的是，2016 年的国际商会全球贸易金融调查发现，由于内外部环境政策，逾 50% 的银行拒绝办理贸易融资交易，这可能暗示着其消耗相当多的精力集中于风险筛查，尽管是在暗中进行。

第三个层面是定价，这涉及银行调整其定价策略，以鼓励更好的可持续发展实践。对于拥有高产量、低利润业务的客户而言，这种策略可以提供有效推动。一些银行片面地看待这个问题，认为定价只是建立客户投资组合的整体战略的一部分，与可持续发展趋势一致且使投资组合的政策成本中性化。其他银行则与多边银行合作，这些多边银行正越来越多地将可持续发展纳入其贸易金融计划，以此改变商业银行的资本成本。

第三，这个行业普遍的优先考虑事项是什么？

ICC 调查显示，贸易金融行业愈发重视环境和社会因素，这是一个令人乐观的趋势，然而相关实践似乎仍然处于初期阶段。正因为如此，拥有一个学习和引领的平台非常可贵，这也是 BEI 在 2015 年初成立可持续贸易金融委员会的主要原因之一。该组织作为代表参与到 ICC 银行委员会、银行业交易协会和 BAFT 中，并获益良多。

产品研发

目前为止，BEI 从工作实践中已经确定，在某些情况下，现有贸易金融产品，可以被简单、放心地用于向正确经营的出口商提供激励。

如“银行业环境倡议”的“可持续装运信用证”，最初是用一种商品（棕榈油）的案例进行研究，为一种贸易金融工具（信用证）而编制的。它与现有的银行流程一致，是买方主导的，银行只是负责检查信用证文件是否包括“认证的可持续棕榈油”标记。国际金融公司通过其全球贸易金融计划对该产品提供支持，如果银行通过国际金融公司预定这类交易，那么国际金融公司就可以迅速使银行获得降低资金成本的益处。也正是这一概念的催化潜能促使英国的金融时报将“银行业环境倡议”纳入 2015 年“转型商业奖”。

如果有合适的可持续发展标准，那么这一概念原则上可转移到其他商品和其他跟单形式的贸易金融中。银行和客户一样，都热衷于进一步探索这种产品的开发。

与多边开发银行合作

目前，一个相对较小的银行圈子正努力将可持续贸易金融变成一个新的市场规范。“银行业环境倡议”的可持续贸易金融委员深入考察了不同选择方案，这些方案均可在行业内以一定规模部署。它提出了对这些选择方案的考虑，包括在最近的讨论论文中提及的了解你的客户[①]（详见专栏10－1）、合规和监管过程。

值得强调的是，当既要考虑影响又要考虑可行性时，基于国际金融公司对可持续装运信用证的参与，与其他多边开发银行合作就成为重中之重。简单来说，如果所有具有通过其贸易金融计划直接影响银行资金成本的多边开发银行都在这个议题上能够明确与商业银行合作，那么将大大加快整个行业在该议题上推进的步伐。在得出这个结论后，亚洲一家重要的多边开发银行联系了该研究机构。

增加新兴市场买家的参与度

对于可持续发展，来自世界上最重要的进口市场的信号尽可能一致，这符合所有人的利益。没有这一点，向可持续发展生产方式的转型更可能是粗放和无序的。

正是由于这个原因，在中国银行业监管机构的指导下，“银行业环境倡议”的可持续贸易金融委员会正在寻求建立与中国银行业的早期合作，并支持其在这一领域持续兴起。[②]

9.2.3 中央财经大学

目前，中央财经大学已经在绿色贸易融资领域与相关机构一同搭建

---

① KYC规则（Know your customer），是指了解你的客户原则，也叫“投资者适当性管理体系”、KYC法则，原意是指金融机构如不能清晰识别客户身份，便不愿贷款给客户。后来延伸到在营销领域，指销售人员在营销初期最重要的是了解客户，而不是急于介绍产品。

② 剑桥大学持续领导力学院．可持续性贸易金融——关于市场现状的观点［J］．国际商会全球贸易金融调查报告．

了众多研究平台。

中央财经大学气候与能源金融研究中心（RCCEF）是中央财经大学的一个跨学科学术中心和创新平台，该中心建立于2011年，主要研究领域包括气候金融、环境经济学和绿色金融、能源金融和经济社会可持续发展预测。

中国绿色低碳投融资对话平台由中央财经大学气候与能源金融研究中心（RCCEF）与第三代环保主义组织（E3G）联合设立，该平台致力于创造一个专业的国际国内交流对话平台，汇聚来自金融、产业、政府、智库引领者和决策者，通过各项相关研究、活动和地方实践等多样化形式，共同探讨低碳投资、气候融资和环境金融等绿色金融框架下最前端的问题。

中央财经大学绿色金融国际研究院绿色贸易融资实验室是中央财经大学绿色金融国际研究院（以下简称绿金院）下属的平台。绿金院是国内首家以推动绿色金融发展为目标的开放型、国际化的研究院，2016年9月由天风证券公司捐赠设立，前身为中央财经大学气候与能源金融研究中心。绿金院是中国金融学会绿色金融专业委员会的常务理事单位，并与财政部建立了部委共建学术伙伴关系。绿金院以营造富有绿色金融精神的经济环境和社会氛围为己任，致力于打造国内一流、世界领先的具有中国特色的金融智库。①

专栏9－1 中国大宗商品进口融资绿色化的专题研究②

中国大宗商品进口融资的绿色化对我国发展意义重大。中国自身经验表明，经济发展遵循生态模式非常重要，这对世界其他发展中国家也同样如此。同时，中国是世界上最大的大宗商品进口国之一，进

① 中央财经大学绿色金融国际研究院官网：http：//iigf. cufe. edu. cn/gywm/xyjj. htm。

② 中央财经大学绿色金融国际研究院，剑桥大学可持续领导力研究院（CISL）．中国大宗商品进口融资绿色化：实践经验［R］．2017.

口产品包括大豆到铁矿石等。因为这种影响力，中国有机会在自身发展过程中积极支持我们的贸易伙伴，这个意愿在中国的“一带一路”倡议中已有所表述。我们现在有机会推动中国通过其贸易活动鼓励绿色发展，大宗商品进口融资的绿色化这一议题对于实现这个目标至关重要。

（一）为何聚焦于农业大宗商品?

研究聚焦于农业（或“软性”）大宗商品，而不是金属与矿产等“硬性”大宗商品，其原因在于，虽然以美元价值计算，中国农业大宗商品进口的价值较低，不到中国进口商品总价值的5%，但其具有很高的战略意义，因为农业大宗商品进口对中国的经济和人口都十分重要①。

农业大宗商品的重要性日益增加。按照单位价值②排放的二氧化碳当量③来计，平均来看，软性大宗商品属于中国进口商品中隐含温室气体排放量最高的一类。而在1000美元单位价值的中国进口商品中，农业大宗商品的温室气体排放量最高。值得注意的是，这里的排放量指单位美元价值的排放量，如石油的单位美元排放量大大低于农业大宗商品。这其中的关键原因是，扩大耕地往往与砍伐森林相关，而砍伐森林是全球温室气体排放的第二大来源④。再如，在森林已被砍伐的热带地区，用于牧牛和种植牧草的土地面积占比最大（49%），

---

① BACI国际贸易数据库2014年数据，由AJG. 西米奥斯（AJG Simoes）、CA. 伊达尔戈（CA Hidalgo）引用。经济复杂性研究中心：理解经济发展动态的分析工具。第25届美国人工智能协会人工智能研讨会（2011年）。

② 在行业层面以进口产品的单位货币价值分别计算每个行业的隐含碳排放量。选择该计算方法是因为每个行业包括完全不同的产品和货物，它们可以用不同的物理单位衡量。注意计算“隐含排放量”时考虑的是产品所有生产步骤的碳排放量，而不是最终使用或消费的碳排放量。

③ 二氧化碳当量（CO_2e），指与给定种类和浓度的温室气体可产生同样水平的二氧化碳的浓度。

④ 温洛克国际和伍兹霍尔研究中心（Winrock International & Woods Hole Research Center）（2012年）——《就热带森林砍伐造成的碳排放达成共识方面的进展》（*Progress toward a consensus on carbon emissions from tropical deforestation*）。

排在第二位的是种植油料作物大豆和棕榈油的土地（27%）[1]。大豆是中国软性大宗商品进口中数量最大的单品，占总美元值的42%。棕榈油是中国软性大宗商品进口的第三大单品，占进口软性大宗商品价值总额的4.6%。

具有战略重要性的软性大宗商品数量相对较小，但隐含碳排放却很高，所以可持续生产对中国来说很重要。另外，可持续生产方式可大大降低农业生产对环境的不利影响，还能支持耕地的长期生产力和保障依赖耕地为生的那些人的生计。为了提供这样的支持，数家知名生产企业认为，在经济发展（生产最大化）和环境保护（不顾本地自然环境）之间作出选择是一个伪命题。在相关系列研讨会中，活跃于中国的大宗商品进口商称竞争对手和客户方面都正在经历更加注意农业大宗商品可持续性的市场转型。很多进口商还大力强调通过第三方认证体制来证明自己的承诺。

（二）为何“中国大宗商品进口融资绿色化”对中国具有重要意义?

研究显示，五大战略发展使得“中国大宗商品进口融资绿色化”这一工作对中国来说具有重大意义。五大战略发展分别是外交关系、供应安全、产业政策、金融监管和信用风险敞口。

1. 外交关系

中国是全世界最重要的大宗商品进口国之一，在更全面地考虑不可持续生产方式对其重要贸易伙伴的不利影响时，也有自身的利益考量。

众所周知，一些农业（或“软性”）大宗商品的不可持续生产是热带地区砍伐森林的强大推动因素[2]。砍伐森林的危害除了增加温室气体

---

① 欧盟委员会（2013年）。

② 1990年至2000年，软性大宗商品生产造成的森林砍伐占全球森林砍伐的55%。资料来源：欧盟委员会（2013年）——欧盟消费对森林砍伐的影响：欧盟消费对森林砍伐影响的综合分析。

排放，还包括对生物多样性、土壤侵蚀、水循环和公共健康产生影响，这些都有破坏农业生产者生计的风险。

抛弃这类不可持续的生产方式要求市场重新调整买卖双方的偏好。全球大豆进口份额中60%为中国进口，中国是全球最大的大豆进口国。在棕榈油进口方面，中国已经成为第一大进口国。鉴于此，在改变不可持续生产的有害影响、支持向可持续生产方式转变方面，中国发挥着举足轻重的作用。随着时间的推移，买方偏好变化的透明化将使生产逐渐符合市场需求。

目前有各种衡量标准对农业可持续生产方式进行认证，其中最著名的认证之一是可持续认证体系。因此，对此类经认证的大宗商品不断增长的需求应成为主要进出口国共同的政策目标，以支持地方和全球层面实现真正可持续的发展。本研究项目的中国参与者屡次表示，如果中国在其外交政策（如“一带一路”倡议）中采纳这样的政策目标，那么中国从自身发展获得的经验教训可以与其他国家共享。

2. 供应安全

考虑到对农业进口的依赖，中国在确保农业生产标准重大转变不对本国供应链构成威胁方面，有其自身利益的考量。

在全世界各大市场，各国政府正努力抵消传统农业生产对生产国发展前景的有害影响。森林敏感供应链相关措施包括各种国家法律、政策措施及通常由公民社会行动促进或支持的与领军企业的合作。事实上所有事例均表明，这不是一种简单或线性的趋势——比如，围绕巴西大豆暂停协议（Brazilian Soy Moratorium）、《森林法》展开的辩论或印尼政府强制实施禁止清除泥炭地政策所遇到的挑战。不过，《巴黎气候协议》通过的背景不可小觑。该协议发出一个强烈信号，即世界各国政府打算在21世纪结束之前实现全球净零碳经济。不解决农业问题，这样的目标不可能实现。因此，前进的方向清晰明确。

与之相关的发展趋势是，投资者对不坚持可持续标准企业的看法正在转变。多年来，富有远见的机构投资者一直担忧投资这类企业[①]。这一趋势也许将成为主流趋势，迹象之一便是2016年评级机构穆迪宣布将一家大型棕榈油生产商列入下调评级观察名单，因为该企业被可持续棕榈油圆桌会议（RSPO）中止认证资格[②]。如果不可持续的生产商开始发现它们的资金获取受到威胁，那么该趋势有可能会削弱进口国供应链安全。

3. 产业政策

目前，中国出台的政策已经在设法解决这些问题。在中国商务部的指引下，中国食品土畜进出口商会、中国五矿化工进出口商会、中国林业科学研究院等行业组织将为在境外投资棕榈油、木材等大宗商品的中国公司制定具体指引。它们的目标是确保中国公司与国际可持续标准看齐，目前正在名为“国际林业投资贸易”（InFIT）的项目下携手合作。

4. 金融监管

中国银监会发布的《绿色信贷指引》已经要求中国各银行在其所有境外融资中坚持国际可持续标准。就针对这些议题的现有监管框架而言，这是一个强有力的起点。此外，为了计算绿色信贷总额度，贸易融资已经纳入了中国银监会确定的信贷额度。然而目前，对于“贸易融资”的解释还没有更具体的指导意见。

5. 信用风险敞口

上述趋势意味着，银行也许会开始面临着以不可持续方式生产的大宗商品贸易融资信用风险攀升的问题。在个体贸易融资交易层面，这不太成为问题，因为这些交易往往是短期的，并且有装运的大宗商品作为抵押。如在2016年5月，评级机构穆迪（Moody's）宣布其正在考虑对棕榈油生产商IOI进行信贷评级下调。在此前，IOI刚被一家国际可持

① https：//www. unpri. org/download_report/3864.

② https：//chainreactionresearch. com/2016/05/18/the – chain – ioi – threatened – by – possible – moodys – downgrade/.

续标准机构叫停，其多家客户也表示将停止从该公司购买产品。既然所有银行都寻求与客户发展长期关系，并向其交叉销售各种不同金融服务，信用风险敞口的问题就应当从客户整体水平来看待。此外，部分外国银行已经断定，与某些不可持续生产商相关的信用风险太大。

（三）中国的银行要在贸易融资绿色化方面取得进展面临什么挑战?

在本研究项目进行期间，显然中国的银行、监管机构和中国大宗商品进口商都承认，支持软性大宗商品供应链的可持续发展是一个越来越重要的议题。

不过，为了采取规模化行动并确保行动的有效性，需着力解决以下已经确认的四大挑战。

挑战 1：缺乏公平的竞争环境

市场的竞争性质导致单个市场主体难以单方面采取新做法。一方面，这与产业行为方式相关标准有关。另一方面，如果存在与这些新做法相关的定价差异，那么可能出现先发劣势。在本系列研讨会期间，参与的中国各银行再三呼吁有关当局为它们提供指引，帮助它们提高贸易融资实践的标准——无论通过产业协会等行业权威机构还是通过监管当局。

挑战 2：定义

中国各家银行表示需要获得在两大重要定义问题上的指引。第一个问题是究竟哪些大宗商品有潜力被视为可持续。在这点上可以预料某些矿产大宗商品所受到的对待会与很多软性大宗商品不同。对于软性大宗商品来说，另外的生产方式意味着这类资源能够做到真正可持续。第二个问题是哪些可持续认证机制（或其他合适实践指标）在中国这样的环境下能够被视为可接受。

挑战 3：所有权

中国各家银行要克服的另一挑战是所有权问题。在当前银行业市场结构中，对于某些中国银行而言，尚不清楚绿色贸易融资课题归银行哪个部门负责，或者至少谁负责推动这一事项。正如大家已经注意到的，关于银行对其短期融资的预期，目前的《绿色信贷指引》尚未给出明确的定义。因此绿色信贷人员很难拿到绿色贸易融资服务的所有权。与此同时，贸易融资团体出于同样的原因也很难为该课题负责。如果不明晰绿色贸易这一课题将来归谁负责，那么进展势必很慢。

挑战4：能力缺乏

尽管本研究项目进行期间中国银行业的各类专家参与程度较高，但显然“绿色贸易融资”课题对中国银行业来说是一个新鲜事物，对外国银行来说也是如此。不过值得注意的是，本系列研讨会期间产品创新和抓住该议题新业务机会的观点主要由外国银行提出。但这也许表明有必要在贸易融资专业人士中就该课题进行有针对性的能力建设。

（四）向前推进的可能路径是什么？

本项目系列研讨会上大家提出了若干应对上述挑战的观点。

1. 构建公平的竞争环境

官方认可中国贸易融资绿色化的重要性。鉴于大宗商品进口融资绿色化与中国息息相关，银行业主管机构应支持银行在这一领域采取进一步行动，加强其在《绿色信贷指引》中关于银行对贸易融资活动预期的解释。

2. 定义

把中国行业权威机构的当前工作整合到银行指引中。正如本报告详细指出的，中国各种不同行业组织已经致力于在中国商务部监督下为投资境外农业生产的企业制定指引，所以从中国的角度来说什么被视为可持续是清楚的[①]。趋势似乎倾向于加大与其他应对非法伐木、砍伐森林的国际努力看齐及合作。截至目前，中国的银行尚未意识到这样的工

① 目前正在针对木材、棕榈油和天然橡胶制定指引。

作。因而存在将同样做法纳入官方银行指引的机会，以便它们的贸易融资活动与中国的产业政策保持一致。如银行业指南可以采取的一个简单做法，就是参考已认证机构列表。

3. 所有权

银行业协会的领导力。作为实现银行业对该问题重要领导力的第一步，一家或多家银行业组织可起到领头作用。比如，考虑到中国银行业协会调动其贸易融资委员会或绿色信贷委员会深厚专长的能力，所以，中国银行业协会具备发挥领导作用的优势条件。贸易融资委员会或绿色信贷委员会都可以把贸易融资提上议事日程，以加强中国银行业协会对绿色信贷议程的领导，帮助解决分散利益相关者的所有权问题。

银行可为要融资的新绿色贸易流制定象征性但颇具雄心的目标，这既有助于向所有相关方说明该问题的重要性，也有助于和竞争对手相区别。

支持加强这一议题所有权问题的另一种观点是，由中国银行业协会等行业组织根据各银行通报的数据，推动建立中国银行绿色贸易融资业绩公开排行榜。这将有助于对公众进行贸易融资服务价值教育，以及中国支持其他国家可持续发展工作的进展。要有一个简化的方法，让监管机构或行业组织可以确认一些优先统计基准，从而应对更大的数据挑战。

4. 提升能力

组建中国银行—客户行业平台。国际经验表明，在该议题上采取把大宗商品企业和银行集合到一个可促进跨行业学习的论坛是强有力的做法，可通过诸如学术界人士或社会组织加快进行。中国银行业协会可在银行业一方发挥作用，与活跃在中国的其他相关平台（如可持续大豆贸易平台）[1] 合作。在巴西、印度尼西亚等其他国家，类似中国银行业

[1] http：//www. paulsoninstitute. org/economics - environment/conservation/sustainable - soy - trade/.

协会的行业组织已经担负起了这个角色。

与国际团体形成战略合作关系。如果组建一家中国银行—客户行业平台，那么将存在与致力于同一课题的新兴国际团体培育持续关系的机会。银行业环境倡议（BEI）下属的可持续贸易融资理事会便是一个这样的团体。

9.3 监管体系

在相关政策发布和机构设立的基础上，有必要探讨建立绿色贸易融资监管体系，即监管主体运用法律、经济及行政等手段，对与绿色贸易融资相关的市场、工具、机构等相关的问题进行监督和管理。从体系构成来说，监管体系一般包括监管制度、监管机构和权限、监管范畴及监管内容等方面，而绿色贸易融资监管体系是在原有的绿色金融监管体系之上进行创新。

自1992年以来，证券监督职能、保险监督职能和银行业监督职能相继从中国人民银行独立出来。2003年4月中国银监会的成立，标志着中国形成了由中国人民银行、中国证监会、中国保监会和中国银监会“一行三会”的分业金融监管格局。而2017年7月14日至15日，第五次全国金融工作会议在京召开，会议提出设立国务院金融稳定发展委员会，强化人民银行宏观审慎管理和系统性风险防范职责。2017年11月，经党中央、国务院批准，国务院金融稳定发展委员会成立，并召开了第一次全体会议。2018年3月13日，根据国务院发布的机构改革方案，银监会和保监会合并，组建中国银行保险监督管理委员会，作为国务院直属事业单位。2023年，根据国务院机构改革方案，组建中央金融委员会，不再保留国务院金融稳定发展委员会及其办事机构，组建国家金融监督管理总局（在原银保监会基础上组建）。

此外，中国已经初步建立起以《中国人民银行法》《商业银行法》

《保险法》《银行业监督管理法》《证券法》为核心，以《人民币管理条例》《储蓄管理条例》《外汇管理条例》《贷款通则》《金融违法行为处罚办法》等行政法规和规章为主体，金融司法解释为补充的现代化金融监管法律体系。

随着绿色金融、绿色贸易融资的不断发展与创新，各监管机构在各自领域不断加强监管职能的同时，也逐步在其原有监管体系之中纳入相关业务。2007 的《关于落实环境保护政策法规防范信贷风险的意见》被认为是中国绿色信贷制度建立的标志。2008 年，国务院办公厅发文推进金融业综合统计工作，加强绿色金融专项统计，编制绿色金融等重点领域信贷政策统计数据。时任中国人民银行副行长陈雨露指出，鼓励绿色金融试验区先行先试，拉平统计口径，为统一绿色信贷统计制度提供经验①。

2012 年，银监会出台《绿色信贷指引》对银行业金融机构开展绿色信贷、大力促进节能减排和环境保护提出了明确要求，成为我国银行业金融机构发展绿色信贷的纲领性文件。2015 年 12 月，国家发展改革委印发《绿色债券发行指引》，提出了相关支持政策，积极开展债券品种创新；支持符合条件的股权投资企业、绿色投资基金发行绿色债券；鼓励绿色项目采用专项建设基金和绿色债券相结合的融资方式②。

2016 年，人民银行、财政部、国家发展改革委、生态环境部、银监会、证监会、保监会联合印发《关于构建绿色金融体系的指导意见》（以下简称《意见》）。随着《意见》的出台，中国将成为建立绿色融资机制的先行者，实现向可持续增长经济体的过渡。通过一系列支持性政策，如提供政府利息补贴、专业化担保机制、设立国家绿色发展基金

---

① 绿色技术银行官网．张明哲：绿色金融统计标准体系探析［EB/OL］．［2019－08－21］．http：//www. greentechbank. com/greentech/web/news/detail/cba9e36022734a50bbdf72bba2bbbfa5.

② 国家发展改革委官网．绿色债券发行指引［EB/OL］．［2016－01］．https：//www. ndrc. gov. cn/xxgk/zcfb/tz/201601/W020190905506562769728. pdf.

等，以绿色发展为国家优先事项、帮助投资者降低融资成本，鼓励私有资本进入绿色板块。《意见》明确了证券市场支持绿色投资的重要作用，建议建立上市公司和债券发行人强制性环境信息披露制度，同时要求广泛开展绿色金融领域国际合作，继续在二十国集团框架下推动全球形成共同发展绿色金融的理念，逐步开放绿色证券市场，提升中国对外投资的“绿色”水平[①]。在这一顶层架构设计的指引下，绿色金融激励约束政策和制度创新不断发展，出台的绿色金融激励约束政策从“导向性”越来越走向“实质化”。

2017年3月，证监会发布《中国证监会关于支持绿色债券发展的指导意见》。该意见对绿色公司债券、绿色产业项目作出界定，并强调绿色公司债券募集资金必须投向绿色产业项目，严禁名实不符，冒用、滥用绿色项目名义套用、挪用资金。同时指出：证监会系统单位要加强政策支持和引导，建立审核绿色通道，适用“即报即审”政策，提升企业发行绿色公司债券的便利性；各证监局主动对接辖区地方政府，积极引导社会资本参与绿色产业项目建设[②]。2017年6月，中国人民银行、银监会、国家标准委等部门联合发布《金融业标准化体系建设发展规划（2016—2020年）》，将“绿色金融标准化建设”列为“十三五”时期金融业标准化的五大重点工程之一，提出研究绿色金融的内涵和外延，建设绿色金融标准体系。绿色金融标准涵盖绿色属性认定标准、绿色金融产品标准、绿色金融业务管理规范、绿色金融信息披露标准以及绿色信用评级标准等，是构建绿色金融体系、促进绿色金融健康发展的技术支撑和基础性制度。2017年10月，中国人民银行与证监会联合发布了《绿色债券评估认证行为指引》，该指引受到新成立的绿色

---

① 生态环境部官网．关于构建绿色金融体系的指导意见［EB/OL］．［2016－11－24］．http://www.mee.gov.cn/gkml/hbb/gwy/201611/t20161124_368163.htm.

② 证监会．中国证监会关于支持绿色债券发展的指导意见［EB/OL］．［2017－03－03］．http://www.csrc.gov.cn/pub/zjhpublic/G00306201/201703/t20170303_313012.htm.

债券标准委员会监督，评估认证机构必须遵守绿色债券标准委员会认可的国内或国际规则①。

2018 年 11 月，中国证券投资基金业协会发布《绿色投资指引（试行)》，该文件作为推动基金业 ESG 责任投资的重要指引，明确了绿色投资的内涵、投资目标和原则，以及开展绿色投资的基本方法，并规定了绿色投资的评价和监管要求，迈出了中国 ESG 投资发展的坚实一步②。

2019 年 3 月由国家发展改革委等七部门联合出台的《绿色产业指导目录（2019 年版)》及解释说明文件（以下简称《目录》)，是中国目前关于界定绿色产业和项目最全面最详细的指引。《目录》属于绿色金融标准体系中“绿色金融通用标准”范畴，绿色信贷标准、绿色债券标准、绿色企业标准以及地方绿色金融标准等其他标准，因此具备了统一的基础和参考③。2019 年 5 月，人民银行发布《关于支持绿色金融改革创新试验区发行绿色债务融资工具的通知》（以下简称《通知》)。该《通知》针对试验区绿色债务融资工具的发展出台多项鼓励政策，是人民银行在推动绿色金融发展方面的又一重大举措，通过支持绿色金融改革创新试验区发行绿色债务融资工具，进一步发展中国绿色金融市场，加强绿色金融改革创新试验区建设④。

2020 年 9 月，中国人民银行连续发布《关于加强绿色金融债券存

---

① 国务院官网．绿色债券评估认证行为指引（暂行）[EB/OL]. http://www.gov.cn/gongbao/content/2018/content_5271800.htm.

② 中国证券投资基金业协会．绿色投资指引（试行）[EB/OL]. [2020-01-20]. https://www.amac.org.cn/industrydynamics/guoNeiJiaoLiuDongTai/jjhywhjs/esg/202001/P020200120441036297434.pdf.

③ 绿色产业指导目录（2019 年版）[EB/OL]. [2020-06-15]. https://www.china-cba.net/Uploads/ueditor/file/20200615/5ee71f02a8b78.pdf.

④ 中国人民银行官网．关于支持绿色金融改革创新试验区发行绿色债务融资工具的通知[EB/OL]. [2019-05-14]. http://www.pbc.gov.cn/jinrongshichangsi/147160/147171/147358/147400/3824914/index.html.

续期监督管理有关事宜的通知》《关于开展银行业存款类金融机构绿色信贷业绩评价的通知》《关于支持绿色金融改革创新实验区发行绿色债务融资工具的通知》,[①] 监管力度加大可见一斑。2021 年 6 月，为提升金融支持绿色低碳高质量发展的能力，落实《关于构建绿色金融体系的指导意见》（银发〔2016〕228 号文）等文件精神，优化绿色金融激励约束机制，中国人民银行制定了《银行业金融机构绿色金融评价方案》。2022 年 6 月 1 日，银保监会印发《银行业保险业绿色金融指引》（以下简称《指引》）。《指引》将银行业保险业发展绿色金融上升到战略层面，同时提出银行业保险业应将环境、社会、治理（ESG）要求纳入管理流程和全面风险管理体系，促进银行业保险业发展绿色金融，积极服务兼具环境和社会效益的各类经济活动，进一步对于绿色金融的内容和发展方向作出约束，被视为中国绿色金融发展的重要里程碑。[②]

尽管目前对于绿色贸易融资尚未有明确的监管政策出台，但绿色贸易融资作为一个交叉领域，现行的监管体系对其也有很大的约束力。随着绿色金融监管体系发展得越来越成熟，未来势必会逐渐向各分支领域细化，绿色贸易融资彼时也将受到更完善的监管。

现阶段我国的绿色贸易整体发展水平不高，技术创新能力薄弱，而绿色贸易融资正是以绿色贸易为服务对象，推动绿色产业发展，因此需要绿色贸易融资进一步落地实践。在此过程中，国家应明晰绿色产业的认定标准，明确贸易融资的绿色筛选原则，尽快建立健全一套适合我国绿色贸易融资发展情况的统一的绿色评价标准体系。同时，在实践中政府应加快相关金融产品的创新力度，探索更高效、更有效的监管措施和报告机制，以助力绿色贸易融资的发展与创新。在风险管理方面，绿色

① 中国人民银行官网：http：//wzdig. pbc. gov. cn：8080/search/pcRender? pageId = fa445f64514c40c68b1c8ffe859c649e.

② 中华人民共和国中央人民政府官网：http：//www. gov. cn/zhengce/zhengceku/2022 - 06/03/content_5693849. htm.

贸易融资涉及的绿色风险具有涉及面广、复杂性强、专业化程度高等问题，为实现绿色贸易融资的正常实践与发展，建议政府建立和完善绿色贸易融资风险防范的制度框架，尽快建立绿色贸易融资风险防范机制，健全问责制度，制定投融资风险考核机制，加强绿色贸易融资发展监管。

在未来监管体系的发展方向上可以考虑将绿色纳入宏观审慎评估框架，并将绿色融资实施情况关键指标评价结果、银行绿色评价结果作为重要参考，纳入相关指标体系，完善支持绿色业务的激励机制，同时建立抑制高污染、高能耗和产能过剩行业贷款的约束机制。探索通过再贷款和建立专业化担保机制等措施支持绿色贸易融资发展，建立以绿色贸易融资理念为主导的业务体系和风险管理框架。

专栏 9－2　KYC 规则与金融监管

KYC 规则（Know your customer）也叫“投资者适当性管理体系”、KYC 法则。

一、什么是 KYC 规则

KYC 规则是指了解你的客户原则，原意是指金融机构如不能清晰识别客户身份，便不愿贷款给客户。后来延伸到在营销领域，指销售人员在营销初期最重要的是了解客户，而不是急于介绍产品。

KYC 法则要求金融机构实行账户实名制，了解账户的实际控制人和交易的实际收益人，同时要求对客户的身份、常住地址或企业所从事的业务进行充分的了解，并采取相应的措施。

2004 年 10 月，巴塞尔委员会出台了《KYC 一体化风险管理》，进一步明确了 KYC 法则作为全球银行风险管理与反洗钱行为基本原则的重要性。同时，该文件还指出了 KYC 一体化风险管理的要求，对银行和各金融机构提出了较为详细的监管机制。

二、KYC规则的环节

KYC是一个动态的流程，是一系列的相关操作，并且前后具有很强的逻辑关系，大致可以分为以下环节。

客户识别（Customer Identification Program，CIP）：了解客户情况，包括对客户身份信息的收集、验证和记录保存，以及根据已知客户名单核查客户。

客户尽职调查（Customer Due Diligence，CDD）：判断是否为目标客户，以鉴别筛选风险太高而无法与其开展业务的客户。

增强型尽职调查（Enhanced Due Diligence，EDD）：针对高风险客户的更为深入的尽职调查，以收集更多信息，深入了解客户活动，比如充分挖掘客户的需求和资金到期时间。

简化尽职调查（Simplified Due Diligence，SDD）：适用于某些低风险客户的简化尽职调查，例如小额储户等。

选择相应产品，匹配目标客户。[①]

三、KYC规则在各个国家的实施

澳大利亚：2006年《反洗钱和反恐融资法》（AML/CTF法）使KYC法律生效。《2007年反洗钱和反恐怖主义筹资规则文书》为适用该法的权力和要求提供指导。

印度：印度储蓄银行目前是印度的中央银行，成立于1934年4月1日。其于2002年面向所有银行出台了KYC指导方针，并在2004年时发文规定，截至2005年12月31日前所有银行必须确保服从KYC相关条款。

新西兰：新西兰于2009年颁布了有关KYC条款的最新法律文件，并于2010年生效。该国规定KYC在所有登记的银行和金融机构中强制执行。

---

① MBA智库·百科：https：//wiki. mbalib. com/wiki/KYC。

南非：南非总统于2001年11月28日签署了有关金融情报中心的第38号法令，旨在建立金融情报中心，加强对于国内洗黑钱和恐怖主义金融活动的打击，同时不断健全相关法律法规。

英国：1993年7月英国《反洗钱条例》规定，银行向客户提供金融服务时，需按照规则取得充分的身份证明文件，否则业务不得继续进行。2007年7月，英国按照欧盟要求发布了新版《反洗钱条例》，与历年条例相比，新版本在适用范围、客户尽职调查、记录保存等方面都有着明显变化，对KYC工作进行了更进一步的细化。2015年《重大犯罪法》对客户尽职调查、金融机构做好反洗钱KYC有关工作制定了更高的要求和执行标准。

美国：美国是全球第一个通过立法控制洗钱行为的国家，1970年美国的《银行保密法》中就明确要求金融机构进行KYC工作。1986年《洗钱控制法》进一步促使金融机构建立KYC制度，详细规定了客户在金融机构开设新账户必须提供的具体信息资料。2016年5月颁布的《金融机构客户尽职调查要求最终规则》及分别在2016年7月和2018年4月发布了两期官方答疑，均要求金融机构在为法人企业客户开立账户时，应对拥有、控制和从该法人客户获利的受益所有人之身份进行识别和核实。

德国：1988年德国为了打击日益严重的贩毒等集体式违法犯罪活动颁布了《德国反洗钱法》，规定了金融机构应尽的反洗钱义务和应获取的客户信息种类。2008年8月发布《反洗钱和恐怖主义融资法》，明确了金融机构在KYC工作中应该承担的法律责任，扩充了反洗钱义务主体范围。2014年《德国反洗钱法》列入了视频身份认证制度，加大了对新业务模式下KYC的力度。

中国：2006年10月《中华人民共和国反洗钱法》要求金融机构必须建立KYC制度、保存客户身份资料和交易记录制度、大额和可疑交易报告制度等。其中KYC制度是最基础、最首要的制度，是做好反洗钱工作的基础。近年来，人民银行在客户身份识别工作上加大了监管违规处罚力度，学习先进国家对KYC工作的经验。如2007年指出“金融机构应当勤勉尽责，建立健全和执行客户身份识别制度，遵循‘了解你的客户’的原则，针对具有不同洗钱或者恐怖融资风险特征的客户、业务关系或者交易，采取相应的措施，了解客户及其交易目的和交易性质，了解实际控制客户的自然人和交易的受益人。”2017年10月20日中国人民银行下发了《关于加强反洗钱客户身份识别有关工作的通知》，2018年6月28日下发《关于进一步做好受益所有人身份识别工作有关问题的通知》，均就加强反洗钱KYC工作提出了更具体的要求，强调识别工作要以“勤勉尽责、风险为本、实质重于形式”的原则开展，不仅要加强对非自然人客户的身份识别，也要加强对特定自然人客户身份的识别，建立了既符合我国又接轨国际的反洗钱KYC体系，进一步规范了KYC工作。①

四、KYC监管：全球趋严、各国差异

世界各主要国家都在不断地加强对金融机构的KYC监管力度。2010年至2016年，美国的KYC监管部门对金融机构的KYC违规罚款总额超过1600亿美元，欧美地区的监管机构近十年来对金融机构因违反反洗钱法律法规所开出的罚单总额超过3420亿美元，预计在2020年所有罚款的总额将达到4000亿美元。

美国的KYC监管十分严格，主要由财政部下属的金融犯罪执法局对金融机构进行监管。金融犯罪执法局于2014年发布对金融服务业KYC的推广提案中明确提出金融机构应当自主评估客户的违规风险，并将客户身份尽职调查纳入现有KYC体系作为客户身份收集计划的职能补充。该提案也同时规定了客户身份收集计划对客户账户的定义，表示所有为客户提供资金往来的服务账户包括存款、资产管理以及信用账

① 廖理，张伟强，戴璐，等．监管科技助力KYC［J］．新经济导刊，2018（8）．

户等都将纳入客户身份收集计划中。

同时金融犯罪执法局也允许金融机构使用多种方式来完成客户身份信息的收集与认证，包括依据官方身份证件或第三方数据等方式。虽然金融犯罪执法局没有给出针对客户身份的具体风险因素，但是金融机构至少需要考虑客户本身是否存在相应的潜在违规风险，并根据客户公司的构成以及所属地等因素判断违规风险。

欧盟KYC监管同样也在不断加强，2016年至2017年，欧盟连续颁布第四套反洗钱法令与第五套反洗钱法令，其中修改了多处KYC监管的相关要求，并发布了针对高风险人员的判断标准、将强化客户背景调查与简化客户背景调查纳入现有KYC监管框架，降低高价值货物与现金交易调查阀值以及对受益人相关信息的调查并且将区块链金融机构纳入KYC监管体系等。这些修正的直接结果就是扩大了KYC的监管范围，使KYC监管日益趋于严格。

中国有多套法律法规明确了KYC监管在金融领域中的应用与实践，其中《中国人民银行关于金融机构大额交易和可疑交易报告管理办法》《金融机构洗钱和恐怖融资风险评估及客户分类管理指引》《中华人民共和国反洗钱法》等多项法律法规明确表示金融机构应当遵循“了解你的客户”监管。中国的KYC监管在建立之后不断地进行完善与修改，2014年金融机构共向监管机构提交了超过1700万条可疑交易报告，并且每年逐步上升，有效地表明了中国的KYC监管同样趋于严格。

由于监管层面的KYC法律法规要求不同，各国的KYC监管整体框架也有相应的区别。世界各主要国家（不包括日本）都包含客户信息收集与客户尽职调查这两个主要组成部分。各国KYC监管的主要区别在于以下两点。

1. 是否执行基于风险基础的强化客户背景尽职调查评估

对于KYC监管框架内是否包含强化客户背景调查，主要表现在KYC监管是否要求金融机构针对高风险人员进行更深入的信息挖掘。

具体表现为，日本的反洗钱法律法规中只单一地规定了金融机构必须执行客户身份收集计划，对高风险人员并没有强制加强尽职调查的要求，而英国与德国只针对除本土公民以外的其他国家的高风险人员提出强化客户背景调查的尽职调查要求。而中国、美国与澳大利亚都要求金融机构严格地对所有高风险人员都执行客户尽职调查。

2. KYC监管覆盖行业不同

KYC监管所涵盖范围依据各国金融行业划分略有区别。具体表现为英美等国家KYC监管基本上覆盖了所有类型的金融服务机构，其中包括银行、不动产融资、信用社、支付机构、会计师事务所、赌场娱乐机构、贵重金属交易所以及古董交易公司等。其他国家根据行业划分不同，除了对金融服务业无硬性要求外，也基本上覆盖了对金融机构全面KYC监管，比较典型的国家有澳大利亚。然而与其他主要国家的KYC监管范围相比，中国的KYC监管覆盖范围较小，中国的KYC监管的范围只单一地覆盖了银行、券商以及保险公司等大型金融机构，对于新兴的金融科技企业与金融服务相关企业的KYC监管基本属于空白。①

---

① 李春生，刘灵芝，张洋．新时期反洗钱中客户身份识别的分析研究［J］．农银学刊，2020（6）．

第10章　绿色贸易融资相关政策

绿色贸易融资属于结合绿色贸易与绿色金融的交叉学科，由于研究领域较为前沿，相关政策的规范程度和引导方向仍需深入研究和探索。

鉴于绿色贸易融资以绿色金融为手段，结合传统贸易融资手段与绿色金融新思维新方法，因此前沿研究更多的是参考绿色金融相关政策颁布。本章主要介绍了政府关于绿色金融的政策与制度，从中寻找可应用于贸易融资领域的政策条款，并期望未来政府等相关机构可以在此基础上制定出绿色贸易融资相关发展指引、准入门槛、法律规范等纲领性文件，以指导实际操作。

首先，多地的绿色金融政策中包含建立排污权、节能量（用能权）、水权等环境权益交易市场，这类市场的完善也有利于绿色进出口企业通过抵押排污权质押、排污权期权等或者基于碳排放权、节能量（用能权）等各类环境权益进行贸易融资。

其次，政府出台的绿色产品分类标准为绿色金融中识别绿色产品提供便利，这种分类也可应用于绿色贸易融资中。由于贸易往往涉及多个经济体，融资也可能在不同国家间完成，对于绿色贸易融资绿色产品的界定目前还没有全球统一标准，但是可以参考绿色金融的分类标准，由国际组织或者贸易成员国间协商出台适用于全球或者成员国间的分类标准。

最后，绿色金融政策中大力倡导绿色金融产品的创新，积极开发拓展金融产品的应用，这也是制定绿色贸易融资政策时可以借鉴的，由政府牵头，推动各政策性银行和金融机构积极创新绿色贸易融资工具，为传统的贸易融资手段增添“绿色”属性，使得企业在贸易融资时有更多的选择。从绿色贸易融资自身发展的角度，一方面，政府可以发挥财政手段的杠杆作用，据联合国环境规划署估计，100亿美元的财政资金可以撬动1000亿美元的社会资金投入绿色产业，因此政府部门可以考虑和银行监管部门与金融机构合作，制定一套科学、有效、便捷的绿色贸易融资贴息计划，以直接降低融资成本，提高金融机构绿色投资的回报率。另一方面，政府机构有必要确立金融机构环境保护的责任，必要时以法律条款形式加以约束，以促使其充分发挥有效把控风险，将资金引向环境风险较少或可控、环境表现优秀的企业或项目的能力，避免个别金融机构为追求利润最大化，而投资于高污染行业、项目的情况。

10.1　国内的绿色贸易融资相关政策

虽然欧美国家在绿色金融制度的发展上处于领先地位，但是目前国际上很少有政府专门针对鼓励绿色金融而设计的政策体系，中国形成了全球比较完整的支持绿色金融发展的政策框架，在中央政府的指引下，各省市也将发展绿色金融放到战略地位，出台地方性的指导文件。

10.1.1　中央政府出台的相关政策

早在1995年，中国人民银行就已颁布《关于贯彻信贷政策与加强环境保护有关工作问题的通知》，要求为加强银行环境管理，规避环境风险，促进商业银行进行环保产品投资。“十一五”时期以来，中国政府开始尝试构建绿色金融体系。2007年，环保总局、中国人民银行、银监会共同颁布《关于落实环境保护政策法规防范信贷风险的通知》，对不符合产业政策和有环境违法行为的企业、项目进行信贷控制，遏制高耗能、高污染行业的盲目扩张。主要要求是对未通过审批或环保设施验收的项目不得提供任何形式的授信支持；在三部门和金融机构间建立信息沟通机制；依据国家产业政策分类放款；对违规排污企业严格限制流动资金贷款。

我国目前已经在绿色金融政策领域取得一定进展[①]，最为典型的是银监会2012年发布的《绿色信贷指引》（以下简称《指引》），明确要求银行等金融机构制定针对客户的环境和社会风险评估标准，对客户的环境和社会风险进行动态评估与分类，相关结果应当作为其评级、信贷准入、管理和退出的重要依据，并在贷款“三查”[②]、贷款定价和经济资本分配等方面采取差别化的风险管理措施[③]。《指引》是我国银行业金融机构发展绿色信贷的纲领性文件，也标志着中国成为全球仅有的三个建立绿色信贷指标体系的国家之一。2016年，由人民银行、财政部等部门联合发布《关于构建绿色金融体系的指导意见》，（以下简称《意见》）传递出对绿色投资建设的信号。《意见》给出了绿色金融的“官方”定义，有助于绿色金融产品的界定，为通过“声誉效应”来激励绿色投资提供基础；给出了如贴息、担保、再贷款、宏观审慎评估、简化审批、PPP等对绿色金融的具体激励措施；提出了建立国家级的绿色发展基金和统一绿色债券标准和完善相关业务指引[④]。2021年，国务院批复同意并发布了《“十四五”对外贸易高质量发展规划》（以下简称《规划》），《规划》中以建立绿色低碳贸易标准和认证体系为基础，营造绿色贸易发展良好政策环境，在政策的导向下，打造绿色贸易发展平台，通过与多边贸易伙伴和共建“一带一路”国家等的进一步交流，扎实开展绿色低碳贸易合作，使绿色贸易为我国构建国际贸易新格局贡献力量（见表10－1）。

---

① 兴业银行绿色金融编写组．寓意于利——商业银行绿色金融探索与实践［M］．北京：中国金融出版社，2018.

② 贷款“三查”，是“贷前调查、贷时审查、贷后检查”的简称，为银行信贷管理的一种方法。

③ 钱立华．我国银行业绿色信贷体系［J］．中国金融，2016（22）.

④ 中国人民银行、财政部、国家发展和改革委员会、环境保护部、中国银行业监督管理委员会、中国证券监督管理委员会、中国保险监督管理委员会，《关于构建绿色金融体系的指导意见》〔2016〕228号。

表 10－1　　　　绿色金融政策演变历程

演变阶段	对应国民经济和社会发展规划期	政策演变特征概括
酝酿萌生阶段（1981—2005 年）	“十一五”时期之前	发布零星文件，较少涉及部门联合发文，未能形成绿色金融政策框架体系
起步发展阶段（2006—2010 年）	“十一五”规划期	绿色信贷政策率先发布、紧密出台，绿色证券和绿色保险政策接踵而至，由多元化金融产品构成的金融政策体系初步建立；同时，部门联合发文逐步增多，政策效力不断加强
突飞猛进阶段（2011—2015 年）	“十二五”规划期	不仅出台了首部以绿色信贷为专题的政策，而且党的十八大确立生态文明顶层设计后，建设绿色金融体系也首次被纳入顶层设计，绿色金融体系框架的搭建指日可待
全面深化阶段（2016—2021 年）	“十三五”规划期	借力于国家战略和顶层设计的东风，绿色金融政策体系已经完成构建工作，重要分支领域绿色债券方面的政策也呈现出百花齐放的局面，目前还在积极探索区域绿色金融发展。2016 年至今绿色金融政策体系已经进入全面深化阶段
进一步优化阶段（2021 年至今）	“十四五”规划期	在政策的导向下，打造绿色贸易发展平台，通过与多边贸易伙伴和共建“一带一路”国家等的进一步交流，扎实开展绿色低碳贸易合作，使绿色贸易为我国构建国际贸易新格局贡献力量

值得关注的是，中小微企业在绿色贸易融资过程往往面临更多阻力，政府采取了一些促进中小企业绿色贸易融资发展的保护性措施，帮助中小微企业拓宽绿色贸易融资渠道。目前，为搭建金融机构和中小微企业在绿色贸易融资上沟通对接的桥梁，市场上已发展出了较为专业的环保投资融资信息服务平台。如环投汇大力推行“绿色金融超市”联

合了银行、证券、保险、信托、基金、担保、资产管理公司、小额贷款公司、评级公司等各类金融机构100多家，推出了针对中小微企业提供设计和开发绿色金融产品的金融服务，金融产品涵盖绿色信贷、绿色基金、绿色融租、绿色保理、绿色信托、绿色保险等领域，优先帮助有竞争力的环保项目成功融资。针对市场上没有有效的抵押物的中小微型、轻资产企业，环投汇推出了定向的金融服务产品，如联合平安银行、浦发银行、大连银行、河北银行、江苏银行等金融机构推出了“绿色信贷”金融产品，该产品手续简单、利息低，为企业快速提供流动安全资金；与青域基金、启迪桑德、青云创投、天创资本、中国风险投资、国家电投等资本共同推出了绿色风投基金和绿色产业基金，为企业引入实力伙伴，实现快速成长①。

10.1.2 地方政府出台的相关政策

中央发布的相关政策是宏观的大方针，不同省份围绕中央政策，根据本地实际情况制定的实施细则，在省级层面规划设计绿色金融体系建设和推进绿色贸易，进一步强化绿色发展的政策依据和制度保障，实现“自上而下”的顶层设计和“自下而上”的区域探索相结合。

争取成为改革创新试验区，积极开展实践探索。2017年以来，中国先后在六省的九个市（州、区）——浙江省湖州市、衢州市；广东省广州市；新疆维吾尔自治区哈密市、昌吉州和克拉玛依市；贵州省贵安新区；江西省赣江新区；甘肃省兰州新区建立了绿色金融改革创新试验区，支持试验区在绿色金融政策架构、绿色金融产品服务创新、激励约束机制等方面积极探索，已取得阶段性成功经验。在这些绿色金融试验区所开展的实践探索，对于绿色贸易融资发展所需的数据信息获得、

① 环投汇．“绿色金融超市”应运而生，破解中小微企业融资难［EB/OL］. https://zhuanlan.zhihu.com/p/30882605.

政策制定完善、经验总结推广都提供了参考借鉴，所涌现出的创新实践和成功案例，对中国实现其绿色发展和生态环境目标具有实践价值和战略意义。因此，在目前的政策背景下，还未成为绿色金融改革创新试验区的省市，应当积极主动争取，尤其是沿海、沿边、贸易往来频繁的城市；已是试验区的省市，政府可以在现有试验区的成果基础上开发专项通道，助力绿色贸易融资快速发展。另外，在已开设的21个自贸区内，地方政府也可加入绿色贸易的考量，在自贸区内探索绿色贸易融资优惠政策。

以地方政策法规助力绿色贸易融资发展。尽管绿色贸易融资和国家经济绿色转型升级的改革方向一致，但技术升级、金融改革、配套机制建设不是一朝一夕能够完成。因此，需要地方政府在财税优惠、信贷贴息、开设政府专项服务通道、支持金融机构开展绿色贸易融资、探索建立规范的绿色贸易平台等具体政策法规方面进行探索，推出一些实惠且有针对性的措施支持绿色贸易融资的地方化发展。地方政府应把控好在绿色贸易融资创新上的度，既要在国家总体政策框架下行事，又要充分发挥主观能动性，借助地方政策法规为地方绿色贸易融资发展创造有利环境，结合地方发展特点，从资源配置、流程配套等多方面打造可持续的绿色贸易融资模式。如深圳市发布了《深圳经济特区绿色金融条例（征求意见稿）》，这成为中国首个地方绿色金融立法；北京环境交易所正在努力由一家区域性的碳排放权交易试点交易平台转型升级为全国首个绿色资产交易所；上海市政府和财政部、生态环境部于2020年7月共同发起设立了国家绿色发展基金，首期募资规模885亿元，以促进生态环境保护和绿色发展①。

加强跨区域工作交流，降低区域间市场分割。地方政府在国家政

---

① 保尔森基金会．中国绿色金融改革创新试验区：探索创新示范推广［EB/OL］．［2020-10-16］．https：//paulsoninstitute. org. cn/green-finance/green-scene/a-progress-report-on-chinas-green-finance-pilot-zones/.

策框架下自主探索的同时，不应闭目塞听，而应鼓励区域之间加强工作交流，促进绿色贸易融资健康快速发展和经验总结推广。在不改变现有监管格局、跨区域机构间分割现状的情况下，探索建立同一机构主体跨区域分支机构间的统筹协调机制，将有利于进一步降低绿色贸易融资所需资金要素的流动成本、交易成本，营造区域内与区域间良好金融生态和营商环境，有利于引导地方金融机构加快开展绿色贸易融资服务创新，形成一批可实施、有成效、可复制、可推广的典型案例和经验。

以作为国家首批绿色金融试点省份的浙江为例，该省于 2017 年由绿色金融改革创新试验区建设领导小组办公室印发《推进湖州市、衢州市绿色金融改革创新试验区建设行动计划》（以下简称《计划》），明确了对绿色信贷、绿色债券、绿色保险、绿色担保等方面的财政支持措施。《计划》梳理了融资性担保、融资租赁等方面的第一批绿色金融产品和服务，加强绿色产业、绿色项目的金融需求与绿色金融产品和服务供给的对接[①]。2020 年浙江银保监局联合省经信厅、省生态环境厅等部门出台《关于金融支持浙江经济绿色发展的实施意见》，进一步强化金融与产业绿色化协同发展，搭建浙江省金融综合服务平台“绿色金融服务专区”，扩大绿色信息共享范围，实施差异化绿色信贷和保险政策，实现所有融资企业（项目）全覆盖管理，配置绿色信贷专项规模，加大绿色信贷和保险资金支持力度[②]。其他省市也颁布了结合当地金融发展现状的政策，重点同样放在完善绿色金融体系，创新绿色产品服务。表 10 - 2 为其他 31 个省份和示范区近年来的相关政策。

---

① 中国人民银行、发展改革委、财政部、环境保护部、银监会、证监会、保监会关于印发《浙江省湖州市、衢州市建设绿色金融改革创新试验区总体方案》的通知（银发〔2017〕153 号）。

② 中国金融信息网. 浙江省出台行动计划和三张清单全面推进绿色金融改革创新试验区建设［EB/OL］.［2018 - 03 - 06］. http：//greenfinance. xinhua08. com/a/20180306/1751157. shtml.

表 10－2　　地方政府绿色金融政策

省份、示范区	颁布时间	颁布文件	内容
北京市	2017 年 10 月 10 日	《关于构建首都绿色金融体系的实施办法》	开辟绿色信贷审批专项通道，发展基于碳排放权、排污权、节能量等各类环境权益的融资工具
天津市	2017 年 3 月 13 日	《关于构建天津市绿色金融体系的实施意见》	鼓励天津金融服务机构，针对碳排放权和减排量、绿色和可再生能源项目等金融业务需求，开展金融产品创新，有序发展碳远期、碳掉期、碳期权、碳租赁、碳债券、碳资产证券化和碳基金等碳金融产品和衍生工具
上海市	2021 年 10 月 8 日	《上海银行业保险业“十四五”期间推动绿色金融发展　服务碳达峰碳中和战略的行动方案》	进一步发挥上海在新发展格局中的“中心节点”和“战略链接”作用，不断强化“四大功能”，充分利用上海金融资源集聚、科技和产业基础雄厚、对外开放程度高等优势，率先探索绿色金融改革创新，着力激发绿色金融市场活力，切实提升绿色金融服务水平，更好参与绿色金融国际合作，积极助力国家实现碳达峰、碳中和目标
重庆市	2017 年 10 月 31 日	《重庆市绿色金融发展规划（2017—2020 年）》	发展绿色要素交易市场。委托第三方评估机构开展企业碳排放量检查工作，逐步实现强制性企业核定碳排放交易。依托重庆碳排放权交易平台和重庆资源与环境交易中心，继续推进碳排放权和排污权有偿使用和交易试点，不断完善环境权益交易制度。探索与要素市场跨境交易相适应的外汇收支便利化措施，支持碳排放等要素市场开展跨境交易
河北省	2020 年 9 月 9 日	《关于构建绿色金融体系的实施意见》	拓展抵质押品范围，支持碳排放权、排污权等担保方式创新。探索利用工程供水、供热、发电、污水垃圾处理等预期收益质押贷款，缓解绿色信贷项目担保不足的问题
山西省	2020 年 8 月 6 日	《关于进一步加强绿色金融工作的通知》	创新推广与节能环保相关的收费权、项目收益权、特许经营权、排污权、碳排放权、环境容量资源有偿使用权等抵质押融资模式并纳入银行认可的抵质押体系。推动绿色信贷资产证券化业务常态化发展

续表

省份、示范区	颁布时间	颁布文件	内容
辽宁省	2022 年 7 月 12 日	《完善绿色金融体系助推辽宁绿色低碳发展的实施意见》	设立了完善绿色金融服务体系、打造绿色金融服务品牌、助推绿色低碳发展三大目标，以及确保在三年内绿色贷款余额达到 5000 亿元、年平均增速不低于 10% 的量化目标，从建立绿色制度体系、推动绿色信贷创新发展、支持绿色产业直接融资等九大方面提出具体措施，为辽宁绿色金融发展做出系统规划
吉林省	2019 年 11 月 8 日	《吉林省人民政府办公厅关于推进绿色金融发展的若干意见》	支持银行业金融机构创新基于用能权、排污权、碳排放权、节能收益、合同能源管理未来收益权、特许经营权收益权等抵质押品的绿色信贷产品，拓展绿色企业和项目抵质押品范围，降低绿色企业和项目获得银行贷款的难度
黑龙江省	2021 年 9 月 2 日	《黑龙江省绿色金融工作实施方案》	以金融支持黑龙江省绿色产业发展和支柱产业绿色转型升级为主线，构建绿色金融组织体系，丰富绿色金融产品服务，优化绿色金融发展环境，积极探索绿色金融发展模式，全力助推黑龙江省经济绿色发展
江苏省	2018 年 10 月 10 日	《关于深入推进绿色金融服务生态环境高质量发展的实施意见》	鼓励在苏银行优先支持绿色信贷产品和服务，支持银行机构开辟绿色信贷研发、审批、推广专项通道
安徽省	2016 年 12 月 29 日	《安徽省绿色金融体系实施方案》	旨在通过构建全省绿色金融体系，建立健全激励机制和奖惩机制，引导金融机构牢固树立绿色发展理念，有效发挥金融配置社会资源的重要作用，以绿色金融思路支持全省经济发展，推动全省工业机构调整和转型升级，帮助企业淘汰落后和过剩产能，加快培育绿色产业、战略性新兴产业和现代服务业，推进“创新型生态强省”建设①

① 《安徽省绿色金融体系实施方案》正式出台［EB/OL］.［2017－01－16］. http://www.hsxtjt.com/newsitem/277615104.

续表

省份、示范区	颁布时间	颁布文件	内容
福建省		《福建省绿色金融体系建设实施方案》	支持海峡股权交易中心统一建设碳排放权、用能权、排污权等交易平台，提升服务水平，打造全国重要的综合性环境权益交易市场。完善市场化的环境权益定价机制，建立高效的抵质押登记及公示制度，推动环境权益切实成为合格抵质押物，进一步降低环境权益抵质押物业务办理的合规风险。深入推进林业金融创新，发展林权按揭贷款；探索开展生态公益林收益权质押、森林碳汇收益权抵押和林业收储贷款试点
江西省	2018年1月10日	《赣江新区建设绿色金融改革创新试验区实施细则》	鼓励各银行业金融机构降低绿色信贷成本，将业务资源向绿色产业倾斜。开展银行绿色信贷效果评估，有效扩大绿色信贷投放
山东省	2020年8月13日	《关于发展绿色金融服务生态文明建设和高质量绿色发展的实施意见》	利用证券市场支持绿色投资、支持发展绿色担保、设立绿色发展基金、发展绿色保险、建设绿色金融要素交易市场、支持各地开展绿色金融改革创新
河南省	2022年4月	《关于推进河南省银行业保险业绿色金融发展的指导意见》	要求银行业机构不断创新绿色信贷产品，有针对性发展新型绿色业务；要求保险机构优化绿色保险服务，推动重点绿色险种在我省落地推广；要求银行业保险业机构配合相关部门建设省绿色项目库，对接绿色项目，拓宽绿色融资渠道。积极推动碳金融创新，聚焦碳交易市场发展，盘活企业碳资产
湖南省	2017年12月19日	《关于促进绿色金融发展的实施意见》	优化信贷结构和产品，拓宽绿色融资渠道，引导社会资本绿色投资，积极为循环经济、绿色制造、清洁能源和污染防治提供金融服务；鼓励新兴产业投资基金以国家绿色产业政策为导向、以绿色企业为主要服务对象、以专业担保公司为运作主体、以商业银行网络为基础，按照市场化原则引导社会资本扶持、支持促进绿色产业健康有序发展

续表

省份、示范区	颁布时间	颁布文件	内容
湖北省	2022 年 6 月	《关于金融支持湖北省绿色低碳转型发展的实施意见》	创新发展排污权、用能权、用水权等权益融资工具，开展碳市场融资产品创新，做大碳排放权、碳汇收益权等质押贷款业务规模；同时，拓展绿色低碳转型融资渠道，鼓励金融机构推行绿色票据全生命周期的承兑、融资和管理服务，支持非金融企业发行碳中和债券、可持续发展挂钩债券
广东省	2017 年 6 月 26 日	《广东省广州市建设绿色金融改革创新试验区总体方案》	鼓励银行机构采纳“赤道原则”，或参照“赤道原则”开展绿色金融业务，拓展绿色企业和项目抵质押范围
海南省	2018 年 3 月 29 日	《海南省绿色金融改革发展实施方案》	探索开展排污权、水权、用能权等交易，完善定价机制和交易规则，营造公开公平的交易市场环境，支持减排项目，降低减排成本，提高减排效率。审慎研究探索海南省海洋碳汇、林业碳汇、碳盘查及相关数据体系建设相关工作
四川省	2018 年 1 月 22 日	《关于印发四川省绿色金融发展规划的通知》	推动绿色融资产品和服务创新。大力推广绿色信贷资产证券化、合同环境服务、合同能源管理未来收益权质押贷款、特许经营权质押、排污权抵押贷款、碳排放权融资、节能减排融资等金融工具和服务。创新担保方式，积极推动应收账款质押、履约保函、知识产权质押、股权质押以及林权和农村土地“两权”抵押，推进碳排放权、用能权、排污权等担保方式创新
贵州省	2017 年 6 月 26 日	《贵州省贵安新区建设绿色金融改革创新试验区总体方案》	鼓励、配合金融机构积极开展金融产品创新，支持绿色产业发展。鼓励银行科学设计绿色信贷产品，开展排污权抵押融资、国际碳保理融资、绿色中间信贷等产品创新

续表

省份、示范区	颁布时间	颁布文件	内容
云南省	2021年8月	《关于云南省加快绿色金融发展的意见》	引导金融机构探索发展基于碳排放权、排污权、用能权等各类环境权益融资，探索环境权益回购等模式解决低质押物处置问题，探索积极发展环境权益回购、保理、托管的金融产品
陕西省	2021年10月	《关于金融支持陕西省绿色发展助推实现碳达峰碳中和目标的指导意见》	—
甘肃省	2018年1月3日	《关于构建绿色金融体系的意见》	鼓励和支持银行等金融机构科学设计绿色信贷产品、创新绿色信贷抵押担保模式，开展知识产权质押融资和应收账款质押融资业务，探索开展以碳排放权和排污权等为抵押的绿色信贷业务，完善绿色项目投融资风险补偿机制。设立甘肃绿色金融交易中心，开展碳排放权、排污权、节能量（用能权）、水权、林权等交易，探索发展环境权益融资工具，开发碳金融等市场化产品
青海省	2016年8月12日	《关于发展绿色金融的实施意见》	通过绿色信贷、绿色证券、绿色保险以及其他绿色金融衍生工具，将金融资源配置到节能环保、清洁能源、清洁交通等绿色产业，促进技能减排、环境保护
广西壮族自治区	2018年7月25日	广西壮族自治区绿色金融改革创新实施方案》	鼓励银行业金融机构积极开展绿色信贷产品创新和绿色信贷资产证券化，探索发展能源效率贷款、节能减排专项贷款、未来环境收益权质押贷款等绿色信贷产品。支持融资担保机构优先向绿色领域配置担保资源，对符合要求的绿色企业、绿色项目予以优先支持
内蒙古自治区	2017年2月16日	《内蒙古自治区人民政府关于构建绿色金融体系的实施意见》	推动建立排污权、节能量（用能权）、水权等环境权益交易市场，推动排污权质押、排污权期权等金融产品发展。探索发展基于碳排放权、节能量（用能权）等各类环境权益的融资工具

续表

省份、示范区	颁布时间	颁布文件	内容
西藏自治区	2022年	《中国农业银行西藏分行绿色金融工作实施细则》	进一步明晰绿色金融发展主体责任和工作规则；工商银行西藏分行坚持绿色发展理念，将绿色金融发展要求融入发展战略、公司治理、政策制度、业务流程及风险管理等各方面，建立了较为完善的绿色金融发展体系。机制和制度的建设，保障了绿色金融发展的可执行性和可持续性
新疆维吾尔自治区	2017年7月17日	《构建绿色金融体系的实施意见》	对于符合“绿色清单”标准的绿色信贷可按规定申请贴息等“正向激励”，优先给予担保支持，为绿色信贷、绿色债券提供增信服务
长江三角洲示范区	2020年4月3日	《关于在长三角生态绿色一体化发展示范区深化落实金融支持政策推进先行先试的若干举措》	支持在示范区发展绿色信贷，发行绿色债券，探索项目收益权和排污权等环境权益抵质押融资
宁夏回族自治区	—	—	—

案例 10－1　绿色办奥，融资畅通减负增效

2022年北京冬奥会圆满举行，享誉国内外。其中，“绿色办奥”作为2022年北京冬奥会“四个办奥”理念之首，贯彻于办奥全流程。从低碳能源、低碳场馆再到低碳火炬，相关企业深耕研发，推出节能环保产品，税惠政策和纳税服务及时跟进，为“绿色冬奥”注入“税动力”。

北汽集团在2022年北京冬奥会服务保障工作中共投入了515辆氢燃料客车。相比传统燃油汽车尾气中的氮氧化物、碳氢化合物和固体悬

浮颗粒物等有害成分，氢燃料大客车排放物只有纯净的水蒸气，碳排放量为0。

北汽集团财务部部长叶小华表示，“办税智能化，流程简单化，服务精准化，让我们在良好的税收营商环境中行稳致远，集团也能够将更多资金、人员投入到研发、生产环节，不断推进产品、模式、技术的升级和创新。一起向未来，北汽集团也将聚焦新能源汽车领域，不断推广绿色出行，为国内二氧化碳排放力争2030年前达到峰值，力争2060年前实现碳中和贡献力量”。

创岳金属的董事长陈卫光表示，“我们公司虽然规模不大，但产品质量过硬，已经走向全球各地”。目前，创岳金属约有40%的出口订单，遍布全球30多个国家和地区，“能为冬奥盛会提供服务保障，助力‘绿色冬奥’，我感到很自豪。有税务部门的扶持，我对企业未来的发展充满信心”。[①]

10.2　国外的绿色贸易融资相关政策

欧美等发达国家在绿色发展领域起步较早，将绿色环保责任写入相关环境法律，并建立起绿色金融的相关制度，使得环境保护与绿色金融有法可依。

鉴于绿色贸易融资以绿色金融为手段，结合传统贸易融资手段与绿色金融新方法，因此绿色贸易融资领域的政策更多的是参考绿色金融相关政策。本节主要介绍了国外政府关于绿色金融的政策与制度，分析绿色金融发展较早、体系较为完善的欧盟、美国、英国和日本政策颁布情况。

---

① 税务总局新媒体．“绿色冬奥”背后的“税动力”［EB/OL］．［2022－02－18］．http：//www. chinatax. gov. cn/chinatax/n810219/n810744/n4016641/n4016725/c5172850/content. html.

10.2.1 欧盟

欧盟一直是绿色金融发展进程的积极推动者，其发展绿色金融的历史悠久，法律制度体系成熟，绿色金融产品创新活跃，主要通过政府积极主动的支持和引导，欧盟及各成员国政府在催化和便利社会资金支持绿色增长，在市场化运作的前提下，通过政府少量的资金撬动了大量社会资源投入绿色项目，在资金运用上收到了良好的杠杆效应①。

欧盟还通过了一系列政策文件。2003 年欧盟召开会议，决定施行温室气体排放交易制度，发布了《欧盟排放交易指令》，根据指令，欧洲委员会制定“欧盟排放交易计划”，首次设定了二氧化碳排放交易配额，欧盟 15 个成员国同意按照京都议定书的承诺进行排放。2004 年颁布并实施了《欧盟环境责任指令》，立法支持“污染者付费”原则，极大地推动了绿色保险的快速发展，政府还建立专业性绿色保险机构，并提供政策支持和财政补贴。2007 年的《欧盟能源技术战略计划》《欧盟 2050 能源路线图》《欧盟 2050 低碳经济路线图》以及其他气候与能源政策框架，对欧盟成员国的绿色低碳发展和能源结构转型作出规划指导，促进欧盟经济向可持续发展转型。2018 年，欧盟委员会宣布了“行动计划：融资可持续增长”，主要包括建立一个新的欧盟可持续活动分类体系，将可持续性考虑因素纳入机构投资人和资产管理人的受托责任，并采取改善企业非融和气候相关信息的披露措施②。2019 年，欧盟委员会技术专家组（TEG）连续发布《欧盟可持续金融分类方案》（EU Taxonomy）报告，为应对气候变化，实现可持续发展目标迈出重要一步。《欧盟可持续金融分类方案》旨在为政策制定者、行业和投资

---

① 杠杆效应，指在企业运用负债筹资方式（如银行借款、发行债券）时所产生的普通股每股收益变动率大于息税前利润变动率的现象。

② 欧盟可持续发展融资行动计划［EB/OL］.［2018 - 05 - 05］. https：//www. sohu. com/a/230491090_284463.

者提供实用性工具，明确哪些经济活动具有环境可持续性，帮助资本市场识别有利于实现环境政策目标的投资机会，为投资者和企业识别绿色经济活动提供了有效的分类工具，并使之更有效地披露气候风险，未来该分类将会成为欧洲金融领域新监管框架的制定基准。

在欧盟国家中，德国在发展绿色金融方面表现较为突出。如德国积极推动绿色保险的法律建设，在 21 世纪相继出台的《环境损害保险一般条款》和《环境责任保险条款》等环境保险法律，进一步细化、完善了《环境责任法》中的环境责任保险制度，通过明确环境责任人的义务范围和绿色保险涉及的种类，对于环境污染纠纷的责任划分以及问题解决起到了关键的作用，推进了绿色金融立法的完善。德国政府积极建设了全球首家生态银行，还以政策补贴的形式依托德国复兴信贷银行这一政策性银行，着力支持绿色信贷业务的发展，解决最根本的资金问题，使绿色金融在实践的道路上不断前进。在政府政策引导下，德国银行业较早参与到国际绿色信贷中，不仅规范了行业在环保领域的发展准则，促进了银行业绿色发展和国家可持续战略，而且为银行业赢得了全球发展先机①。

10.2.2　美国

美国是绿色金融最早兴起的主要国家之一，其绿色金融制度的制定和运用趋于世界领先地位。美国绿色金融的发展主要体现在环境保护法当中，环保领域的运用并不全面，主要是政府部门在环保中起经济调控作用；20 世纪 90 年代后，美国政府采用以市场导向、以经济手段为基础的污染控制措施，重视环境外交政策、绿色产品技术研发等，将美国绿色金融制度发展带入一个全新的阶段。20 世纪 70 年代以来，美国国会通过了 20 多部涉及水环境、大气污染、废弃物管理、

① 张鑫．域外绿色金融立法的经验及对我国的启示［J］．文化学刊，2019（5）．

污染场地清除等环境保护政策法律，明确了对金融机构、产业部门、市场中介和个人等主体的相应规范，为优化配置绿色金融资金奠定了良好基础。其中比较有代表意义的是美国早期的《清洁空气法》《清洁水法》，其运用经济手段促进环境保护，在各生产行业使用最佳可用清洁技术以达到国家规定的最低国家排放标准和水质标准，以及污水公有处理厂的运转贷款计划等方面都给予明确规定，对生产企业清洁技术运用和贷款计划的规定显示出绿色金融制度的本质特点。1980年出台的《超级基金法》通过规定基金来源、基金支持项目和方向、排放有害物质的责任划分、赔偿、清理以及政府紧急反应等，引发了银行在其放贷、资产管理和投资中进行环境因素评价。政府环保机构、有害物质生产者、个人都被纳入环境保护当中，进一步明确了绿色经济发展的实施准则，直接催生了绿色信贷和绿色保险制度，是绿色金融立法发展的重大转折①。尤为重要的是，该法对银行环境责任提出明确的行动准则，即贷款银行需对债务企业应当支付的治理费用负责。在《清洁空气法案修正案》中，对排污权交易制度作出了规定，这是一项基于市场的环境经济政策，反映出绿色金融制度发展的全面提升。修正案主要内容是针对有害气体的总量控制和配额交易，使用税收等经济杠杆鼓励清洁能源汽车生产等。《全面环境响应、补偿和负债法案》规定银行必须对客户造成的环境污染负责，并支付修复成本，且这种贷方责任可以追溯，政府不仅约束银行，还对投资者和第三方评级机构设立了环境条款。

自“超级基金”法案中规定的银行环境责任获得社会认可后，美国银行业开始注重对经营过程中环境因素的考虑，尽量避免为存在环境问题的企业贷款。相反，对于绿色产业的企业，银行在贷款上给予支

① 贾峰．美国超级基金法研究：历史遗留污染问题的美国解决之道［M］．北京：中国环境出版社，2015.

持。进入21世纪，绿色金融开始被更多主流金融机构关注。早在1999年，道琼斯就推出了道琼斯可持续发展指数；2001年，富时指数也推出了富时社会责任指数；2006年，高盛集团提出了ESG（环境、社会与公司治理）投资[①]理念。美国为绿色金融资金提供了丰富的投资渠道，而各类绿色金融产品的开发与创新，也为美国绿色项目降低融资成本，提升项目融资的可获得性发挥了巨大作用，彼此形成了相互促进的良性循环。[②]

10.2.3　英国

与美国相同，为了促进绿色金融更好地发展，英国不断完善相关法律体系，出台环境法案，采用经济政策引导绿色发展。英国政府特别强调金融业对低碳经济发展的支持，将“绿色金融”定义为，“以发展低碳能源、提高能效、适应气候变化为目的，以及在环境保护、自然资源领域的投资”。20世纪70年代以来，英国政府颁布了多部法律推行低碳经济发展。在《有毒废物处置法》和《污染预防法》中，英国政府尝试在绿色信贷领域立法。1990年颁布的《环境保护法》中明文规定了企业从金融机构贷款的限额，与其自身的环境责任评估相挂钩。2001年英国出台的《污染预防法》对9000多个企业生产工艺环节的环境准则进行了严格规定和细化，通过约束企业的生产经营，降低对环境的影响破坏。同时，英国也是世界上最早推行低碳发展和制定低碳经济立法的国家之一，2003年颁布了《我们的能源未来：创建低碳经济》，在西方国家中最早提出了低碳经济发展理念。而2008

① ESG投资，是指在投资研究实践中融入ESG理念，在基于传统财务分析的基础上，通过E（environmental）、S（social）、G（governance）三个维度考察企业中长期发展潜力，希望找到既创造股东价值又创造社会价值、具有可持续成长能力的投资标的。

② 中国银行保险报网．美国：绿色金融撬动绿色经济［EB/OL］．［2021-01-04］．http://xw.cbimc.cn/2021-01/04/content_377438.htm.

年颁布的《气候变化法案》是一部推动低碳经济发展的法律，使英国成为世界上第一个法律明确规定 CO_2 减排的国家。英国政府还积极推动发展绿色信贷，采取了相关促进绿色信贷的激励措施。2009 年颁布的《贷款担保计划》，明确了针对中小企业融资的补贴和担保机制，鼓励中小企业将资金投向绿色创新环保产业，极大地促进了中小企业绿色生产的资金需求。2019 年公布的“绿色金融战略”（GFS），概述了金融部门如何协助企业进行环境信息披露，积极采取行动应对气候变化与环境退化，并推动实现英国 2050 年零排放目标。该战略整合了英国绿色金融工作组（GFT）的建议，涉及三大核心要素：金融绿色化、融资绿色化、紧抓机遇，同时阐明了政府应如何积极推动全球金融系统绿色化，并将气候和环境因素纳入公共部门决策之中[①]。2020 年，英国为了加速实现净零排放，公布了《绿色工业革命十点计划》（The Ten Point Plan for a Green Industrial Revolution），涵盖清洁能源、交通、自然和创新技术等 10 大环保领域，发布《国家基础设施战略》（National Infrastructure Strategy）以及《能源白皮书：赋能净零排放未来》（The Energy White Paper：Powering Our Net Zero Future）。英国脱欧后，通过《2020 年温室气体排放交易计划令》建立的英国排放交易体系（UK ETS）于 2021 年 1 月 1 日取代了英国对欧盟排放交易体系的参与，该体系被视为实现英国 2050 年达到净零碳排放目标的关键一步，计划将现有的排放上限降低 5%，试图比欧盟排放交易体系走得更远。2021 年 4 月，英国政府投资 1000 万英镑设立的绿色金融与投资中心（UK Centre for Greening Finance and Investment，CGFI）正式投入运营，进一步推动绿色经济的发展。[②]

---

① 搜狐网．英国政府发表“绿色金融战略”［EB/OL］．［2019－07－11］．https：//www.sohu.com/a/326086330_120001210.

② 巴曙松，等．英国绿色金融实践：演变历程与比较研究［J］［EB/OL］．（2022－04－26）．行政管理改革，2022（4）.

10.2.4　日本

日本的绿色经济始于20世纪70年代，由于受环境污染影响，政府高度重视环境保护立法，陆续出台一系列的环保政策，与此同时，日本政府也探索着如何能够将绿色发展与经济发展融合，实现绿色金融。日本对于绿色金融则与欧美国家有所不同，日本更加注重细分领域，多主体的发展，通过政府多方面、多角度的政策，引导各类金融机构进入绿色金融领域，推动本国的绿色金融发展。

首先，日本对于绿色金融体系的建立以细分领域的指导性政策为主，尚未从上而下建立全面的绿色金融政策体系。日本绿色金融政策主要制定者是日本内阁府、金融厅、环境省以及经济产业省，其中经济产业省和环境省的参与程度较高。经济产业省的侧重点是能源和产业政策，环境省的侧重点是气候变化政策，其余各中央省厅负责与其领域相关的政策制定，因地制宜将绿色金融与自身职责相结合。截至2020年8月，日本已经出台41条绿色金融相关的政策。

其次，日本在绿色项目的标准以及企业环境信息披露上具有相对宽松的标准。一方面，日本将绿色金融定义为“为低碳活动提供资金的金融活动”，金融产品和项目不能简单归类为“绿色”和“非绿色”项目，促使产业转型和创新型的项目在类别划分时也可以考虑归为“绿色”项目。另一方面，日本各级政府都出台了相应的环境披露指导文件，但是主要是以鼓励和引导企业进行环境评估，并不具备强制性。东京证券交易所也是采用宽松的“提交或解释”原则，拒绝提交环境评估的上市公司给出具体解释即可。

最后，日本建立起以绿色债券、绿色保险为主体的绿色金融工具体系。日本的绿色债券市场非常活跃，截至2021年10月，日本累计发行绿色债券316.8亿美元。日本的绿色保险在国际上发展相对成熟，由于自然灾害频发，在地震保险、火灾保险以及巨灾保险的探索位居世界前列，截至2020年10月，日本的95家保险公司中有23家签署了日本金融厅发布的管理职责条例，3家签署了联合国可持续保险原则。但同时，日本的绿色信贷市场、碳市场以及绿色基金市场上还处于起步阶段，存在较大的进步空间。①

10.3 主要贸易行业的绿色贸易融资与行业层面政策

10.3.1 世界贸易中的主要行业

由于不同国家的人口、面积、经济水平存在差异，各国产业结构不同，世界各国的贸易总额也相应存在差别。通过分析联合国的UN-comtrade数据库，可以得到世界上不同国家或地区各个行业向其他各国的进出口贸易额。根据UNcomtrade数据库中提供的HS二位编码分类，全世界所有的贸易产品可分为98个行业大类。通过查询UNComtrade Database官网可以下载世界各国在HS前两位编码体系下各行业的出口贸易额，采用最新的数据（2021年），分别筛选出G20国家和世界各区域中出口贸易额前五名的行业，针对这些主要行业可以利用绿色贸易融资的手段引导行业进行绿色生产，通过解决重点行业环境问题这种“抓大头”的方式达到推动绿色发展的效果。在此主要分析了G20国家和世界各个地理分区出口贸易额前五名的行业（见表10－3）。

首先，二十国集团（G20）由20个世界主要国家和国际组织组成，成员涵盖面广，代表性强，构成兼顾发达国家和发展中国家以及不同地域利益平衡，人口占全球的三分之二，国土面积占全球的55%，国内生产总值占全球的86%，贸易额占全球的75%，集团中的成员在世界上具有很强的代表性。

① http：//www. leadingir. com/trend/view/6275. html.

表 10－3　G20 国家或地区出口额前五行业汇总①　单位：亿美元

序号	国家或地区	行业	HS编码	贸易额
1	阿根廷	谷物	10	127.95
		食品工业的残渣、饲料制品	23	91.79
		动、植物油、脂；动、植物蜡	15	72.87
		车辆及零件	87	61.47
		矿物燃料、矿物油、沥青物质、矿物蜡	27	37.81
2	澳大利亚	矿砂、矿渣及矿灰	26	1308.94
		矿物燃料、矿物油、沥青物质、矿物蜡	27	947.65
		珍珠宝石贵金属及制品	71	186.67
		肉	2	110.78
		谷物	10	98.26
3	巴西	矿砂、矿渣及矿灰	26	487.23
		含油子仁及果实工业用或药用植物；稻草、秸秆及饲料	12	391.58
		矿物燃料、矿物油、沥青物质、矿物蜡	27	383.53
		肉	2	182.31
		钢铁	72	142.63
11	南非	珍珠宝石贵金属及制品	71	335.98
		矿砂、矿渣及矿灰	26	185.3
		车辆及零件	87	106.91
		矿物燃料、矿物油、沥青物质、矿物蜡	27	103.15
		机械器具	84	66.31
12	欧盟	机械器具	84	3984.75
		药品	30	2669.19
		车辆及零件	87	2617.84
		电机电气设备	85	2283.69
		精密仪器	90	1275.41
13	日本	机械器具	84	1473.05
		车辆及零件	87	1378.37
		电机电气设备	85	1189.23
		精密仪器	90	430.62
		钢铁	72	347.71

① 资料来源：UNcomtrade 数据库，https：//comtradeplus. un. org/。

续表

序号	国家或地区	行业	HS编码	贸易额	序号	国家或地区	行业	HS编码	贸易额
4	德国	机械器具	84	2692.11	14	沙特阿拉伯	矿物燃料、矿物油、沥青物质、矿物蜡	27	2125.85
		车辆及零件	87	2464.33			塑料及其制品	39	237.51
		电机电气设备	85	1773.24			有机化学品	29	143.59
		药品	30	1192.43			船舶	89	38.47
		精密仪器	90	839.11			肥料	31	35.93
5	俄罗斯	矿物燃料、矿物油、沥青物质、矿物蜡	27	2124.18	15	土耳其	车辆及零件	87	250.22
		珍珠宝石贵金属及制品	71	315.89			机械器具	84	207.75
		钢铁	72	288.89			钢铁	72	170.63
		肥料	31	124.95			电机电气设备	85	120.11
		木及木制品；木炭	44	117.49			珍珠宝石贵金属及制品	71	109.65
6	法国	机械器具	84	628.83	16	意大利	机械器具	84	1080.57
		车辆及零件	87	511.23			车辆及零件	87	452.75
		电机电气设备	85	452.77			电机电气设备	85	376.74
		药品	30	390.28			药品	30	366.31
		航空器、航天器及其零件	88	310.68			塑料及其制品	39	259.53
7	韩国	电机电气设备	85	2007.86	17	印度	矿物燃料、矿物油、沥青物质、矿物蜡	27	564.01
		机械器具	84	760.18			珍珠宝石贵金属及制品	71	381.55
		车辆及零件	87	670.15			机械器具	84	241.66
		塑料及其制品	39	431.96			钢铁	72	211.99
		矿物燃料、矿物油、沥青物质、矿物蜡	27	400.15			有机化学品	29	211.84

续表

序号	国家或地区	行业	HS编码	贸易额
8	加拿大	矿物燃料、矿物油、沥青物质、矿物蜡	27	1198.9
		车辆及零件	87	457.72
		机械器具	84	329.7
		木及木制品；木炭	44	224.7
		珍珠宝石贵金属及制品	71	223.78
9	美国	矿物燃料、矿物油、沥青物质、矿物蜡	27	2397.81
		机械器具	84	2092.85
		电机电气设备	85	1854.05
		车辆及零件	87	1222.02
		精密仪器	90	916.8
10	墨西哥	车辆及零件	87	1150.18
		电机电气设备	85	871.25
		机械器具	84	852.69
		矿物燃料、矿物油、沥青物质、矿物蜡	27	275.84
		精密仪器	90	206.47
18	印度尼西亚	矿物燃料、矿物油、沥青物质、矿物蜡	27	451.12
		动、植物油、脂；动、植物蜡	15	328.32
		钢铁	72	209.5
		电机电气设备	85	117.77
		车辆及零件	87	86.39
19	英国	机械器具	84	688.45
		珍珠宝石贵金属及制品	71	657.92
		车辆及零件	87	405.13
		矿物燃料、矿物油、沥青物质、矿物蜡	27	377.43
		电机电气设备	85	266.85
20	中国	电机电气设备	85	8989.6
		机械器具	84	5475.85
		家具	94	1394.81
		塑料及其制品	39	1310.74
		车辆及零件	87	1200.21

其次，在国别层面之外，按区域分析世界各个地理分区的主要出口行业。根据联合国统计部门的 UN M. 49 文件，联合国地理方案将世界上的国家或地区进行了特定的地理分区和分组，并分为 21 个区域。各个区域内部文化相似，内聚力强，经济发展水平、产业结构、消费类型也较为相似。通过对各区域出口贸易额前五名的行业筛选，可以看出全世界 21 个区域各自的贸易行业结构特征。由表格可知，西亚、北欧、北非、西非、中非、澳大利亚和新西兰等地区矿物燃料为主要出口贸易品，可见矿物燃料行业在世界贸易中的重要性（见表 10－4）。

表 10－4　　世界各地区出口额前五行业①　　单位：亿美元

序号	地区	行业	HS 编码前两位	贸易额
1	东亚	电机电气设备	85	16140. 09
		机械器具	84	8657. 74
		车辆及零件	87	3261. 18
		塑料及其制品	39	2138. 63
		精密仪器	90	1829. 59
2	东南亚	电机电气设备	85	3612. 71
		机械器具	84	1551. 76
		矿物燃料、矿物油、沥青物质、矿物蜡	27	1523. 89
		动、植物油、脂；动、植物蜡	15	558. 01
		车辆及零件	87	478. 54
3	南亚	矿物燃料、矿物油、沥青物质、矿物蜡	27	568. 55
		珍珠宝石贵金属及制品	71	385. 31
		机械器具	84	245. 28
		钢铁	72	213. 24
		有机化学品	29	212. 12
4	西亚	矿物燃料、矿物油、沥青物质、矿物蜡	27	5617. 89
		珍珠宝石贵金属及制品	71	862. 55
		电机电气设备	85	599. 16
		塑料及其制品	39	527. 64
		机械器具	84	479. 74

① 资料来源：UNcomtrade 数据库，https：//comtradeplus. un. org/。

续表

序号	地区	行业	HS编码前两位	贸易额	序号	地区	行业	HS编码前两位	贸易额
5	中亚	珍珠宝石贵金属及制品	71	52.03	9	西欧	机械器具	84	5036.27
		棉花	52	22.16			车辆及零件	87	3797.93
		铜及其制品	74	12.4			药品	30	3743.48
		矿物燃料、矿物油、沥青物质、矿物蜡	27	11			电机电气设备	85	3393.64
		针织或钩编的服装及衣着附件	61	6.41			矿物燃料、矿物油、沥青物质、矿物蜡	27	1895.04
6	北欧	矿物燃料、矿物油、沥青物质、矿物蜡	27	1797.13	10	北非	矿物燃料、矿物油、沥青物质、矿物蜡	27	145.11
		机械器具	84	1333.08			电机电气设备	85	120.91
		车辆及零件	87	789.25			肥料	31	75.48
		电机电气设备	85	708.73			车辆及零件	87	55.71
		珍珠宝石贵金属及制品	71	704.69			非针织或非钩编的服装及衣着附件	62	54.8
7	东欧	矿物燃料、矿物油、沥青物质、矿物蜡	27	2385.81	11	东非	铜及其制品	74	85.21
		电机电气设备	85	1652.65			珍珠宝石贵金属及制品	71	57.9
		机械器具	84	1448.93			咖啡、茶及香料	9	40.21
		车辆及零件	87	1428.25			矿物燃料、矿物油、沥青物质、矿物蜡	27	29.57
		钢铁	72	697.18			矿砂、矿渣及矿灰	26	24.13
8	南欧	机械器具	84	1486.99	12	南部非洲	珍珠宝石贵金属及制品	71	403.74
		车辆及零件	87	1164.9			矿砂、矿渣及矿灰	26	186.4
		电机电气设备	85	777.35			车辆及零件	87	107.25
		药品	30	734.56			矿物燃料、矿物油、沥青物质、矿物蜡	27	103.44
		矿物燃料、矿物油、沥青物质、矿物蜡	27	664.18			机械器具	84	66.75

续表

序号	地区	行业	HS编码前两位	贸易额
13	西非	矿物燃料、矿物油、沥青物质、矿物蜡	27	430.59
		珍珠宝石贵金属及制品	71	52.47
		矿砂、矿渣及矿灰	26	25.46
		船舶	89	14.61
		鱼及其他水生无脊椎动物	3	12.88
14	中非	矿物燃料、矿物油、沥青物质、矿物蜡	27	330.64
		珍珠宝石贵金属及制品	71	15.54
		木及木制品；木炭	44	3.94
		船舶	89	3.39
		机械器具	84	1.31
15	北美	矿物燃料、矿物油、沥青物质、矿物蜡	27	3596.71
		机械器具	84	2422.54
		电机电气设备	85	1980.05
		车辆及零件	87	1679.74
		珍珠宝石贵金属及制品	71	1038.3
16	中美洲	车辆及零件	87	1151.25
		电机电气设备	85	896.85
		机械器具	84	856.35
		矿物燃料、矿物油、沥青物质、矿物蜡	27	282.71
		精密仪器	90	258.87
17	加勒比	珍珠宝石贵金属及制品	71	25.79
		矿物燃料、矿物油、沥青物质、矿物蜡	27	25.23
		无机化学品	28	17.29
		有机化学品	29	16.06
		钢铁	72	15.01
18	南美洲	矿砂、矿渣及矿灰	26	1086.9
		矿物燃料、矿物油、沥青物质、矿物蜡	27	821.73
		含油子仁及果实工业用或药用植物；稻草、秸秆及饲料	12	477.21
		铜及其制品	74	284.65
		肉	2	278.13
19	澳大利亚和新西兰	矿砂、矿渣及矿灰	26	1309.22
		矿物燃料、矿物油、沥青物质、矿物蜡	27	955.46
		乳品等动物食用产品	4	227.46
		肉	2	211
		珍珠宝石贵金属及制品	71	194.08

续表

序号	地区	行业	HS 编码前两位	贸易额	序号	地区	行业	HS 编码前两位	贸易额
20	波利尼西亚	鱼及其他水生无脊椎动物	3	0.05	21	美拉尼西亚	饮料、酒及醋	22	1.08
		动、植物油、脂；动、植物蜡	15	0.04			矿物燃料、矿物油、沥青物质、矿物蜡	27	0.91
		矿物燃料、矿物油、沥青物质、矿物蜡	27	0.03			鱼及其他水生无脊椎动物	3	0.7
		食用蔬菜、根及块茎	7	0.03			珍珠宝石贵金属及制品	71	0.59
		电机电气设备	85	0.03			木及木制品；木炭	44	0.58

通过对前文 G20 国家和世界各区域贸易出口额前五行业的表格分析，发现总计数为前三的行业为矿物燃料行业、机械器具行业和车辆及零件行业，这三个行业在大部分 G20 国家和世界区域中属于出口贸易额排名前五名的主要行业，并且在世界贸易出口总额中占比较高，分别占据出口贸易额的 16%、11% 和 7%（见表 10－5）。

表 10－5　世界各区域和 G20 国家（地区）中出口贸易额前五名行业次数统计

单位：次

行业	世界各区域中贸易前五名行业	G20 国家（地区）各国成果贸易额前五名行业	总计
电机电气设备	11	11	22
机械器具	12	13	25
矿物燃料、矿物油、沥青物质、矿物蜡	20	13	33
车辆及零件	10	14	24
珍珠宝石贵金属及制品	12	7	19

10.3.2 重点行业环境污染特点

各个重点行业的环境污染特点有所不同，但也存在共性。矿物燃料行业、机械器具行业和车辆及其零件行业的具体污染均体现在空气污染、水污染和土壤污染三个方面。各行业污染的具体特点如下。

10.3.2.1 矿物燃料行业中石油及其相关产品部门污染特点

HS 编码前两位为 27 的矿物燃料行业包含 16 个部门（HS 四位码），如表 10－6 所示。

表 10－6　　矿物燃料行业部门

部门编号	部门
2701	煤炭
2702	褐煤
2703	泥炭
2704	焦炭及半焦炭
2705	煤气、水煤气
2706	焦油
2707	高温煤焦油蒸馏所得油脂及其他产物
2708	沥青和沥青焦
2709	从沥青矿物中提取的油；原油
2710	沥青矿物含有的油，非原油；废油
2711	石油气体
2712	凡士林，矿物蜡
2713	石油焦、石油沥青；石油或从沥青矿物中获得的油的其他残留物
2714	沥青或油页岩和沥青砂；沥青质和沥青质岩石
2715	沥青混合料
2716	电能

通过对矿物燃料行业各部门贸易出口额数据研究发现，石油相关的部门占据矿物燃料行业贸易额主要部分，占比超矿物燃料总贸易额的

88%。作为矿物燃料行业的主体部分，石油相关部门的污染特点很大程度代表了矿物燃料行业的污染特点。

石油及石油相关产品在开采、运输、贮存和加工过程中，均有可能对环境带来污染，这些污染主要体现在石油泄漏导致的土壤污染，石油泄漏和开采废水排放导致的水体污染以及开发过程中挥发性有机物导致的空气污染三大方面。

第一，土壤污染主要由泄漏石油进入土壤，影响土壤的物理化学性质造成。石油及相关物质在土壤中会阻碍土壤与空气的交换，使土壤肥力下降，还会黏附在植物的根系上阻碍植物吸收水分养分，影响植物发育，由于石油及相关物质中含有重金属，石油开采地周边的土壤重金属污染常被发现①。

第二，水体污染主要由石油开采废水的排放和泄漏石油在土壤中的迁移导致。原油脱出水等废水富含烷烃、酚类、多环芳烃等多种有机污染物，若不规范排放会造成水体污染。土壤中的污染物在经历地表径流、降雨淋溶、渗滤等过程后进入水体，同样会造成水体污染。

第三，空气污染由石油及相关产品开发过程中释放的有害气体及颗粒物导致，污染源包括氮氧化物（NOx）、二氧化硫（SO_2）、可吸入颗粒物和有毒物质等，导致空气质量下降，带来温室效应、臭氧层破坏、光化学烟雾等环境问题。三类污染对生态环境尤其是石油开采场地及其周边地区生态环境影响较大。

10.3.2.2　机械器具行业污染特点

HS编码前两位为84的机械器具行业包含87个部门，全行业包含众多品类的机械器具，除自动数据处理机部门出口额占比较高外，各品类贸易出口额占比相对平均。

---

① 展海银，周启星．胜利油田石油开采场地污染特征、源汇关系与管控对策［J］．生态学杂志，2023（2）．

机械器具行业拥有众多部门，如自动数据处理机器、磁性或光学阅读器、专门或者主要用于制造半导体球、晶圆、半导体器件、电子集成电路、平板显示器的机器等。随着各类机械器具生产规模的不断扩大，生产过程中也不可避免地产生了各种污染。这些污染对环境和人类健康造成了不可忽视的影响。机械器具生产过程中产生的污染类型主要包括粉尘污染、废水污染和废气污染。

这些污染来自原材料加工过程、机械加工过程中和废弃物处理过程，污染物质成分比较复杂，主要包括固体污染物（金属屑、废旧机械设备、废弃物等）、液体污染物（废水、切削液、洗涤液等）、气体污染物（废气、排放烟气、燃气等）。机械器具生产过程中产生的污染对环境和人类健康造成了不可忽视的影响。

10.3.2.3 车辆及零件行业中汽车制造部门污染特点

HS编码前两位为87的车辆及零件行业包含16个部门，如表10－7所示。

表10－7　　矿物燃料行业部门

部门编号	部门
8701	拖拉机
8702	公共汽车
8703	汽车及其他机动车辆
8704	货车
8705	特殊用途机动车；不是运送人员或货物的车辆（如拆卸车、扫路车、喷雾车、流动工场、流动放射装置等）
8706	8701到8705的底盘
8707	8701到8705的车身
8708	8701到8705的机动车辆零配件
8709	工厂、仓库的自行式工程卡车（不配备起重或装卸设备），用于短距离货物运输，用于火车站站台的拖拉机

续表

部门编号	部门
8710	坦克和其他装甲战斗车辆以及此类车辆的部件
8711	电单车（包括轻便摩托车）
8712	自行车及其他自行车，包括送货的三轮车
8713	残疾人专用车厢
8714	8711 到 8713 的零部件和附件
8715	婴儿车及其部件
8716	拖车和半拖车

在车辆及零件行业中，汽车及其他机动车部门和机动车零配件贸易出口额占据行业贸易出口额达到75%的比重。

汽车制造行业主要污染体现在汽车表面涂装和设备运行带来的空气污染、制造废水废液导致的水污染和生产产生固体废弃物导致的土壤污染。汽车制造业产生的废气主要来自表面涂装和生产设备运行等环节。其中，涂装环节是产生废气最多的环节，因为汽车外壳需要喷涂多层颜料，每层颜料之间需要进行烘烤。这个过程中，会产生大量的挥发性有机物（VOCs）、氮氧化物和二氧化硫等废气，对空气质量造成极大的污染。挥发性有机物（VOCs）是形成细颗粒物（$PM_{2.5}$）、臭氧（O_3）等二次污染物的重要前体物，进而引发大气污染、雾霾、光化学烟雾等环境问题[①]。

汽车制造过程中会产生大量的废水，其中包括冷却水、洗涤水、废液等，废水中含有大量的有机物质、重金属等有害物质，对水环境造成严重的污染。特别是在汽车喷涂过程中，涂料、稀释剂等物质会产生大量的有机废水，处理难度较大。

① 任海涛．汽车整车制造企业VOCs污染对大气环境的影响及防治研究［J］．科技创新与应用，2022（18）．

汽车制造过程中会产生大量的固体废弃物，如生产废料、废旧设备、废涂料等。这些废弃物中含有大量如重金属、有机物等有害物质，如果处理不当，会对环境和人类健康造成严重影响。

10.3.3 绿色贸易融资实践

绿色贸易融资有多种工具，包含绿色信用证、绿色国际保理融资、绿色贷款、绿色债券、绿色保险等。其中绿色国际保理融资和绿色信用证在国际贸易中应用更加广泛。我们以绿色国际保理融资为例，以下是一次完整的石油企业出口的绿色贸易融资过程。

本次贸易过程石油企业作为供货方出口石油，与收货方（海外买家）产生买卖交易，并形成赊销交易产生一定期限内的应收账款。由于石油企业在再生产过程中急需资金，因此需向银行融资。石油企业首先向绿色评级机构提出申请，提供相关的证明材料，从绿色评级机构取得评分认证。接着石油企业将应收账款转让给保理商或银行，并提交绿色评级的评分认证书申请绿色保理融资。保理商或银行对绿色评分机构的认定书审核后，依据报关、货运单据和评级机构的评分，对供货方采取合适比例和合适利率的融资款发放，原则上企业绿色评分越高，融资款可发放额度越高，可提供融资利率越低。在保理商收到收货方的账款后，再将余款汇至供货方石油公司。

绿色贸易融资的一大难点在于绿色贸易活动和产品的评级界定。在绿色信用证、绿色保理等绿色贸易融资业务中，绿色评级机构开具的证明是业务中必不可少的材料。如何解决这一难点呢？绿色评级机构可以针对贸易重点行业制定具体的绿色评级评分机制，吸取已有的绿色贸易融资案例经验，对各企业生产的环保水平进行评分，并依据分数给予企业不同程度的贸易融资优惠。

三大行业的污染形式虽不同，但具有一定共性，以下针对污染治理的三类环保措施可以为评级机构评分提供一些思路。第一，在生产开发过程中改进工艺，降低污染的排放水平。在矿物燃料行业的石油部门，国内新研发的抗高温环保钻井液形成钻井液随钻治理一体化、废弃钻井液资源化利用和废弃钻屑无害化处理等一系列环保技术，有效减少了钻井废弃物对开采场地的污染①。在车辆及零件行业的汽车涂装工艺中，采用高效节能的喷涂设备、减少涂装层数和采用环保型涂料，可以显著减少废气排放。第二，对已经被污染的场地进行治理，恢复被破坏的生态环境。在石油部门中，早期石油开采存在不规范和粗放型生产的问题，后续的石油开采、生产加工、运输过程也在对场地持续造成污染，部分地区生态环境已经遭到破坏，对被污染区域的治理显得尤为重要。石油行业的污染物主要残存于土壤中，可通过生物修复、化学修复、热修复和物理化学修复四种方法处理被污染土壤，恢复生态环境②。机械器具行业和车辆及零件行业的长期生产同样会导致土壤污染和水污染，针对废水可以采用生化处理、物理化学处理等方式将废水中的有害物质去除掉，达到净化的目的。第三，完善企业管理体系，减小生产对环境造成的影响。石油部门中很多大型污染和安全事故都是由于石油开发企业管理不当和操作人员安全意识不足造成的，若能完善企业管理体系，污染物的排放以及生态环境的损害将会显著降低。国际石油工业勘探开发组织将健康（Health）、安全（Safety）和环境（Environment）形成一个完整的管理体系，称为 HSE 管理体系。通过建立 HSE 管理体系，石油开发企业可以有效减少各类事故的发生，并有效处理已经发生的事故。各行业建立数字化的生产系统也可提升生产的效率和安全性，通过数字化监测污染物实时排放情况，保证排污情况达到环保标准。

绿色评级机构可将评分构成分为环保工艺技术、污染治理水平、企业管理体系三个部分，具体评分机制可参考表 10－8。

---

① 韩来聚，李公让．胜利油田钻井环保技术进展及发展方向［J］．石油钻探技术，2019（3）．

② 袁壮，王雪梅，季宏兵，等．化学氧化法修复石油污染土壤［J］．应用化工，2023（2）．

表10－8　　　　绿色评级机构评分体系示例

<table>
<tr><th></th><th>环保工艺技术</th><th>污染治理水平</th><th>企业管理体系</th><th>总评</th></tr>
<tr><td>分数构成</td><td>评级机构依据企业生产过程中环保工艺技术应用情况以及生产过程中实时排污水平给予百分制评分</td><td>评级机构依据开采场地多个环境监测数据平均值 a 与业内标杆监测数据平均值 b 作比较，最终得分为 b/a×100</td><td>评级机构依据企业管理水平给予百分制评分</td><td rowspan="2">环保工艺技术评分×40%＋污染治理水平×30%＋评级机构依据企业管理水平给予百分制评分×30%</td></tr>
<tr><td>权重（%）</td><td>40</td><td>30</td><td>30</td></tr>
</table>

此类评分方法可以与绿色国际保理、绿色信用证等绿色贸易融资手段相结合，对各个行业的企业均可适用，具有较强的普适性。在评级过程中，绿色评级机构可以运用金融科技和区块链技术，将企业绿色水平数字化、评分过程程序化，充分运用区块链去中心化，不可篡改的特性增强评分的公正性，运用金融科技数字化的特点提高评级效率，降低评级成本。当绿色评级机构可以进行企业绿色水平的合理评估，绿色贸易融资就能更顺畅地进行。

10.3.3.1　*矿物燃料行业中石油及其相关产品部门绿色贸易融资*

针对矿物燃料行业石油部门产生的污染，可以采用绿色国际保理融资、绿色贷款、绿色债券等绿色贸易融资方式，为出口商提供资金融通（见表10－9）。

表10－9　　　　针对矿物燃料行业的绿色评级体系

	环保工艺技术	污染治理水平	企业管理体系
分数构成	钻井、排放控制等环保技术的应用情况	石油生产区域土壤、水、空气污染情况监测水平	是否应用 HSE、ISO14000 等管理体系，是否建立数字化的企业生产系统
权重（%）	40	30	30

绿色贷款作为一种绿色贸易融资方式已经在世界贸易中被多次应用。在石油部门中针对石油生产、运输等过程中石油泄漏、钻井废水带来的主要污染排放，银行可以针对石油部门的主要污染为石油企业提供绿色贷款，用于环保投资和减少污染。银行可以在对企业进行生产环保技术的相关评估后对企业绿色生产的水平进行打分，依据石油企业在钻井、排放控制等环保技术的应用给予企业评分，根据分数高低给予企业不同程度的优惠贷款，进而鼓励石油企业加快引进环保新型技术，减小污染排放。银行还可以以较低利率为企业提供用于购买新型、环保钻井设备和控制排污设备的贷款，为资金较为紧张、难以通过企业自身现金流实现生产设备升级的中小型企业提供绿色生产的机会。

石油企业还可通过发放绿色债券融资，将融得资金用于环境影响评估、新型钻井技术、排放控制技术、土地复原技术等石油部门减排技术研究上，加速推进企业走上绿色生产道路。

10.3.3.2 机械器具行业绿色贸易融资

由于机械器具行业生产产品种类众多，除了在生产过程中产生的与其他行业类似的污染物之外，不同生产部门在长期生产过程中淘汰的废旧机械设备通常难以利用，若处理不当、随意丢弃会造成严重的环境污染（见表10-10）。

表10-10 针对机械器具行业的绿色评级体系

	环保工艺技术	污染治理水平	企业管理体系
分数构成	针对各部门生产的具体环保工艺运用	固体污染物（金属屑、废旧机械设备、废弃物等）、液体污染物（废水、切削液、洗涤液等）、气体污染物（废气、排放烟气、燃气等）处理技术	是否应用科学管理体系，是否建立数字化的企业生产系统
权重（%）	40	30	30

银行可以提供以生产企业废旧机械为抵押物的绿色贷款，为企业提供用于购买绿色环保的新型生产设备融通资金。还可以设置废旧机械再利用的相关环保部门，将废旧机械拆解售卖或出售、租赁给有需要的企业。

10.3.3.3 车辆及零件行业绿色贸易融资

针对汽车生产中涂装工艺带来的空气污染，银行可以提供绿色贷款，给予采用环保涂装工艺汽车企业优惠贷款条件，促进汽车企业采用新型环保涂装工艺（见表10－11）。

表10－11　针对车辆及零件行业的绿色评级体系

	环保工艺技术	污染治理水平	企业管理体系
分数构成	对环保涂装工艺的运用、减小设备运行污染排放工艺的运用	固体污染物、液体污染物、气体污染物处理技术	是否应用科学管理体系，是否建立数字化的企业生产系统
权重（%）	40	30	30

在当今汽车行业，新能源汽车发展迅猛。作为消费品，消费者对新能源汽车购买属于绿色消费，因为新能源汽车在运行过程中几乎不产生污染物，相比传统汽车对环境污染更小。银行可为生产新能源汽车的汽车企业提供绿色贷款，鼓励新能源汽车发展。

10.3.4 重点行业的绿色贸易融资建议

为促进绿色贸易融资惠及企业，达到绿色发展的目的，政府应提供相应的政策帮助绿色贸易融资发展。

从绿色贸易融资主体的角度来看，政府应给予银行等金融机构政策指引，引导银行等金融机构设计融资手段为生产企业提供优惠融资；同时，给予欠发达地区以及中小型企业适当的优惠倾斜，给予企业绿色发展的机遇和时间。相比于发达地区和大型企业，欠发达地区和中小型企业的财力无法与之相提并论，购置新型环保生产设备、进行污染治理等环保措施造成了较大的开销压力。因此，政府有必要给予欠发达地区以及中小型企业适当的优惠政策倾斜，例如对中小型企业给予绿色贷款，并建立起发达地区对欠发达地区的技术帮扶，增强欠发达地区绿色生产能力。

在国内层面，中国沿海发达地区企业响应国家政策号召，有效帮助许多中西部企业提高了生产技术，做到了使生产更加环保；在国际层面，中国以“一带一路”倡议促进地域间合作，为沿线国家进行投融资，在环境保护上以中国环保标准为准绳，有效规避了东道国的环境风险，为沿线国家打好绿色生产和可持续发展的基础，助力了全球经济增长。

从绿色贸易融资监管层面来看，在贸易融资过程中，可能会存在融资款项被挪用，导致资金并没有运用到企业绿色生产、保护环境方面。对此，政府应推出相关政策，促进建立有效监督机制，对融资现金流去向予以监管。在实际操作上可运用区块链等技术，确保融资资金在绿色领域被有效利用。此外，政府还可作为发起人，推动组建专业从事绿色贸易融资的银行或机构，构建专业的产品与服务评估体系，推动绿色贸易融资快速发展并走向专业化。

致　谢

在工作之余，我开始有意识地尝试将目光从教学和科研投向实际，试图站在更广阔的时间和空间层面观察、学习和进一步探究国内外的绿色金融和绿色贸易理论与实践成果，这种视角的转变为我提供了搭建绿色贸易融资系统研究框架的契机，也为在绿色发展理念日益深入人心的背景下，深入推动贸易高质量发展的决策部署提供了政策参考。经过多年的沉淀和积累，《绿色贸易融资》最终成果诞生于此。当然书中还有很多不足之处，还请读者批评指正。

这几年的摸索前行中，我收获了许多帮助，在此我想表达对所有研究工作参与者们的衷心感激，他们分别是我的学生助理、我的同事以及家人。

我的研究生，国际经济与贸易学院2018级施泽慧、赵丽、顾宇杨，2019级的丁冉、王磊和王杰镭，2020级的王利霞、崔粟丽和陈睿娴，2021级的李想、魏薇和杨玉辉，以及我指导的本科生罗翌桐、王韵喆、李盼兮、汤文轩、刘宇时、贺雨祺、张媛媛等，均参与到了本书的编辑和校对工作中，感谢他们的参与和付出。

我也要感谢中央财经大学国际经济与贸易学院以及绿色金融国际研究院同事所营造出的良好的工作教学氛围，同时感谢商务部国际贸易经济合作研究院研究团队给予的帮助，以及我在2021—2022年于北京市昌平区商务局挂职一年期间，来自政府和很多优秀企业对本书创作提供的土壤和元素，在此深表感激。

同时，此书的成稿离不开家人的理解和支持，我为本书的编纂付出了大量时间和精力，以至于没能够给予家人足够的关注，但我的家人赋予了我无限的支持和鼓励。

回首曾经，虽有一路艰辛，仍倍感欣慰。我想将绿色贸易融资领域最新的成果传播给所有对此感兴趣的读者，包括学生、政府官员、国际组织官员、金融机构从业人员、企业家，以及绿色发展、绿色贸易或绿色金融方面的研究人员等，这几年的研究让我收获颇丰，但我希望有更多读者能从中获益，从而在更大范围上共同助力绿色贸易理念的传播和绿色贸易融资手段的实践。

谨以此书作为绿色贸易融资在国内最早发展的一块奠基石，愿参与者的汗水不负所期，成为助推绿色发展波澜壮阔的一朵浪花。

2023 年 5 月
于北京